民法概論　1

民法総則

第2版

山野目章夫

YAMANOME AKIO

有斐閣

第2版 はしがき

　初版を刊行してから，大きな法制変更がいくつかあった。民法を学ぶにあたって関心を欠かしてならない消費者契約法について重要な改正があった。そして何より，変更された成年年齢に基づく記述は，民法総則の本として不可欠のミッションである。この点について読者の皆さんには，数年間にわたり書物の本体の記述が 20 歳になったままで，栞を挿入して 18 歳になったことを伝える不便を強いてしまった。このたび，この点を含め改訂をし，第 2 版をお届けする。

　総則のみが民法ではなく，また，民法のみが法律ではないから，広く社会にある法律事象との関連を念頭に置いて民法総則の講述に取り組みたい，という著者の心構えは，初版の際と異ならない。初版刊行の時点よりも社会の険しさは増したと評さざるをえないであろう。感染症がもたらした険しさというよりも，感染症が契機となって困難な諸問題の様相が露わになった，とみるほうが正しいにちがいない。

　第 2 版の刊行に際しては，初版からお世話になってきた皆さんに再びお世話になった。三枝健治教授（早稲田大学）および山田八千子教授（中央大学）（五十音順）は，草稿に眼を通してくださり，専門を同じくする御立場から貴重な助言の数々をくださった。編集制作は，有斐閣法律編集局校閲部の高橋俊文氏の渾身の労による。

　2022 年 2 月

山 野 目 章 夫

初版 はしがき

　2017年6月2日，平成29年法律第44号が公布された。これにより民法の第3編，そして本書の考察対象である第1編の多くの規定を見直す同法の大きな規模の改正がされた。

　本書は，この改正の後の民法の規定を前提として，同法第1編が扱う内容を考察するものである。改正前の規定は，講述の対象とされていないから，本書を手にとっていただく読者の皆さんには，注意をいただきたい。

　この改正は，立案準備の法制審議会の調査審議に約5年を費やし，国会の5つの会期を経て法律として成立した。同審議会の会議は，じつに99回に及び，途上で構成員が3つに分かれて催された分科会まで数に含めると，会議の回数は優に100回を超える。それだけ時間を費やしたということであるが，ここで強調したいことは，時間の長さよりむしろ，この過程で参画した人々の多様性である。

　もともと今の民法は，明治期に作られた。その際は，法典調査会という組織が設けられ，立案準備を担った。その役割が，法制審議会と似ていると言えば似ていないことはない。けれども，その様子は，大きく異なる。調査審議にあたった法制審議会の部会は，法律の研究者や弁護士に加え，経済界の利害を伝えようとする人，同じく労働者や消費者の立場から発言することが期待される方々など，本当に多様な人々から構成された。そのようなことは，法典調査会では見られない。のみならず，議事の公開や，審議会の外で論議に加わる人々の様子も，まったく異なる。法制審議会の議事は，発言者を明示する逐語の議事録がウェブサイトで逐次に公開される。それを読む人の水準も，明治とは異なる。開化期の日本は，物権や債権という言葉を知ったばかり（むしろ，欧語を訳し，言葉を"作った"ばかり，と述べるべきであるかもしれないが）であったのに対し，今日，人々は，よく法律概念を理解し，法制審議会の調査審議を批判的に検証しつづけた。

　ヒトコトで言って，平成29年法律第44号による民法改正は，ひとにぎりのエリートでなく，私たちの皆でなしとげたものである。そこが，明治の民法編纂と決定的に異なる。そして，そうであるならば，みんなで作ったものは，作った後も，み

んなで考え，みんなで用いるべきではないか。そのために，さまざまな人々の手許に本書を届けたい。

　本書の原稿を書き進める時間に著者の脳裏にあった心構えは，この一点に尽きる。

　もっとも，皆で作り，皆で考える，と言っても，現実は混沌としており，安易な単純化を阻む。法律を作る際の法制審議会の役割，そしてそれと国会との役割分担の在り方についても，具体的に考え始めると悩みはある（山野目「2017年民法改正——その国制的意味」法律時報89巻9号〔2017年〕参照）。そこに問題なしとしないならば，法制審議会の在り方も，その構成や運営を不断に考え込んでいかなければならないであろう。民法や刑法のような基本的な法制を論ずる際の国会審議がどのようであるべきであるかも，考えてみるべき問題はある。両議院の審議も，議事録を参照することができるから，暇が得られる読者のみなさんは，いちど読んで，いろいろ考えて欲しい。

　法律を作る過程が過度の単純化を許さないとのと同じように，できあがった法律を皆で考える，と言っても，なんとなく民法は大切であると告げられたから民法の本を手に取ります，という人は実際にはいないにちがいない。大学の学部課程で民法の講義があるから，または法科大学院などの専門職大学院で学ぶから，という方々がもちろんおられるであろう。さらに，国家試験や各種の資格試験に民法の科目があるというきっかけ，あるいは業務の必要から民法を参照し理解することに迫られる，ということだって，想像することができる。公務員の方々が職務にあたり参照しなければならないことがあり，さらに営利・非営利のさまざまのセクターの方々が民法の知見を出発点として活動に向き合う場面もありうる。何よりも，日々の暮らしにおいて民法の出番は，いくらでもある。いきなりインタフォンを押して入ってきたセールスマンに高価な物を買わされたが，キャンセルすることができないか（法律を学ぶ人たちであれば，できれば，キャンセルできないか，でなく，キャンセルすることができないか，と表現して欲しいと望みます），というような悩みを考える手かがりも，民法にほかならない。

　それらの具体の動機は，いろいろであって，さまざまでよい，と著者は考える。肝心であることは，一部の専門家や官僚でなく，たくさんの方々が民法を考え，それを用いる社会であることにほかならない。そのような社会でこそ，今般改正され

た民法が活きる。そのために少しでも本書が役立つのであるとすれば，それが，著者にとってのしあわせである。

    2017 年 10 月

山 野 目 章 夫

凡　例

1　法令名略語

民法の規定は，原則として条のみを表記し，法律の名称を省いて示す。なお，このようにして本書が掲げる民法の規定は，平成 29 年法律第 44 号（債権関係規定の見直し），平成 30 年法律第 59 号（成年年齢等の変更），平成 30 年法律第 72 号（相続関係規定の見直し），令和元年法律第 34 号（特別養子縁組の要件の見直し），令和 3 年法律第 24 号（共有や相隣関係の規律の見直し，所有者不明土地関係等の規律の創設。令和 5 年 4 月 1 日施行），により改正された後のものである。また，平成 30 年法律第 54 号による消費者契約法の改正も反映させている。

それ以外の法令のうち，略語をもって表記したものは，次のとおりである。

一般法人法　　一般社団法人及び一般財団法人に関する法律

区分所有法　　建物の区分所有等に関する法律

2　判例集略語

民録　　大審院民事判決録

民集　　大審院民事判例集，最高裁判所民事判例集

裁判集民　　最高裁判所裁判集 民事

高民集　　高等裁判所民事判例集

下民集　　下級裁判所民事裁判例集

家月　　家庭裁判月報

新聞　　法律新聞

評論　　法律学説判例評論全集

判時　　判例時報

判タ　　判例タイムズ

金判　　金融・商事判例

金法　　金融法務事情

3　文献略語

幾代　　幾代通『民法総則』（第 2 版，1984 年，現代法律学全集，青林書院）

内田　　内田貴『民法 I　総則・物権総論』（第 4 版, 2008 年, 東京大学出版会）

大村・読解　　大村敦志『民法読解　総則編』（2009 年, 有斐閣）

河上　　河上正二『民法総則講義』（2007 年, 日本評論社）

佐久間　　佐久間毅『民法の基礎 1　総則』（第 5 版, 2020 年, 有斐閣）

四宮＝能見　　四宮和夫＝能見善久『民法総則』（第 9 版, 2018 年, 法律学講座双
　　　　　書, 弘文堂）

山本　　山本敬三『民法講義 I　総則』（第 3 版, 2011 年, 有斐閣）

第3章 制限行為能力者
成年被後見人とされる者は成年者である，ってホント？ ―――― *61*

第7章　意思表示
民法総則の勉強のメイン・ストリート ——————————— *167*

第1章

序　説

民法とは何か？　そこから考える

第**1**節　民法の意義

近代日本を生きた一人の女性の肖像

　開化期を迎えた日本が今日に至るまで，この国には多くの女の人たちが生きた。もちろん多くの男たちも生きたが，今は女の人に焦点を置こう。ハルエさんは，その多くの女の人たちの姿を重ね合わせた一つのイメージであるぐらいに思ってもらえるとよい。彼女が生まれた家庭は，貧しい農家であった。暮らしを立てることができず，やむをえずハルエさんの父は，高利貸しから借金をすることになったが，お金を返す当てはない。読者の皆さんは"身売り"という言葉を知っているであろうか。ハルエさんが受け止めなければならなかった運命が，それにほかならない。高利貸しは，お金を返す当てがないのであるならば，その営む店で娘さんを働かせることにして，その労賃をもって弁済をしてもらおう，ともちかけた。働かせるといっても，ただの労働ではない。不特定の男の客と性交をするということが，求められる仕事（？）といってよいかわからないが，しいて言うならば仕事である。

> #### ▷課題の設定▷
>
> 　そんな仕事でも家のためであるならば仕方がないと始めてはみたものの，ハルエさんは，やはりそのような仕事が嫌になって止めたいと考えるようになった。それは，当然のことであろう。そこで考えなければならないことは，いろいろある。

　①　ハルエさんを働かせる契約は，効力を認めてよいか。その問いの意味は，やがてそのような仕事が嫌になって止めたいと考えるようになったハルエさんが，高利貸しに対し，契約に基づく仕事の義務は負っていない，ということを明確にするよう求めることができるか，という意味である。

　②　ハルエさんの父がした借金の契約は，有効か。この問いが提出される理由は，こうである。たとえ①の契約が無効であるということになったとしても，借金が存在しつづける限り，ハルエさんが①の契約を無効であると言い出しにくい状況が続く。いっぺんに借金を返せ，と高利貸しが迫ってくるにちがいない。そのときに借金の契約も無効である，ということになるならば，ハルエさんの父は，すくなくとも高い利息を付けて返済をする必要はなくなる。この借金の契約があまりに不法性が強いと考えられる場合は，返済そのものを免れるということだってあるだろう。

　③　簡単に借金の契約を無効であるとすることができないことを知ったハルエさんが，我慢をしながら働き続けていたところ，営業を妨げることを企てた高利貸しの同業者がハルエさんを誘拐した。高利貸しは，ハルエさんが働くことができなかったことによる損害の賠償を同業者に対し請求することができるか。

1　民法の意義

　人々が生きていくためには，もちろん食料や衣類が要る。そして，ただ生存していくということでよいのであるならば，それらで済むかもしれない。しかし，人が生きるということは，生物学的な生存のみを内容とするものではないであろう。人たるに価する人生のためには，その人が暮らしを立てる，ということ，つまり，自らの考えに従って日々の生活を営むにあたっての各人の権利利益が保障されなければならない。それが，人としての尊厳を大切にするということである。

　このことを実現する方法として，人々は，政治的に統合された権力を形成し，そのとき，各人は，**市民**となる。政治権力を用いて，市民の権利を保障し，権利が脅される事態に対し，これを除去することを可能とする仕組みが構築され

る。権利の内容は，ルールとして明らかにされることが望まれ，また，定められたルールにより保障される権利が脅かされるとき，その状態を除去して権利利益を享受することができる状態を回復する方法も，ルールとして明らかにされなければならない。

　これらのルールが，**民法**にほかならない。歴史社会の発展に応じ，その民法からは，国や地方公共団体が一方の当事者となる法律関係を専ら規律する法の体系が分化し（**公法**概念の形成），また，権利保障を脅かしたり市民の政治的統合の基盤や作用を害したりする行動に出るものに対し国家が刑罰権を行使する仕組みが独自の領域（刑法や刑事訴訟法の**刑事法**の領域）を形成する。これらの帰結として，民法は，おもに**市民の相互における民事の法律関係を規律するもの**となる。しかし，民法の本質的な趣旨目的が，市民の間のみの権利調整や，民事裁判の規準ということに尽きるものではなく，繰り返して述べるならば，**市民の権利保障**に任ずることこそが重要である。

　市民の権利保障のルールを定める法令の存在態様は，各国によりさまざまである。まず，「民法」ないしそれに類する名称をもつ法律など（**形式的な意義における民法**）が存在する国があることは，いうまでもない。日本も，1896年から後は，これに当たる。

　これに対し，成文法がなく，基本は習律に委ねつつ多くの個別の法律を加えるというゆきかたを採る国もみられる。さらに，連邦国家においては，民事に関する法律関係の一般的な規律が連邦の所管事項でないため連邦としては民法に当たる体系的な法令をもたないこともある。しかし，それらの国において民法が存在しないか，と問うならば，そうではない。実質的に民法の役割を果たすものは，名称が民法でなくても実質的には民法にほかならない（**実質的な意義における民法**）。

　ハルヱさんの話で言うならば，人々の尊厳を実現するため市民の権利保障に任ずる民法は，あの嫌な仕事から彼女を解き放たなければならない。それは，民法という名称の法律が存在するかどうかにより左右されるものではない。明治の初期，日本に民法という名称の法律は存在しなかった。しかし，その時代にハルヱさんが生きていたとしても，彼女は，奴隷的拘束から解放されなければならない。その時期に法律に当たるものとされていた太政官布告の明治5年

10月2日第295号は，人身売買を禁じ，終身にわたるなど長期にわたり雇用主の放縦のままに人を使用することをしてはならないと定めていた。ここで上記の太政官布告が果たした役割は，実質的な意義における民法にほかならない。その時代にハルヱさんがしているような娼妓という仕事を廃業するのには雇用主のサインのある書面が必要であるとされていたが，当時の民事の最上級審の裁判所である大審院は，雇用主に対しサインをすることを命じた。その際，「身体ノ拘束ヲ目的トスル契約ニ至テハ各人自由ノ範囲外タル明確」と明快に言い切っている（大判明治29年3月11日民録2輯3巻50頁）。**課題の設定**（このあと，本節において単に**課題**とよぶ）の①は，ハルヱさんを働かせる契約が無効であることが，はっきりとさせられた。

　私たちは，ここで少し驚きを感じてよいし，誇りを抱いてもよい。近代化が始まったばかりの小国において，やや偶然の経緯によるという側面があったにせよ人身の自由が大切であることを正しく理解する法令が発せられ，それを的確に運用する法律家がいたのである。それが私たちの先達であることは，素直に誇ってよいであろう。今日に至るまで，アジアで立憲主義を受容し定着させることに成功した国が日本である，という事情を予感させるなりゆきである。

◆民法制定前夜の開化期の日本

　1872年，日本の港に停泊していたペルー船籍の船舶である Maria Luz 号に閉じ込められ酷使されていた清国人らが，逃亡して救いを求めた。明治政府は，この事案に人道的な見地から対処し，清国人らを穏便に解放しない限り船の出航を認めないという措置をとった。これに対し，同号の船長の側からは，異論が出され，日本の国内においても，女性に対し不本意な性労働を強いることが行なわれていると日本政府を難じた。本文で紹介する太政官布告は，この事件を契機とするものである。その経緯も含め，藝娼妓の問題について，山中至「藝娼妓契約と判例理論の展開」法制史研究41号（1991年）参照。なかば偶然の契機で発せられた太政官布告ではあるが，実質的に民法が扱う事項を規律するものであると評価することができる。なぜならば，それは，まぎれもなく「自然権たる個人的利益の本源性」に関わる問題を扱っ

ているからである。引用は，水林彪「近代民法の本源的性格——全法体系の根本法としての Code civil」民法研究 5 号（2008 年）25-26 頁。本文で描く経過を辿り，1890 年代の日本は，形式的にも民法という名称の法令をもつ国となる。

2　民法という法律の編成

　とはいえ，課題の②は，どうか。そのことを意識しながら，そのあとの歴史的な経過をみてみよう。そのあとの，ということは，やがて「民法」という法律が制定されてから，ということにほかならない。

　「民法」という法律は，五つの編から成り立っている。法律は，標準的な形式として，ふつう，「条」を基本の単位として，規範を排列する。いくつかの「条」をグループにまとめ，わかりやすく体系的に示すために用いられる大きな単位としては，これも標準的なものを挙げると，「章」が用いられることが，ふつうである。しかし，さらにたくさんの条を含む法律では，「章」の上の単位として，「編」が用いられる。刑法や会社法などがそうであり，そして，それらよりさらに大きな法律である民法が，「編」の単位を用いることは，いうまでもない。「編」による民法の構成を鳥瞰すると，第 1 編が「総則」，第 2 編が「物権」，第 3 編が「債権」，第 4 編が「親族」，そして第 5 編が「相続」となっている。

　第 1 編から第 3 編までは，1896 年に公布され，1898 年に施行されたのち，いくつかの重要な部分改正があったものの，原形を維持して今日に至っている。第 4 編と第 5 編は，1898 年に公布され，前三編と同時に施行されたが，第二次世界大戦後の 1947 年に全面改正がなされた。明治期に制定された民法は，1889 年の憲法（大日本帝国憲法）から 1946 年の憲法（日本国憲法）への憲法体制の変更のもとで，法令としての前後の同一を保って運用されることになる。

　民法の第 1 編から第 3 編までは，財産に関する事柄が多く扱われる。人が生存し，また諸活動を営むためには，財貨が必要であり，その帰属と移転の規律は，民法が取り組む大きな課題の一つである。

　しかしまた，民法が主題とするものは，財産の問題に限られない。人は，そ

の周囲の人々，たとえば親子の関係や婚姻により取り結ばれた人々との関わりのなかで生きてゆくものであり，そのようにして営まれる家族の生活関係について法的な規律を与えるものが，民法の編別のなかでは，おもに第4編である。くわえて，ある人が死亡した場合においては，その人が有していた財産の新しい帰属の在り方を規律する必要がある。この課題を扱うのが，第5編である。

(1)　第1編「総則」で扱われる主な事項

　第1編の「総則」は，民法全体の通則的な規定である1条・2条 (☞次節) のあと，**個人**（自然人）の行為能力，住所，不在者の財産の管理，失踪の宣告，同時死亡の推定の規定があり，これに続き，**法人**に関する基本的な規律と**物**の概念に関する規律がある。何よりも重要度が高いものは，90条から後の**法律行為**に関する規定であり，公序良俗違反，慣習，虚偽表示や錯誤など**意思表示**の諸問題，代理，無効および取消し，条件および期限の規律が置かれる。そして，そのあと期間の計算の規定があり，これも実務をするうえで理解をしておく必要がある。さらに，第1編の最後の部分が消滅時効と取得時効を扱っており，これが理論上も実務上も重要であることは，いうまでもない。この分野こそ本書の論述の対象である。

　やや具体的に見ておくと，90条は，「公の秩序又は善良の風俗に反する法律行為」を無効とする。そして，大審院は，大正10年9月29日の判決において，**課題①**の契約が同条により無効であるとし（民録27輯1774頁。それ自体は当然のことであり，民法制定前から同じ解決が採られていた），しかし，**課題②**の論点については，「純然タル消費貸借」であるならば有効であるとする。消費貸借は587条が定める契約であり，借金は，たいてい消費貸借としてされる。それはよいとして，しかし，**課題②**の貸金は，明らかにハルヱさんを不本意な労働に従事させる契約と密接な関連を有しており，それが「純然」，あるいは言い換えるならば，ハルヱさんを働かせる契約から独立して存在することなどありえない。そのことをわかっていながら「純然タル消費貸借」がありうるなどという理論で装いながら高利貸しの貸金の効力を是認する可能性が肯定された。こんな裁判がまかりとおるところに，明治国家というものの別の側面があることを見落としてはならない。この時代までの法律運用は，結局，ハルヱさんに仕事を拒む形式的な自由を認めつつも，それを主張すると親が困るということか

ら，それを実際は主張することができない状態にハルエさんを置いた。そこに，明治国家というものの酷薄な側面を指摘しなければならない。典憲体制という権威的体制を実体とする明治国家は，高利貸しを含む資本の利益を優先し，その前には，一人の女性の苦しみなど，あとまわしにされてもよいものであった。権威的体制とは，ひらたく言うならば，だれかよりだれかが上である，あるいは下であるということを正面から打ち出して政治権力を運用することにほかならない。男より女のほうが下でよいという感覚がなければ，とうてい考えにくい法律解釈を示すものが，上記の大審院判例にほかならない。

(2) 第2編「物権」で扱われる主な事項

第2編の題名である**物権**の代表格は，所有権である。物に対する全面的で排他的な支配の権能が，所有権にほかならない。そのほかの物権は，全面的な権能ではなく，なんらかの意味において効力内容に制限を伴う。それらの物権のうち，なんらかの仕方で限定される範囲で物を使用収益することができる権能を効力内容とするものが，**用益物権**である。例を挙げると，建物などの工作物や樹木を所有するために他人の土地を使用する権能を効力内容とするものが，地上権である（265条）。そのほか，永小作権（270条），地役権（280条）および共有の性質を有しない入会権（294条）が，用益物権に当たる。

第2編の後半においては，物が債権の担保として供される物権があり，**担保物権**とよばれる。留置権（295条），先取特権（303条），質権（342条），そして抵当権（369条）が，これに当たる。

銀行が企業に融資をして貸金債権を取得する場合において，その企業が所有する土地に抵当権を設定する，ということがみられる。融資が返済されて貸金債権が消滅すると，抵当権も，消滅する（消滅における附従性）。反対に弁済期が経過したのに融資が返済されないことになると，銀行は，抵当権を実行して債権を回収しようとすることがある。抵当権を実行する方法の一つが担保不動産競売であり（民事執行法180条1号），抵当権者の申立てにより執行裁判所が開始を決定し，その土地を換価し，換価により得られた売得金を抵当権者など債権者に配当する。換価は，その土地の買受人が代金を納付して売得金を得ることにより実現し，これに伴い，土地の所有権は，買受人に移転する。

(3)　第3編「債権」で扱われる主な事項

第3編の題名に登場する**債権**は，特定の者（債権者とよばれる）が，ある特定の他人（こちらは債務者）に対し，定められた給付（たとえば700万円の金銭）を給付することを請求することができる権利をいう。"定められた"というのは，どこで定められるか，というと，債権の成立原因である法律行為または事実において，である。法律行為が債権の発生原因である場合の典型が，法律行為の代表的な形態である**契約**に基づいて債権が発生する場合にほかならない。また，交通事故を例に取ると，不適切な自転車の運転によって運転者が歩行者を負傷させた場合は，歩行者の運転者に対する**不法行為**の損害賠償請求権という債権が，この事故という事実により成立する（709条）。

これらのほか，債権の発生原因としては，義務なく他人（この他人を法文は「本人」とよぶ）のための事務の管理を始めた者と本人との間の権利義務関係に基づいて債権が成立する**事務管理**（697条・702条）や，法律上の原因がない利得を得た者に対し損失を受けた者が利得の返還を請求する債権が成立する**不当利得**があり（703条・704条），以上のものが，第3編で扱われる。

(4)　第4編「親族」で扱われる主な事項

第4編の題名に登場する**親族**とは，6親等内の血族，配偶者，そして3親等内の姻族のことをいう（725条）。**婚姻**（731条以下）の当事者は，互いに相手方である当事者を配偶者とよぶ。親等は，「世代数を数えて」（726条1項），すなわち，親子の関係に着目して計算される。これらの婚姻と親子の二つが，第4編の主要な題材である。

(5)　第5編「相続」で扱われる主な事項

第5編の題名に登場する**相続**は，自然人の死亡により権利能力が失われたことに伴う権利変動という事象を意味する概念である。また，**遺言**に関するルールもここで扱われる。

相続は，死亡により開始する（882条）。これにより被相続人の権利義務を承継する**相続人**は誰であるか（887条・889条・890条），例外として相続人であることが否定される相続欠格や相続人廃除はどのような事由によるか（891条・892条・893条），相続人はどのような**相続分**で権利義務を承継するか（900条〜902条），**遺言**によってすることができる法律行為にはどのようなものがあるか

（960 条以下，とくに，**遺贈**は 964 条。未成年後見人の指定は 839 条，認知は 781 条 2 項），相続により承継される財産は**遺産分割**によりどのようにして分けられるか（906 条以下），遺贈がされるなどしても相続人に最低限は遺されるべきものとして定められる**遺留分**はどのように定められているか（1028 条以下）などが，同編の規定により明らかにされる。

◆**民法を学び始める人たちへの読書案内**

　初めて民法に接するとき，導いてくれる良書は，いろいろある。星野英一『民法のすすめ』（岩波新書，1998 年）や，池田真朗『民法はおもしろい』（講談社現代新書，2012 年）は，民法というものの考え方や，それを知ることの楽しさを伝える。一冊で民法の全般の内容を見渡すのには，潮見佳男『民法（全）』（第 2 版，2019 年）がある。道垣内弘人『リーガルベイシス民法入門』（第 3 版，2019 年）は，経済社会の実際の問題との関連も意識させながら民法の入口へと誘う。大村敦志『民法のみかた──「基本民法」サブノート』（2010 年）は，著者の「基本民法」シリーズへのガイドにもなっている。

3　民法という法律の沿革

　上述のとおり明治期に制定された民法は，1947 年の第 4 編・第 5 編の全面改正のあとにおいても，数次の改正が施されている。

(1)　戦後の主な改正

　最も規模の大きな改正は，2017 年の**債権関係規定の見直し**に係る改正である。契約に関する規範の全面的な見直しを趣旨としてされたこの改正は，契約そのものや契約から生ずる債権の在り方に関し，第 3 編の多数の規定を改正し，また，契約が有効であるための要件に関する規範や，契約により生ずる債権の効力の時間的な限界に関わる消滅時効のルールを見直すため，第 1 編の規定のかなりのものも改正された。

　この 2017 年の改正に至るまでを顧みると，追加された規定の多いものとしては，根抵当に関する 398 条ノ 2 以下を追加した 1971 年の改正（同条は現在は

398条の2）や，特別養子縁組に関する817条の2以下を追加した1987年の改正などがある。それらは，民法のなかの特定の場所に限局された改正であったのに対し，7条以下の行為能力の制度を抜本改編した1999年の改正は，広い範囲にわたり，用語法や考え方の改変を伴うものであり，そのような意味において重要な改正である。

　また2003年には，抵当権をはじめとする担保物権や債権の履行強制の在り方に関する改正も行なわれており，そこで新しく登場したさまざまのルールが，銀行が抵当権を実行してする債権回収や，労働者の賃金を確保するための先取特権などとの関係で，どのように現実に機能してゆくか，ひきつづき注目していかなければならない。

　さらに2004年には，法文を現代語化することなどのための全面的な見直しを内容とする改正が行なわれ，また，2006年には法人法制を全面的に見直すことを趣旨とする改正の法律も成立した。近時の改正としては，上述の2017年の債権関係規定の見直しとは別に，女性の再婚を制限する規定（733条）の憲法適合性に関する最高裁判所の判断（最大判平成27年12月16日民集69巻8号2427頁）を受け，その規定の改正（2016年）がされた。

　本書の初版刊行後の主要な改正として，成年年齢の変更（平成30年法律第59号），相続関係規定の見直し（平成30年法律第72号），特別養子縁組の要件の見直し（令和元年法律第34号）および遺産共有を含む共有や相隣関係の規律の見直し（令和3年法律第24号，2023年4月1日施行）に係る改正もされている。

(2)　戦後の最高裁判所へ

　このような立法の変遷と併行して，裁判所が提示する民法の解釈，すなわち，判例上の民法の解釈運用においても，重要なものが多々みられる。1889年の憲法のもとでの民事の最上級審の裁判所が大審院であったのに対し，1946年の憲法体制への変更に伴い，それは，最高裁判所となる。

　その最高裁判所になってから，ハルエさんにも運命が開かれる。

　ついに，と言うべきであるか，やっと，と述べるべきであるかわからないが，最高裁判所は，1955年に言い渡した判決において，課題②の論点に関する大審院の大正10年の解釈を変更した。「ハルエの酌婦としての稼働契約〔632条〕及び消費貸借〔587条〕のうち……弁済方法に関する特約の部分〔前者の稼働契

約を中心とする部分〕は，公序良俗に反し無効であるが，……事実関係を実質的に観察すれば〔後者の消費貸借の部分と〕ハルエの酌婦としての稼働とは，密接に関連して互に不可分の関係にあるものと認められるから，本件において契約の一部たる稼働契約の無効は，ひいて契約全部の無効」をもたらすという法律解釈が示される（最判昭和30年10月7日民集9巻11号1616頁）。

　大きな前進であるとみることができるし，当然の判示であるともいうべきであるが，なお問題は残る。それは，女性の尊厳を害する仕事をハルエさんが"強いられている"ことが良くない，という論理で問題処理がされているところにある。そうであるならば，ひとまずハルエさんが文句を述べないで働き続けている**課題③**の論点は，高利貸しが損害賠償を請求することができるということになりそうである。はたしてハルエさんの仕事は，"強いられている"から良くないのか。そうではなく，それそのものが悪いことではないか。人の「尊厳」（2条）を損なう性質の仕事をさせておきながら，それを第三者に妨害されると，その第三者に対し損害の賠償を請求することができるということでは，そこに法の正義があるとはとうてい考えにくい。

　民法が権利保障のためのルールを用意することの目的は，究極的には，人々が政治的結合をすることにより達成しようとしたこと，つまり人々の権利を保障することにより各人の尊厳を確保することにある。ここで民法の基本理念は，人の尊厳ということに見出される。そのことを論ずる2条と，それに関連して考察されるべき1条をあらためて取り上げることとしよう。

◆性労働の自由をめぐる論争

　対価を得て相手方の性的欲求に応える労務を性労働とよぶならば，人身の拘束と共に性労働が強いられるという問題が近代の影を象徴するのに対し，貧困のなか，すすんで性労働をすることにより収入を得ようとする女性の要求もまた，自由の一つの表現であり，権利の行使として認められるべきであるとする意見がある（"権利派"）。これに対しては，労働の内容が人たるに価するものでなく，自由の名のもとに認めることは許されないとする意見が対峙する（"人権派"）。自由というものが，部分原理でしかなく，究極にあ

るべきものが，人の尊厳を支えるものとしての自由にほかならない，ということは，2条の解釈と関連させて，次節でさらに考えることとしよう。若尾典子「女性の身体と自己決定——性業労働をめぐって」『岩波講座・現代の法 11 ジェンダーと法』（1997年）249-50頁，大庭絵里「単純ではなくなった〈売買春〉の論議」法学セミナー 473号（1994年）42-45頁，樋口陽一『国法学——人権原論』（補訂，2007年）62頁注6。

課題の考察

①の契約は，ハルヱさんを"働かせる"契約とよばれているが，よく考えてみると，だれも他人に働く義務を生じさせることなどできないはずである。その義務が生ずるためには，ハルヱさん自身が契約をすることが原則である。そこを突き詰めて考えると，じつは，いわゆる"身売り"なるものの法的構成には，不分明なところがある。実態としては，親が年限を定めた雇用というものが，ありふれたものであったことであろう。今日の法制を前提として一つ考えられるとすれば，未成年のハルヱさんの親が法定代理人としてハルヱさんに効力を生ずる契約をしたということになろうか（99条1項・824条本文）。しかし，それとても，本人であるハルヱさんの同意がなければ，することができないはずである（同条ただし書。なお労働基準法58条1項）。家のためには我慢してくれ，とハルヱさんを説いて受け容れさせた，というストーリーであるとすると，いちおう成り立たないことはない。が，そのときこそ，そこでは，たとえ契約の成立が認められるとしても，内容が個人の尊厳を否定し，人倫に反するとして，90条により無効であるとされなければならない。当然のことであろう。

ハルヱさんの父がした②の借金は，返さなくてよい。そこに至る論理の順路は，つぎのようなものである。まず，借金は，金銭を目的とする消費貸借である（587条）。単なる消費貸借であれば，その効力は否定されない。しかし，ここで問題となっているものは，ハルヱさんを非人道的な仕方で働かせ，それをもって弁済をするという約束を伴う。この約束は，それが公序良俗に反して無効であるのみならず，もともとの消費貸借の効力の評価にも影響する。この消費貸借も，公序良俗に反し，無効である。それは，強い不法性を帯びるもの

であり，貸主は，借主に対し交付した金銭を不当利得として返還請求すること
は許されない（708条）。

　とはいえ，この結論に判例が至るのに時間を要したことは，本文で見たとお
りである。

　ところで，①の契約が無効であるのは，ハルエさんの人身を拘束しているか
らであるか，それとも性労働という人倫に反する労働を内容とするものである
からであるか。考えてみると，性労働が論理の必然として女性の身柄の束縛を
伴うとは限らない。歴史的には，人身束縛と共に営まれることが多かったし，
そのイメージを日本で代表するものは，幕政期の吉原の歓楽街であり，大門と
いわれるところからいったん入ったならば生涯にわたり出てくることができな
い女性も多かった。しかし，一般論としては，女性が任意に性労働に従事する
ということもありうる。生きていくためにそれをするのだ，と彼女がすすんで
主張するとき，それに対し，それは許されないと説くべきであるか，否か。

　その答え如何によっては，その意思により性労働に従事している彼女を誘拐
する場合において，雇主は，誘拐犯に対し営業損害の賠償を請求することがで
きるということになるかもしれない。

　もっとも，この話は，やや考え込まなければならない別の論点を伴う。性労
働というような特殊局面でなく，たとえば本書を執筆している著者のことを考
えてみてほしい。大学で教育に従事している著者を誘拐した者に対し，著者が
損害の賠償を請求することができることは当然である。しかし，大学は，授業
が妨げられた損害（企業損害。『民法概論4 債権各論』490頁〔138〕）の賠償を
請求することができるか。判例は，これを容易には認めない（最判昭和43年
11月15日民集22巻12号2614頁参照）。同じ基準で臨むとすれば，③の損
害賠償請求も認められないということになる。

第2節　民法の頭書規定——1条・2条の解釈

貧しさに苛まれる現代の子どもたち

　朝日荘は，建ってから20年が過ぎる木造2階建てのアパートである。各階に4つの部屋があり，102号室には睦美さんと弟，そして二人のお母さんが暮らしている。お母さんが賃借人になって借りた部屋であるが，ここのところずっと賃料は滞納したままであるらしい。また，203号室は，祐介君のお父さんが賃借した部屋であり，この二人が暮らしている。ここに引っ越してくる前，祐介君のお父さんは，事業に失敗し，高利でした借金があるが，十分に弁済することができないでいる。

　①　冬の寒い朝であった。いくら睦美さんが揺さぶっても，お母さんが起きない。よく見ると，息をしていないようにみえる。驚いて2階にかけあがり，祐介君のお父さんに伝え，皆が騒ぎ出した。睦美さんも弟も，このところまともな物を食べていなかったが，お母さんは，何も口にしていなかったにちがいない。うまく生活保護の申請が進まず，家賃の滞納のためアパートの所有者からは退去を求められていたようである。「お母さんは，もう疲れた」。睦美さんが耳にした最後のお母さんの言葉であった。

　②　睦美さんのお母さんの悲しい出来事があってから数か月が経った頃であったろうか。祐介君が留守番をしている203号室を訪ねてきたのは，貸金業者の社員である。返済が滞っているから，残っている借金をいますぐ返して欲しい，という。そんなことを言われても無理であることは，じつは祐介君がよく知っている。遅れがちではあっても少しずつ返済ができているのは，祐介君がもらっている奨学金を貸金の返済に充てているからだ。残債全部なんて，とても奨学金では返せない。そういえば学校からは，滞っている給食費を払って欲しい，と求められている。「奨学金をもらっているんだから，払えるだろ」。今日，担任が困ったような顔で言ってきたのを思い出した。

4　民法の基本理念／個人の尊厳

　2条が規定する内容は，民法制定の際には規定としては存在せず，1947年の改正により当時は1条ノ2として規定が追加されて明文化された。その後，2004年の現代語化の改正において，規定の排列が変更され，現在のようになった。法制の変遷に関わる事情があったことから民法の2番めの規定になっているが，内容のもつ基幹的重要性からみて，本来は，これが民法の頭書に置かれるべきものである。

(1)　**個人の尊厳ということの意味内容**

　同条がいう**個人の尊厳**こそ，民法の全般を貫く基本理念である。個人の尊厳とは，人として大切にされるということであり，そのなかには，人が誇りをもって自律的な意思により生きることや，同じ社会に生きる他の人たちと分け隔てされることなく扱われる，ということを含む。とはいえ，それは，硬直的で機械的な自由や平等とは異なる。貧しさやそのほかの事情から追い詰められ，人間として耐えることができない仕事をも表面的には当人の意思でしている，という場合であっても，そのことを本人の自由な意思という論理で正当化してはならない。自由は，あくまでも部分原理にすぎず，それ自体が自己目的を有するものではない。自由は，人の尊厳を支えるためにある。同じように，平等の理念も，機械的な平等を意味するとするならば，ときに男性と同様に過酷な労務環境に女性を追い込むためのイデオロギーになりさがる。自由や平等などの理念のさらに奥にある民法の究極の基本理念が，個人の尊厳である。

(2)　**個人の尊厳ということの法規範としての意義**

　その個人の尊厳を解釈の基準として謳うことには，つぎのような意義がある。

　まず，民法上の諸概念の意味内容を明らかにするにあたり，個人の尊厳ということがその意味内容の決定に淵源を提供する，ということがある。90条の公序良俗に反する法律行為には種々のものがあるが，最も重要であるものは個人の尊厳に反する法律行為であり，無効とされなければならない（☞第6章48）。ここで，個人の尊厳は，公序良俗の意味内容の決定を導く思想的な源泉である（概念の充塡を指導する機能）。

　また，入会権の効力内容は慣習により定まる（263条・294条）ところ，そこでいう慣習には，個人の尊厳に反するものは含まれないと解される。そこで個

人の尊厳は，慣習の概念に制限解釈を要請する直接の根拠となる（個人の尊厳の直接執行性）。判例は，入会団体の運営に参画する各家庭の代表者は男性でなければならず，女性であってはならないとする入会慣行について，個人の尊厳を発展させた理念であると考えられる両性の本質的平等に反するとし，そのうえで，したがって公序良俗に反するから，という論理を介在させて，慣習としての効力を否定する（最判平成18年3月17日民集60巻3号773頁）。もとより結論は是とされるべきであるが，慣習は90条の「法律行為」ではないから，むしろ適切な論理の構築としては，端的に263条・294条の「慣習」について2条の理念から制限解釈が要請されるものと考えるべきである。

(3)　個人の尊厳と民法における人間像

「個人の尊厳」ということが述べられる際の「個人」は，まず人一般であり，普遍的な存在としての人である。それについて尊厳が要請されるということが，まずは2条が謳う民法の基本理念にほかならない。それと同時に，しかし民法が関心をもつものが抽象的な普的存在としての人に限られるか，というと，そうではない。限定された状況における人の尊厳を特に問題としてこそ初めて人一般の尊厳に達することができる，という契機がみられる。二つの異なる観点を取り上げよう。

(a)　消費者と民法

まず，ある特定の類型的な状況に置かれる可能性が人には常にある，という実質的な意義をもつ普遍というものをも考えておかなければならない。〈状況規定的な人の類型〉とでもいうべきものであり，消費者がこれに当たる。その定義の在り方について種々の論議があるが，ひとまず実定法上の概念を紹介しておくならば，**消費者**とは，「個人」であって「事業として又は事業のために契約の当事者となる場合におけるもの」でないもの（消費者契約法2条1項）である。消費者とは専業主夫や専業主婦のみを指す概念ではない。そもそも，その人が消費者であるかどうかを問うという尋ね方それ自体が，この概念の誤解による。どのような状況に置かれているときにその人は消費者であるか，と問わなければならない。昼に企業の経営者として仕事をする者であっても，家路に就き，スーパー・マーケットで夕餉の食材を買う場面においては，まぎれもなく消費者である。したがってまた，生涯にわたり消費者であることがまったくないという人もいない。

　このように考えられる消費者については，特別の規律が用意されなければならない。民法が一般の市民の間の法律関係を扱うものであるという理解から出発して，民法は消費者のようなものをこそ典型的な適用対象とすると感ずることは，自然であるにちがいない。ところが，現実はどうか。社会経済の発達に伴い，民法のルールは，その需要者として市民や消費者というイメージの人々ばかりでなく，事業者の間の取引をも念頭に置いて発展を始める。

　いわばその反動として，事業者と消費者との間の取引においては，「情報の質及び量並びに交渉力の格差」が現実に存在すること（消費者契約法1条）を踏まえたルールを用意することが求められる（同法が前提とする事業者の概念は，同法2条2項参照。法人は常に事業者である）。

　この課題への現下の法制上の対応は，形式的な意義における民法のなかでは規定が用意されず，消費者契約法に委ねられる。同法は，「消費者と事業者との間で締結される契約」を**消費者契約**という概念で受け止め（同法2条3項），それについて意思表示の取消し可能性および契約条項の効力について特別の規律を設ける。それらは，実質的な意義の民法の一翼を構成するものであり，したがって，形式的な意義の民法の内容をふさわしい仕方で充実させるという見地から，それらのうち基本的なものは，本来，民法（民法典）に編入統合されるべきものである。民法の研究がこれに関心を向けることは当然のなりゆきであり，本書においても取り上げる（☞第6章 **50**，☞第7章 **70**）。

　(b)　**両性の本質的平等**　　民法が特段の関心を示す人としては，半面において，消費者とはまったく異なり，だれでもが経験するという意味での普遍性は認められないが，むしろそれが認められないからこそ，そのための基本理念を明らかにしておかなければならないものがみられる。それが，**両性の本質的平等**ということ（2条）にほかならない。ある類型的な人の存在態様が，市民社会において重要な位置を占めるとき，それに関し民事上の所要の規律を用意することも，民法の役割に含まれる。こちらは，〈属性規定的な人の類型〉であり，女性と男性は，性別の取扱いの問題を措くとするならば，互換性を欠く。ここでは，互換性を欠くことこそが，民法が特別の関心を抱く理由である。私たちの社会の半分を占める人たちが尊厳のある暮らしを立てることに注意を向けないとすれば，それは民法を考える態度であるとは言い難い。

近代日本を生きた前節のハルヱさんの問題に限った話ではない。読者の皆さんは，ご存知であろうか。現代の子どもたちは，ままごと遊びをする際に母親の役を演ずることを最も嫌うという。離婚の増加や，その事実上の結果として子の養育を押し付けられ，夫であった男に養育費の支払を求めるためのリーガル・サービスの支援も調っていない状況のなかで，苦しみ続け，ひたすら働き，疲れ果てる母の姿を子らはよく見ている。女性の，そして子どもたちの貧困は，まさしく現代の問題である。貧困はそれ自体としてもたらされることはなく，しばしば差別の原因であり，また，その結果である。すこし考えれば気づくことであるが，それは，単に女の人がかわいそうである，とかいう表層的な問題ではない。次代を担う子らの一方の親が困難な状況にあるということは，この社会に数世代にわたる深刻な構造的問題をもたらす。すこしでも状況を打開するためには，両性の本質的平等を民法が念押ししていることの意義を確かめ，地域と職場に横たわる問題に立ち向かっていくほかないであろう。妊娠や出産を理由として職場における待遇を減ずるようなこと，縮めてよぶとマタニティ・ハラスメントがあってはならないことを明確にした判例（最判平成26年10月23日民集68巻8号1270頁）は，さしあたりは「雇用の分野における男女の均等な機会及び待遇の確保等に関する法律」9条3項の解釈問題，とくにその私法的効果を扱うものであるが，そこで述べられている考え方を背後から思想的に支えているものは民法が基本理念として明らかにしている両性の本質的平等ということである。

◆個人の尊厳

　2条が宣明する個人の尊厳は，民法の根源をなす基本的原理であるにもかかわらず，必ずしも研究は深められていない。谷口知平＝石田喜久夫（編）『新版注釈民法(1)』（改訂版，2002年）の山本敬三教授による当時の1条ノ2の注釈は，現在の2条に関する論議の概況を簡潔に要約する貴重な研究である。

　（1）**個人の尊厳の基本的意義**　　個人の尊厳は，すべての個人に認められるべき人格の尊貴を意味すると解すべきである。その意味において，個人の

尊厳は，人たるに価する尊重という人一般に関する普遍の要請にほかならない。もとより，すべての人，といっても，人には個性があり，それらを尊ぶということの留意を伴ったうえでの普遍ということである。

　個人の尊厳については，すこし異なる理解もあり，個人のあるがままを受け容れる，という意味に理解する考え方もありうる。この考え方が一つの人間観として成立可能であることを否定しないが，法規範の要素をなす個人の尊厳の理解として，はたして適切であるか。よく注意をしないと，それは，個性の無限解放という発想に至り，市民社会の政治的統合との間に緊張感をもたらす。安易な個性重視は，浅薄な自己責任の思想とも結びつきやすい。結局は，個人の多様性ということに十分な留意を伴わせるという留保を忘却しないようにしながら，人の普遍的価値の尊重を中核として2条の規範内容を充塡してゆくことが，法解釈に課せられた使命である。

　(2)　**個人の尊厳と社会の現実**　　個人の尊厳をめぐる思想的省察を措くとして，事実としての立法の経過を見るならば，明治の制定時になかった2条に当たる規定が1947年の改正で設けられたことの背景には，日本を民主化するための戦後改革という要因が大きい。1946年の憲法（現在の日本国憲法）の制定に伴い，民法の第4編と第5編の家族法の領域が憲法に適合しないとされる事態を避けるため，そこを全面改正することが急務とされた。それと同時に，前三編も，全面改正までの必要がなく，また，実際上その作業をする時間は戦後改革に与えられていなかったとしても，ひとまず憲法と同様の解釈基準（憲法24条2項参照）を宣示しておくことが，いわば応急措置として要請された。それが，現在の2条に当たる規定である。

　現代の法律家に対しては，単なる弥縫の措置としてではなく，2条の意義を実質化する仕事が求められる。現実の社会と向かい合うとき，明治このかたの日本の近代化の影にある深刻な問題として，女性に対する差別の問題が依然としてあることは，いうまでもない。それに加え，母親としての女性に対する差別とそれと関連し合う貧困の問題と無関係ではないが，現代日本において，子らの貧困が深刻である（ままごと遊びで子らが母を演じたがらないのは，疲れ切った母に対する観察の反映である。佐々木正美『完 子どもへのまなざし』〔2011年〕参照。）。**課題の設定**の①は，1987年1月に札幌市白石区

で起こった事件に取材した。ほぼ実話である。大沢真理「現代日本社会と女性──労働・家族・地域」東京大学社会科学研究所（編）『現代日本社会6問題の諸相』（1992年）78頁注72と対応本文。こうした問題に対し，生活保護や児童手当など社会政策の分野で扱われるべきであって民法が関係するものではないとする考えは，当たっていない。「あらゆる政策に『子ども対策』の視点を盛り込むことが大切」であり（保坂渉＝池谷孝司『子どもの貧困連鎖』〔新潮文庫，2015年〕211頁〔阿部彩〔談〕，**課題の設定**の②は，共同通信の記者によるルポルタージュである同書を参考とした），民事司法もまた，なすべきことがある。1000円でも，いや500円でもあれば，おなかいっぱいになって意欲を取り戻すことができる状態に追い詰められている子らがいることを忘れてはならないであろう。離婚に伴う養育費の支払の実効確保に向けての司法書士会の取組みを，川上真吾「子供の貧困と養育費問題」市民と法96号（2015年）が伝える。

5　民法による権利保障と政治的秩序／私権の公共性

　市民の権利利益を保障するために私たちは政治的統合を果たし，そこで形成された政治権力に依拠して，民法というルールをもち，それを執行する。もし民法が与える権利を行使する結果として，この政治的統合の基盤を損なうことになりかねないとするならば，そのような権利の行使は，否定されなければならない。1条1項が，人々の権利に対し「公共の福祉に適合しなければならない」と謳うことは，民法上の権利保障が趣旨とするところの思想的基盤を明らかにする意義をもつ。

　そして，同項に与えてよい意義は，ここまでである。**公共の福祉**ということは，個別具体の権利行使に制約を加えるための道具として用いられてはならない。本来，公共の福祉とは，人々の権利がもつ内在的な制約であるはずであり，そうであるならば，その権利の在り方を個別の局面において丁寧に検討することにより，当該権利の外延を定める個別の法令の解釈問題として，自ずと権利行使は適切に制限される。それに蛇足を置く仕方で公共の福祉による正当化という説明を用意する必要はない。そのような説明が一見すると困難であるよう

にみえる場合であっても，権利行使の制約は，つぎに扱う信義誠実の原則や権利濫用法理の丁寧な適用過程の説明により，事案の処理が可能であるはずである。一気に問題処理の根拠を公共の福祉に求める態度は，ここのところの丁寧な説明を省き，権利行使に制約を加える論理の構築過程の可視性を奪うおそれがある。

　一つの例を挙げよう。

　土地の所有者が，土地に設置されている水道設備の撤去を請求した事件において，裁判所は，所有者が「配水管等の撤去によって受ける利益は比較的僅少であるのに……配水管等の設備は……地区市民約 7 万人の利用のため巨額の資金，多数の日子を費し，敷設，掘鑿され，これを連繋する大規模な総合水道幹線の枢要部分を形成し，これを撤去して，原状に回復し，新たに替地を求めて同一設備を完成するには相当多額の費用と日子を要するばかりか……撤去によって，給水の機能が停止し，近い将来その再現は望みえず，市民一般に不測かつ重大な損害が生ずる。したがって……本訴請求は権利の濫用である」として撤去請求を斥けた（最判昭和 43 年 11 月 26 日判時 544 号 32 頁）。ここで裁判所が公共の福祉を援用して一気に結論を出そうとしかなかった態度は，評価されてよい。権利濫用の理由を丁寧に説明したことにより，所有者の権利行使を牽制してまで実現されようとした具体の利益は露わになり，この判断に対する批判的検証が可能になる。

　建前として政治権力は，市民の権利保障のために形成されるものであるが，私たちは，その的確なコントロールを常に果たしうるなどと楽観しないほうがよい。公共の福祉は，しばしば時々に政治権力を担う特定の勢力や大きな資本を担う組織の利益を擁護するために用いられかねない。それを直接の口実に権利行使を制約することを禁じ手としておくことは，そのことに対する抑止になる。

◆公共の福祉

　宮下修一「民法における『公共の福祉』の現代的意義」名古屋大学法政論集 227 号（2008 年），宮澤俊昭『国家による権利実現の基礎理論 ── なぜ国

家は民法を制定するのか』（2008 年）144-45 頁注 123。判例は，在日アメリ
カ軍が飛行場として使用する土地の所有者が国との土地の賃貸借契約が終了
したとしてした土地の明渡請求を斥けるにあたり，それが権利の濫用に当た
るとし，その際，ここでの所有権に基づく請求権の行使が「私権の本質であ
る社会性，公共性」に反するという説示を繰り返ししている（最判昭和 40
年 3 月 9 日民集 19 巻 2 号 233 頁）。権利濫用に当たるとされる理由は，より
細密な考証により与えられるべきであり，1 条 1 項を直接に適用して結論を
出したかのような印象を催す説示は，適当でなかったと考えられる。この判
例は，土地が公共のために真に必要であるならば収用の手続が行なわれるこ
とが本筋であることも認めており，そうであるからにはなおさらである。
「現実に或私権が公共の福祉にしたがっていないから違法であると判定する
には，よほどの注意を要する」（末川博『権利濫用の研究』〔1949 年〕287 頁）。
同項の「公共の福祉」については，露骨な国家的利益を内容とする理解に至
ることを自覚的に戒め，むしろ市民に共通する利益としての実質をもつもの
を見出し，これをもって充填しようとする試みも始められている（市民的公
共性）。たとえそのようなものであるとしても，具体の法的解決を見出すた
めに 1 条 1 項を直接に適用することは適当でないとするのが本書の立場であ
るが，こうした新しい学説動向は，注視されてよい。宗建明「日本民法にお
ける『公共の福祉』の再検討 ── 『市民的公共性』形成の試み」北大法学論
集 52 巻 5 号（2002 年）以下連載，吉田克己『現代市民社会と民法学』（1999
年）179 頁以下・244 頁以下・267 頁以下。

6 民法に基づく権利義務関係の基本原則／信義誠実の原則

　民法上の「権利の行使」と「義務の履行」は，「信義に従い誠実に行わなけ
ればならない」（1 条 2 項）。この規定が宣明する規範は，**信義則**や**信義誠実の原
則**とよばれることもある。

　この原則の一つの適用例を紹介しよう。貸金業者が金銭を貸し渡すにあたり，
借主になる者との間において，利息は年 29.8 パーセントと定め，また，遅延
損害金は年 36.5 パーセントと定めたという事案である。元本は月賦で分割返

済するとされ，いずれかの月に支払を怠ったときに借主は期限の利益を失い，その時点で残っている元本の全部とそれに対する遅延損害金を直ちに支払うものとされていた。借主は「支払期日に遅れて支払うことがしばしばあったが，上告人〔貸金業者〕は，被上告人〔借主〕に対して残元本全額及びこれに対する遅延損害金の一括弁済を求めることはなかった」という状況が続き，貸金業者が月賦の弁済金を受領し続けてきたという経緯を辿った事案について，裁判所は，貸金業者の「期限の利益喪失の主張は，誤信を招くような上告人の対応のために，期限の利益を喪失していないものと信じて支払を継続してきた被上告人の信頼を裏切るものであり，信義則に反し許されない」とした（最判平成21年9月11日判時2059号60頁）。

　信義則に反するかどうかは，このように個別の事案について評価判断される。その評価判断は，あらかじめ機械的な基準が用意されるものではなく，抽象的に信義誠実に反する，という基準のみで判断がされる。このような抽象的な評価判断の基準を要件とする法令の規定は，**一般条項**とよばれる。

　そのことの訴訟上の攻撃防御における表現として，信義誠実に反する，ということは評価であって，事実でない。その評価は，信義誠実に反するという評価を基礎づける事実（**評価根拠事実**）と，反対に信義誠実に反するという評価を妨げる事実（**評価障害事実**）との総合判断によりされる。信義誠実の原則のように，要件が事実でなく規範的評価になっている法律要件は，**規範的要件**とよばれる。実体法上の一般条項の訴訟における運用は，規範的要件としての運用にならざるをえない。紹介した事案においては，貸金業者が月賦での弁済を受け続けたという経緯があったことが評価根拠事実である。評価障害事実は，しいて挙げるならば，借主もまた約定の内容を認識したはずである，ということがあるかもしれない。しかし，この事案においては，貸金業者である企業の担当者から月賦での弁済金の支払でよいとして借主に支払を促してきたなどの経緯（これも一つの評価根拠事実になる）があり，これらの総合判断から，信義則違反が肯定されるということであると理解される。

　この事案においては，想定可能な別の法的構成として，信義則違反ではなく，期限利益の喪失に関する約定を変更する合意があったという考え方も想起されないことはない。一般に合意は明示にされる必要はなく，関係者の挙動など黙

示の意思表示を基礎づける事実を認定して存在を肯定することも許されるから
である。もっとも，それは一般的にはありうることであろうが，この事案にお
いて採用することは，困難であったものではないか。月賦の支払を続けること
でよいと述べた担当者が合意をする権限を有していたか，とか，借主のほうに
弁済のリズムに関する合意をする意思が存したとみることができるか，などの
点で疑問が残る。もし変更の合意が存在するならば信義則を持ち出さなくても
解決ができたであろう。このことに気づくならば，1条2項の信義則には，法
的解決を具体的な事情に応じ変更することを可能とする機能（強制調停的機能）
があることが理解される。この点は，つぎに問題とする1条3項の権利濫用法
理も異ならない。考えてみると権利は行使することができることが当然であり，
しかし，それに対し「信義に従い」という制約原理を設けるということである。
信義則に反すると考えられる権利行使は，否定され，または，なんらかの制限
のもとでのみ認められる。義務の履行が信義誠実に反すると認められる場合は，
義務を履行したことによる効果が否定され，または制限を受ける。権利の行使
が信義誠実に反するとして否定される事態は，同条3項の権利濫用の法理によ
っても説明が可能であり，言い換えると，権利濫用の法理における濫用性の判
断は，実質的に信義誠実に反する権利行使であるかどうかにより見定められる。
このようにして，ひとまず別個にルールが用意されている同条の2項と3項の
間には，内的な連関がある。

　弁済のリズムを変更する合意の認定が難しいということに関連して，訴訟の
進行運営に関しても指摘しておかなければならないことがある。信義則は，す
べての民事の紛争において問題とされる一般的な可能性があるルールであるが，
それと同時に，このルールを用いて欲しい，と考える当事者から問題提起をし
て争点としなければならない。仮に弁済のリズムを変更する合意があったとい
うことのみを借主が主張し，貸金業者が合意はなかったということに焦点を置
いて応訴の立証活動に精力を割いて弁論が終結したという経過を辿る訴訟事件
において，言い渡された判決を見たら，合意を認定することは難しいが遅延損
害金を請求することが信義則に反するという主張であれば認められるから，そ
のように扱う，という判断がされるとするならば，それはアンフェアな訴訟運
営である（最判平成22年10月14日判時2098号55頁は，この理由から事案の訴訟運

営を違法であるとした例である）。もし信義則に頼って解決をするのであれば，弁論を終結する前に借主に対し，遅延損害金を支払う義務がないとする主張には信義則違反の趣旨も含むか，を尋ね，借主が肯定するのであれば借主に対しては信義則違反の評価根拠事実の，貸金業者に対しては評価障害事実の主張立証を促し，審理を尽くさなければならない。

◆信義誠実の原則

　信義誠実の原則は，まず，契約当事者間において，当事者らが有していた意思の内容を重視しつつも，契約に至る過程や契約成立後の諸事情を考慮して契約に基づく法律関係を見定めるに際し，その指導原理を提供するという役割を担う（契約に基づく権利義務の具体化を指導する機能。山城一真『契約締結過程における正当な信頼——契約形成論の研究』〔2014 年〕435 頁，吉政知広『事情変更法理と契約規範』〔2014 年〕153 頁注 210 参照）。

　また，契約関係にない当事者との法律関係においても，個別の事案における機械的な法的解決を更正する強制調停的な機能とは別に，いくつかの役割を見出すことができる。不動産を取得したにもかかわらず登記をしていない者は 177 条の機械的な適用としては第三者に対し所有権取得を対抗することができないはずであるが，登記の不存在を主張することが信義に反する者は，同条の第三者に含まれないとする法理が確立している。ここでは，個別の事案において登記不存在の主張を許さない，という解決ではなく，登記不存在の主張を許すべきでない者を背信的悪意者という概念を形成して括り出し（最判昭和 43 年 8 月 2 日民集 22 巻 8 号 1571 頁），その概念の操作のなかで信義則の考え方が用いられる（概念形成を支援する機能）。

　また，親の財産を勝手に処分するといった仕方で無権代理行為をした者が本人（親）を相続したとしても，機械的な法文の適用では本人から相続したことになる追認拒絶の権能（113 条参照）を行使することが信義に反するとされる場合（最判昭和 37 年 4 月 20 日民集 16 巻 4 号 955 頁，☞第 9 章 **86 ◆無権代理と相続**）は，個別の事例の処理というよりも，そのような定型的な場合に一般的に妥当する規範を提示するものであり，その規範が法令に置かれ

ていてもおかしくない性質のものである（欠缺補充ないし規範創造の機能）。

　見方が分かれるのは，クレジットカードなどで購入した商品に支障があって，売主でなく立替払をしたカードの運営事業者に対し支払を拒むことができるか，という問題である。そのような解決を一定の要件の絞りのもとで認める割賦販売法30条の4第1項の規定が「新たに」認められたルールである（最判平成23年10月25日民集65巻7号3114頁。創設規定とする理解）と考えるならば，「売買契約と一体的に立替払契約についてもその効力を否定することを信義則上相当とする特段の事情があるとき」に限り立替払契約の効力への影響を肯定する解釈は，個別事案の特性を見て例外的に法的解決の変更がされることがありうるというにとどまる。これに対し，ひとしく信義則を用いるとしても，同項の規定が立替払を拒むことができる典型的な場合を定めたものである（確認規定であるとする理解）ならば，そこでの信義則は，同項が明示に言及していない場面に係る規範欠缺を補充する役割を期待されることになる。

　なお，ここまでで概観した信義則の機能とはかなり性質を異にするが，法律の他の規定において特に参照され，契約条項の効力の評価の基準ともなる。すなわち，消費者契約法10条は，消費者の権利を一方的に制限するなどする契約条項が無効であるかどうかを信義誠実の原則に反するかどうかという実質的基準によらしめている（消費者契約の契約条項の後段審査，☞第6章第3節。その後段審査のもとでの契約の長期性という要素の評価考慮について，丸山絵美子『中途解除と契約の内容規制』〔2015年〕181頁）。同様に，定型約款の契約条項が契約の内容になるかどうかを見定めるにあたっても，定型約款準備者の相手方の権利を制限し，または義務を加重する条項が信義誠実の原則に反するかどうか，という評価基準が用意される（548条の2第2項。不当条項排除の評価基準である信義則の機能）。

7　民法に基づく権利義務関係の例外的な規律／権利濫用の禁止

1条3項は，「権利の濫用は，これを許さない」と定める。**権利の濫用**という事態は，権利の不存在ではない。権利は存在し，それを有する者が権利を行使

することが原則である。その例外として，そのまま権利の行使を認めることが適正でない（「濫用」に当たる）と評価される。その効果として「許さない」と定められていることにより，権利の行使が否定され，または制限される。

　例を挙げよう。土地の所有権を有する者は，その土地の占有使用を妨害する者に対し，妨害排除を請求する権利を有する。温泉（宇奈月温泉）に源泉から湯を導くための管を敷設した場所のうち，他人の土地をわずかに通っている地点がある場合において，その土地の所有者は，所有権に基づき，管の撤去を請求することができる権利を有する。この権利は，たしかに存在する。しかし，その行使を是認することが適切であるか。一方において，土地の所有者のほうに，撤去を求めなければ困る事情が見受けられず，他方において温泉事業者のほうが事業をすることができなくなる，というときに，所有者の権利の行使を認めることは，ためらわれる。このようなときに，ひとまず所有権に基づく請求権の行使を認めないとする帰結を導くために，権利濫用の考え方が用いられる（大判昭和10年10月5日民集14巻1965頁）。さしあたり行使することができないとされた後のことは，わからない。温泉の事業者が土地を適法に使用する権利を認められたものではないから，ずっと同じ状態が続くことは，必ずしも適当でない。撤去を求める所有者は，法外な対価を要求して土地を使用してよいとする契約をもちかけようとする意図であったろうが，権利濫用の法理により所有権に基づく請求権の行使が妨げられたことを受け，適正な額の対価を示して土地の使用に関する契約の交渉をもちかけることはあってよいし，それで契約が成立するのであるならば，それはむしろ正常な法律状態である。現実の宇奈月温泉は，そこが源泉でなくなっており，現在では，問題そのものの前提が失われている。

　いずれにせよ，権利濫用の法理は，一般的ないし形式的には存在が認められる権利が，ある状況のもとにおいて，行使することができないという効果をもたらす。問題とされる権利は，いま掲げた例としては，所有権に基づく妨害排除請求権という物権的請求権である。しかし，一般には，契約関係や親族関係の当事者の間において行使されることが問題となる権利の行使を妨げるという仕方においても，権利濫用の法理が用いられる（☞◆**権利濫用の法理**）。

　この権利濫用の法理が適用されるための「権利の濫用」ということも一般条

項であり，これに当たるかどうかは，規範的要件として，濫用の評価根拠事実
と評価障害事実との総合により判断される。

◆権利濫用の法理

　末川・前掲書，法律時報 30 巻 10 号の特集「権利濫用法理の現代的意義」
（1958 年）。権利の濫用は，権利の不存在とは異なる。明確に権利が存在しな
いとすることができない場合において，妥当な結果を得るために権利の濫用
とされることが多い。明確に権利の不存在とすることができない事情は，
種々ある。理論の発展が十分でないため，権利が存在しないとする論理が発
見されていないことによることが，まずみられる（権利濫用法理の経時的補
完機能）。また，ある類型の局面において，個別の事情に応じ権利行使を認
めるか認めないかを決することが相当であるという場合も，手続としては和
解ないし調停で権利行使を控えてもらうという解決を得るという方途が考え
られる場面において，権利濫用の法理により権利行使を抑えるということが
みられる（権利濫用法理の強制調停的機能）。

　(1)　**若干の適用例**　　権利濫用の法理が適用された若干の実例を見ておこ
う。

　代金が支払われるまで自分に所有権を留保することを約して物を売った者
（留保売主）は，買主がその物を転売した相手方に対し，所有権に基づき物
の返還を請求することが権利の濫用であるとされる（最判昭和 50 年 2 月 28
日民集 29 巻 2 号 193 頁）。返還請求権の行使が，販路を拡げるため所有権留
保という手段を用いるという選択を採ったことと矛盾するものと評価され，
通常の経済過程で代金の支払までした転得者を害することは許されないとさ
れる。所有権留保という非典型担保手段の一つの徹底した理解として，留保
売主が与えていた転売授権の効果として転得者が所有権を取得するという法
的構成が採用されるならば，留保売主の物権的請求権の存在そのものが否定
されるが，そこまでの徹底した理論的態度を採らなければ，権利濫用の法理
による解決が選ばれる。

　土地の位置関係によっては，公道から離れた土地の所有者が，210 条の通

行の権利と似た考え方として，公道に至るまで隣接する土地に水道管や下水
管を通すことを請求する権利が認められる，という考え方を前提としても，
建築基準に関する法令に反していて行政庁から除却命令が発せられることが
予想される建物のために下水管を通すよう求めることは，権利の濫用である
とされる（最判平成 5 年 9 月 24 日民集 47 巻 7 号 5035 頁）。しかし，建物に法
令違反があれば常に権利濫用になると考えることはできないであろう。法令
違反の一定の重大さを考慮して，その場合には下水管敷設の権利が行使を阻
まれる。

　不動産の賃借人が対抗要件を備えていない場合において，賃借権の存在を
知りながら不動産を譲り受けるなどの事情がある者は，賃借人に対し不動産
の明渡しを請求することが権利濫用に当たり，できないとされる（最判昭和
38 年 5 月 24 日民集 17 巻 5 号 639 頁）。むしろ，この状況では，不動産の譲受
人が背信的悪意者に当たり，賃借人の対抗要件不具備を主張することが信義
に反するものとして扱われるべきである。

　親族関係の領域から例を拾うと，虚偽の出生の届出がされたことを機縁と
して親子として暮らしてきた者らの間の親子関係について，これを親子関係
存否確認の訴えにより否定することが権利濫用に当たり許されないとされる
ことがみられる（最判平成 18 年 7 月 7 日民集 60 巻 6 号 2307 頁）。親子として
生活してきた期間や紛争が生じた事情，虚偽の戸籍が生じた事情，つまり戸
籍上の両親の関与ないし帰責性などのほか，戸籍上の両親が存命している場
合は養子縁組により実質的に救済を講ずることができるから，それが可能で
あるかどうか，など諸事情を総合勘案して権利の濫用とされることは，あり
うることであろう。

　(2)　**判断構造の実際**　　いずれにしても個別の事案ないし場面の分析に負
うところが大きい。

　その分析の枠組みとしては，権利の濫用が規範的要件であるところから，
権利濫用を肯定させる方向に働く評価根拠事実と，権利濫用に当たらないと
する方向に働く権利障害事実とが問題となる。その際，一方においては，単
に関係当事者の客観的な利益の多寡のみに着目して判断をすることは好まし
くない。そのような考え方のもとにおいては，そこでされる客観的な利益比

較の仕方にもよるが，しばしば既成事実の重視に傾く判断がされ，社会的・政治的に優位にある者の利益の優先のうえに正当な権利行使が阻まれる結果になりかねない（山本629頁）。そこで，当事者の主観的な事情も併せて考慮されなければならない。専ら相手方を害することとなる結果とその意図を求めるというところまで権利濫用を狭く考える必要はないが，要は権利行使が総合的に判断して信義に反すると評価されるかどうか，という問題である（河上15頁）。その意味において，権利濫用の法理は，1条2項の信義則の適用が権利行使そのものを抑止する究極の姿をとる場合の適用帰結を表現するものであるとみることもできる。

　権利濫用の総合判断の具体の例を一つみておこう。

　店舗の営業開始以降，建物の賃貸人の承諾を得て，その店舗の営業のために賃借人が看板や装飾を設置した場所が，賃借部分でなく建物の外壁・床面・壁面などである場合において，この建物を買い受けた者がする看板などの撤去の請求が権利の濫用であるとされた事例（最判平成25年4月9日判時2187号26頁）においては，賃借人の側の事情として「看板等を撤去せざるを得ないこととなると，本件建物周辺の繁華街の通行人らに対し本件建物部分で本件店舗を営業していることを示す手段はほぼ失われる」ということがあり，また，建物の新しい所有者の側については，撤去請求を認めないことにより大きな不利益がないと認められる事情として，「看板等の設置が本件建物の所有者の承諾を得たものであることは……十分知り得た」こと，「看板等の設置箇所の利用について特に具体的な目的がある」とはみられないこと，さらに「看板等が存在することにより被上告人〔建物の譲受人〕の本件建物の所有に具体的な支障が生じていることもうかがわれない」ことが指摘される。裁判所は，これらの具体的な諸事実を権利濫用の評価根拠事実として把握し，結論として撤去請求が権利の濫用に当たると判断したものとみられる。

8　権利の体系としての民法

　市民の権利保障を役割とする民法では，そのための具体的な論理を提供す

るにあたっても，権利という概念を中心とした思考が用いられる。民法は，権利の体系として成り立っている。

(1) 権利の発生・障害・消滅・阻止

権利は，法律が定める要件を根拠として発生する。題材として売買契約を考えることにすると，それにより売主の側には買主に対し代金の支払を請求する権利が生ずる。こちらのほうに焦点を置いて法律関係を観察してみよう。もちろん反対に買主は，売主に対し，売買の目的物の所有権を移転することを請求することができる権利を取得する。

ここで，売買契約を締結した，という事実は，売主の代金請求権を根拠づける**権利根拠事実**である。この事実が認められる場合において，代金債権という権利の行使を妨げる事実が存在しないということが確かめられるならば，売主は，買主に対し代金の支払を請求することができる。代金債権の行使を妨げる事実としては，まず，売買契約が無効であったと考えるべき事実が明らかになる場合が考えられる。たとえば，売買契約を締結する際に買主が意思能力を有しなかったという事実は，**権利障害事実**であり（3条の2参照），これが存在する場合は，代金債権は，もともと存在していないと理解される。これに対し，売買契約を解除することができる事情がある場合，たとえば売買の目的物が滅失した，という場合において，買主が契約を解除したときは，代金債権が消滅する（540条・542条1項1号・545条1項）。ここで，目的物が滅失したという事実，それから買主が契約を解除する意思表示をした事実は，**権利消滅事実**である。また，目的物について権利を主張する第三者がいるという事実は，**権利阻止事実**であり，買主は，これを主張して代金の支払を拒むことができる（533条）。ここでは，代金債権は，存在するが，その行使が妨げられる。

このように権利の発生の根拠となり，または，その発生を障害し，あるいは権利を消滅させ，または行使を阻止する事実は，いずれも，それらが存在することにより権利の発生・障害・消滅・阻止という法的な効果を生じさせるものであり，主要事実とよばれる。

これに対し，それ自体として法的効果を発生させるものではないが，主要事実の存在を推認させる役割を担う事実が，間接事実である。たとえば，売買契約が締結された事実そのものを立証することができない場合において，売買の

交渉をしてきた経緯があるという事実や，交渉で話題となっていた物が売主となるはずの者から買主となるはずの者に引き渡された，という事実などは，売買契約がされたものであろうという推認を可能とする間接事実になる。

　なお，権利が濫用されている，とか，信義に反する，とかいうことは，それら自体は評価であって，事実ではない。評価である事項が内容となっている要件は，**規範的要件**とよばれ，権利の濫用で言うならば，権利の濫用があったという評価を基礎づける具体的な事実（**評価根拠事実**）と，そのような評価を妨げる具体的な事実（**評価障害事実**）との総合評価から，権利の濫用があったかどうかが見定められる。評価根拠事実や評価障害事実それら自体は，一つひとつ主要事実である。

(2)　権利の実現

　権利根拠事実があり，かつ，権利の障害・消滅・阻止のいずれの事実も認められなければ，権利が存在し，それを行使することができる，ということになる。

　とはいえ，権利を有する者が，自ら他人を強制する力を用い権利を実現することは，許されない。代金債権を有する売主が買主の手許にある金銭を強取することは，違法な私力の行使となる。権利の実現において私力を用いることができないとされることは，**自力救済の禁止**とよばれる。近代市民社会においては，国家が，物理的な強制力を保有し，人々の権利を実現するために必要な強制力を行使する。私力の行使は，原則として禁止され，やむをえない場合にのみ許される。このことを判例は，「法律に定める手続によったのでは，権利に対する違法な侵害に対抗して現状を維持することが不可能又は著しく困難であると認められる緊急やむを得ない特別の事情が存する場合においてのみ，その必要の限度を超えない範囲内で，例外的に許される」と表現する（最判昭和40年12月7日民集19巻9号2101頁）。そこで，代金債権の例で言うと，買主が任意に代金を支払わない場合において，売主は，債務名義（民事執行法22条）を提出して，代金債権の強制執行を裁判所に求めることになる。債務名義の代表的なものが確定判決であり（同条1号），売主が買主を訴えて，買主に対し代金の支払を命ずる判決が確定するならば，それにより強制執行をすることができる。

課題の考察

　睦美さんのお母さんの①の問題は，まず，うまく生活保護の手続が進まなかった事情を前掲の大沢論文（☞4◆個人の尊厳）が紹介する。賃料の問題は，どうか。たしかに，賃料を払わないことは，賃借人の債務の不履行であり，それを理由として，賃貸人に解除権が発生する余地があり，解除権が行使されるならば，睦美さんたちは，建物を明け渡さなければならない。ただし，判例は，賃料不払が少額であるなどの事情がある場合は，解除権の行使が信義に反し，許されないとする（最判昭和39年7月28日民集18巻6号1220頁）。①の場面においては「賃料は滞納したままである」という事情があり，その額によることであろう。この局面の信義則の適用は，実務や学説により発展させられ，今日においては，信義則の適用といってもよいが，むしろ賃料不払が賃貸借当事者間の信頼関係を破壊するに至った状況においてのみ解除が是認されるという理論（信頼関係破壊の法理）として調え直されている。

　また，①の賃料不払とは異なり，賃貸人の承諾を得ないでする賃借権の譲渡や，賃貸物の転貸がされた場合において，判例は当初，それらを理由とする612条2項の解除権の行使が権利の濫用に当たるとして，解除が認められないことがあるという法的構成を採った（最判昭和33年1月14日民集12巻1号41頁）。しかし，これも今日においては，無断の賃借権譲渡や転貸が信頼関係を破壊しないと認められる特段の事情があるときには解除が認められないとする理論により解決している（最判昭和36年4月28日民集15巻4号1211頁，最判昭和39年6月30日民集18巻5号991頁）。

　月々少しずつ返済していく②のような借金の場合には，返済が滞ったならば，残債の全部を直ちに払わなければならないとする約束を伴うことが多い。直ちに支払わなければならないという効果が不払により当然に生ずるという約束の場合と，そのようにしてもらうと貸主から告げられることにより効果が生ずるという約束の場合とがあり，前者は，よりトラブルになりがちである。②の事例も，「遅れがちではあっても少しずつ返済ができている」という経緯があった。ということは，貸主は直ちには残債全部の返済を求めるということを今まではしてこなかったということであろう。それが突然，全額を払え，ということは，いささか乱暴である。事情によっては，その請求が信義に反するとされる可能性があることは，本文（前述6）で見たとおりである（最判平成21年9

月 11 日前掲)。

第2章

人——個人

法人にも個人にも認められるもの，なぁに？

　昼には海辺で元気に泳ぎ，夕には山をヤンチャに走り回る博文君，忠文君，そして道文君の3人には，けれど，みな，お父さんがいない。夜になると，3人とも，ふと，さびしくなることがある。

　博文君は，博高さんとお母さんとの間に生まれた。博高さんの行方がわからなくなり，裁判所は，お母さんを不在者財産管理人に選任した。博文君のお父さんは，法律上，いない，という扱いになるってホント？

　忠文君は，忠高さんとお母さんとの間に生まれた。大きな海難事故に巻き込まれて忠高さんの行方がわからなくなって1年が過ぎ，裁判所は，忠高さんの失踪宣告をした。忠文君のお父さんも，法律上，いない，という扱いになるってホント？

　そして，道文君は，道高さんとお母さんとが婚約している時にお母さんのおなかに宿った。その二人を大きな津波が襲い，お母さんが助かったから道文君が生まれた。けれど，道高さんは，津波に呑み込まれ，やがて遺体で発見された。道文君のお父さんは，法律上，いない，と考えざるをえないか。

9　民法における個人の権利保障

　個人が，生き，暮らしを立ててゆくためには，個人のための法的保護の体系を必要とする。そして，その法的保護を用いて個人の保護を実現するための論理的前提として，個人は，権利を有する可能性が認められなければならない。それが認められないのであるならば，人は，所有権の主体となって，ある物を所有したり，売買契約の当事者となって代金債権を取得し，買主に対し代金を請求したりすることができない。権利を享有し，権利を行使する前提として，

個人は，法的な人格を認められる。これ自体は，所有権や代金債権の帰属を認めるための論理的前提であるから，この法的人格は，いわば〈形式的な意味における人格〉である。日本においては，この意味における人格を有する，ということは，**権利能力**を有する，という概念整理で説明してきた。そのこと自体は，あってよい概念整理であるが，注意しなければならないことは，形式的な意味における人格が認められるものは個人に限られない，ということである。法人もまた，所有権や代金債権のような**財産権**を有することが認められ，したがって，権利能力を有する。権利能力は，個人にも法人にも認められる。

　権利能力という概念で言い換えられる形式的な意味における人格とは別な観点として，2条が謳う「個人の尊厳」の要請から，個人の尊重を実質的に達成するための権利も保障される。これが〈実質的な意味における人格〉であり，その保護に仕える権利を包括的に把握するために**人格権**の概念が用意される。生命（711条），身体や名誉（710条）の保護は，この人格権の具体的な要素であり，これらは法人には認められない。専ら個人にのみ認められる人格権は，さらに特徴があり，他人に譲渡することができず，また，相続されることもない。

　相続の目的とならないから，人格権が認められるのは，出生から死亡までの間に限られる。そのこと自体は，財産権も異ならない。財産権は，特殊な例外（896条ただし書の「一身に専属」する権利）を除き相続人に承継される点が異なる。

　いずれにしても，個人は，出生から死亡まで，人格権であれ財産権であれ，権利を有する可能性が認められる。そして，代金債権のような権利の主体になることができるということは，半面，別な場面において，代金債務という義務を負う可能性も前提とされることを意味する。権利義務の主体，つまり法律関係の当事者となる可能性が，人格が認められる個人に開かれる。

◆人を認識するための基本要素

　民法による個人の権利保障を考える前提としては，ある人が他の人から区別されなければならない。民法の規定の適用関係（810条・733条・961条・484条など）を考慮するならば，氏名・性別・年齢・住所の四つの要素を個人の特定の基本に据えるべきである。

(1)　**氏名**　　これらのうち，まず，氏名は，氏と名から構成される。この
ことそれ自体について，これを民法において正面から定めている規定はなく，
むしろ氏というものがある，ということを当然の前提とする規定が置かれて
いる（750 条や 810 条）。平民も含め氏をもたなければならないとした明治 8
年 2 月 13 日の太政官布告第 22 号が現在まで，これにより，氏名は，氏と名
という二つの異なる要素から構成されるものと理解される。また，誰が名を
つけるかについても，民法は規定を置いていない。いわゆる命名権がどのよ
うな権利であるかについては，まず，これを親権の一作用であると説く見解
（親権説）があり，これは，親権者が子を「監護」する者であり（820 条），
命名を最初の重要な監護の行為であると捉え，戸籍法が父母に出生の届出の
義務を課すること（同法 52 条 1 項・2 項）も，この趣旨から理解する。これ
に対し，命名をもって子自身の有する人格権の一要素であると考え，父母な
どは，これを代行するものであると説く見解（人格権代行説）もきかれる。
親権が子の利益のために行使されるべきこと（820 条）の強調を補いつつ親
権説を採るゆきかたも十分に考えられるが，氏名が人格権の重要な一要素で
あることを強調する体系的見地からは人格権代行説が妥当である。特別な公
的コントロール（戸籍法 50 条・107 条の 2，最決平成 15 年 12 月 25 日民集 57
巻 11 号 2562 頁）が名について働くことも，この理解からこそ整合的に導く
ことができる。また，棄児の命名を市町村長がすること（戸籍法 57 条 2 項）
も，命名の時には親権者に代わるべき者（838 条 1 号・840 条）が未だ選任さ
れていないという技術的な理由からではなく，そこでの市町村長は，いわば
生まれてきた子を迎え入れる私たちの代表として命名をするものである，と
いう積極的な意義づけとともに，説明されるべきである。

　(2)　**性別**　　性別は，民法上，まず，「男」と「女」である（731 条・733
条）。くわえて，親子関係の当事者である場合は「父」と「母」と（779 条・
783 条など），また，婚姻の当事者である場合は「夫」と「妻」と称され
（750 条・767 条など），いずれも，排列上，男のほうを先に置くものとなって
いるが，慣行によるものであるにとどまり，この排列に特別の意味を読み込
むべきではない。なお，性別の取扱いに関する法制上の規律（性同一性障害
者の性別の取扱いの特例に関する法律 4 条）とそれが親子関係に及ぼす影響が

論議されている（最決平成 25 年 12 月 10 日民集 67 巻 9 号 1847 頁参照）。

　(3)　**住所**　　住所は，その人の「生活の本拠」である（22 条）が，何が生活の本拠であるかは，本人の主観的な意思と客観的事実との総合により認定判断されるべきである。ある場所に定住したいとする本人の意思が重要であるとともに，それのみを決定的要素とすることもできない。その意思の表現である定住の事実など客観的状況を全体として総合し，本人に最も関係が深い場所が住所として見定められなければならない（最判昭和 27 年 4 月 15 日民集 6 巻 4 号 413 頁，最判昭和 35 年 3 月 22 日民集 14 巻 4 号 551 頁）。親の下を離れ学生寮に住んでいる大学生の住所は，特別の事情のない限り，学生寮のある場所であるとされる（最大判昭和 29 年 10 月 20 日民集 8 巻 10 号 1907 頁）のに対し，不法に公園に置いたテントで起居しているとしても，そこを住所とみることはできない（最判平成 20 年 10 月 3 日判時 2026 号 11 頁）とされる。

　このように住所は，人の生活，さらに言うならばその人の人格が展開される場所として認知されるべきものであり，そのことの意義の重さを考えるならば，一人の人について一つの住所を考えるべきである。複数の住所をもつことがあってもよいとする考え方もありうるが，いたずらに法律関係を複雑にするおそれがないとは言い難い。特定の法律関係との関係で別の場所を住所として扱うことが望まれる場合は，仮住所の概念（24 条）を活用することが考えられる。

　いくつかの事項（民法から挙げると 484 条 1 項や 883 条）について，住所は，法律関係を処理するうえでの手がかりとなる。

　(4)　**年齢**　　年齢の計算方法は，「年齢計算ニ関スル法律」が定めるところである（140 条の初日不算入の原則が適用されないことについて，☞第 11 章 95）。また，法的効果と結びつけられる事項ではないけれども，「年齢のとなえ方に関する法律」が，年齢を言い表わす際の慣行に関し，望まれる方法を勧奨する。同法は，年齢計算ニ関スル法律に従い，満年齢で言い表わすことを推奨する。年齢の計算に関する近時の論議として，第 154 回国会における衆議院議員からの質問に対し内閣が決定した答弁書が参考となる（内閣衆質 154 第 154 号）。

（5）　**附・本人確認**　　いわば実体的な要素として人を特定するための諸観点は，以上のものであるが，これらを前提として，人を特定するために法律実務上用いられる手順の側面において，いくつかの手法がみられる。印鑑に着目した古典的な方法としては，住所地の市町村長（特別区の区長を含み，政令指定都市にあっては市長・区長・総合区長）の事務として行なわれる印鑑に関する証明がある（いわゆる印鑑証明ないし実印登録）。電子的な手段としては，「電子署名及び認証業務に関する法律」2条1項による電子署名があり，個人については，住民基本台帳を用いる公的個人認証の仕組みが運用されている（いわゆる住基カード）が，今後は，「行政手続における特定の個人を識別するための番号の利用等に関する法律」が定める個人番号（いわゆるマイナンバー）が，社会保障，税，戸籍や自動車登録などの諸局面において活用され定着するか，注目される。

◆人格権

　生命・身体・自由・名誉・プライバシーや，さらに肖像や氏名について個人が有する権利利益の総体は，人格権とよばれる。今日において，判例上，明確に認められる概念である（最判平成24年2月2日民集66巻2号89頁とその引用する判例を参照）。その侵害が不法行為になる（710条・711条）ことはもとより，何よりも，その意義が明瞭である局面として，これらの人格的利益が侵害され，または侵害されるおそれがある場合において，侵害を排除するため他人に対し作為や不作為を請求することを内容とする請求権が認められる。不作為を請求する権利は差止請求権というよびかたがされることが多い。名誉侵害に対しては，名誉が毀損された後の事後的な救済として，単なる損害賠償にとどまらず，「名誉を回復するのに適当な処分」（723条）を請求することが認められるけれども，これは，不法行為の特殊な効果である。これに対し，名誉を侵害する行為をしないことを請求する権利は，人格権に基づき，事前の抑止として機能することがありうるし，その際に相手方の故意・過失は，要件として必要とされない。このように，人格権に基づく請求

権の根拠となるところに，人格権の概念の大きな意義が見出される。

　人格権は，個人に固有の権利である。固有である，ということの意味は，まず，他人に譲渡することは認められない。また，相続の対象ともならない（896 条ただし書参照）。これらの点が，財産権との大きな差異である。また，法人は，たしかにその活動が妨げられる場合に無形の損害が生じたものとして賠償を請求することができる場面があるものの，名誉とは決定的に異なるものであり，そのほか，生命や身体にしても，当然のことながら法人には人格権による保護を考えることが親しまない。

　もっとも，ひとくちに人格権といっても，それにより保護される具体の権利利益は多様である。生命や身体は，それに対する侵害が原則として違法であることは自明であり，正当防衛など違法を阻却する事由（720 条）がある場合においては，違法阻却事由を主張する側がその存在を証明しなければならない。これに対し，プライバシーの権利や，名誉とは区別される名誉感情などは，社会通念に反する仕方で違法に侵害され，または侵害されるおそれがあるときに限り，それらを被侵害法益とする不法行為の損害賠償や人格権に基づく請求権が認められる。判例も，氏名を正確に呼称される利益は，つねに法的な保護の対象になるものではなく，「不法行為法上の利益として必ずしも十分に強固なものとはいえない」としつつ一定の要件のもとで法的保護の対象になることを是認した（最判昭和 63 年 2 月 16 日民集 42 巻 2 号 27 頁）。氏名を正確に呼称される利益が絶対の保護を要請するのであるならば，うっかり他人をニックネームで呼ぶ行為は，すべて違法であるということになりかねないであろう。本人を侮り辱める意図などで不正確なよびかたをする場合に限り，損害賠償の問題などとして扱われるということでなければならない。この判例が用いる言葉で述べるならば，人格権として保護される権利利益のなかには，「十分に強固なもの」とそうでないものがあるということになり，それぞれの類型に何が含まれるか，そして，強固であるということが具体的にどのような法的効果を帰結させるか，ということが人格権を研究する際の課題となる（山本敬三「人格権」ジュリスト増刊『民法の争点』〔2007 年〕参照）。

10 権利能力の概念

　権利義務の主体となることができる可能性が認められることが，**権利能力を有する**，という概念整理により簡潔に表現される。すなわち，権利能力とは，権利義務の主体となることができる適格をいう。

　この本を手に取って読んでいる人たちは，みな，権利能力を有する。この本を買ったことにより，この本の所有権という権利の主体となった。そのようなことが認められるのは，権利能力が認められるからである。また，本を買う際に代金を支払ったことであろう。ふつう，買う際に直ちに代金を支払うから，あまり意識しないが，これは，債務の履行である。買ったことにより代金債務を負い，そして，時間を置かないで債務の履行がされた。債務は，義務の一つであり，義務を負う可能性が認められることも，権利能力があるからである。あたりまえのことを述べているように聞こえるかもしれないが，権利能力の概念を用いることにより，いろいろなことを説明することが可能になる。馬や犬が本の所有者になることはできないし，また，代金債務を負うこともありえない。

　権利能力という言葉に始まり，法律を学ぶ際には，いろいろな能力が登場する。慣れないと，すこし戸惑うことがある。ある人が有能であるか，役に立たないか，などということを論ずる場面で登場するところの，日常の言葉の能力とは大きく異なる。法律を学ぶ際に登場する能力は，可能性という意味であると置き換えると，わかりやすい。そのことに関係するが，能力があるとされる人が自ら必ずしも歓迎しない事態にも能力という言葉が用いられ，それは，可能性を意味するものであるからにほかならない。権利はともかく義務の主体となることは歓迎されることでないかもしれないが，権利のみ有し義務を負わない，ということは考えにくい。権利能力という言葉のなかに義務という言葉が登場しないが，それは権利と表裏であって，言わなくても当然であるからである。また，犯罪能力や破産能力という言葉もある。誰も犯罪者や破産者になりたいと望むことはないが，犯罪をする行為者として処罰される可能性があるか，破産手続が開始される可能性があるか，という意味にすぎない。国には破産能力がなく，どんなに赤字になっても，破産手続が開始されることはない。

　権利能力という言葉それ自体は，民法の法文に登場しない。民法上，権利能

力が認められるものは，個人に加え法人であり，その法人に関する規定が「権利を有し，義務を負う」こと（34条）がありうる，と定めるところが権利能力を有することを伝える。個人については，3条1項にいう「私権の享有」可能性が，権利能力にほかならない。私権という言葉が用いられるのは，選挙で投票をする資格があるかどうかといった公法上の問題は視野の外に置かれることによる。この観点を強調して，私法上の権利義務の主体となる能力というふうに権利能力を定義することもある。

　個人は，原則として，出生からあとについて権利能力を認められ，それが死亡まで続く。乳児にも権利能力が認められる。乳児が自ら意味を理解して取引をすることは期待することができず，親権者や後見人が代わってする。所有権などの権利の主体になる資格がある，ということと，所有権を取得する行為を自身でできる，ということとは区別する必要があり，後者は，意思能力または行為能力の問題として扱われる。

　権利能力は，量的な概念ではない。あの人は権利能力がたくさんある，とか，この人の権利能力は少ない，というような言い方はしない。特殊な例外を除き，権利能力は，あるか，それとも，ないか，いずれかである（例外として制限された権利能力を考えるべき局面として，3条2項・34条参照）。

11　権利能力の享有

　権利能力は，すべての人に認められる。すべての人に，ということの意味は，さしあたり，すべての個人について，例外なく権利能力が認められる，ということにほかならない（法人については，☞第4章35）。3条1項が「私権の享有は，出生に始まる」という簡明な定めをし，出生しているのに権利能力が認められない存在（古代の奴隷のような存在）を想定していないことは，出生したすべての人に権利能力の取得を是認する趣旨を含む。また，そのことは，憲法14条1項の要請でもある。

　このことは，基本において外国人であっても，異ならない。外国人とは，日本人でない者，つまり日本の国籍を有しない者をいう。「法令又は条約の規定により禁止される場合」に権利の享有可能性が否定される例外がある（3条2項）が，裏返して述べるならば，そうした例外が働かない限り，民法の適用に

おいて日本人と等しく扱われる。このことを内外人平等の原則とよぶ。

12　権利能力の始期

　人が権利能力を取得する時期が，権利能力の始期である。いつがそれであるか，を考えるにあたっては，まず原則が確かめられる必要があり，つぎに，その原則に対し例外があることに留意されるべきである。

(1)　始期の原則

　人が権利能力を取得する時期は，出生の時である（3条1項）。出生は，母の分娩により行なわれ，分娩は，時間の幅をもつ事象である。しかし，権利能力の始期は，時間的に一点で定められなければならない。権利の主体となる局面であることを強調すると，分娩が始まったにすぎない段階は尚早であると考えられ，胎児が母体から全部出た時に権利能力を取得するとみるべきである。胎児が生きて母体の外に出れば十分であり，その時に直ちに独立呼吸を始めなくても，それを待つことなく権利能力の取得が認められる。

(2)　胎児の権利能力

　権利能力の始期が出生であるという原則に対しては，例外がある。法律が特別に定める事項については，胎児に権利能力が認められる。胎児とは，母が懐胎し，母胎にあって出生していない状態を示す概念である。ただし，胎児が死体で生まれる死産の場合には，このような例外的な権利能力の取得は認められない。生きて出生した場合に胎児について法律が権利能力の取得を認める例外は，三つの場合である。

　まず，不法行為に基づく「損害賠償の請求権については」胎児を生まれたものとみなして，権利能力が認められる（721条。同条の文理上，死体で生まれた場合の扱いが明示されないが，事態の性質上，その場合に同条の適用はないと解すべきである）。したがって，胎児であった時期に父母に対してされた生命侵害の不法行為について，711条に基づき賠償請求権を取得する。のみならず，損害賠償の請求権"については"という文言の意味は，柔軟に解すべきであり，まず，賠償請求権を取得する主体となる可能性のみならず，不法行為の被侵害法益の主体であることも認められるべきである。母体に対し加えられた暴力の結果として胎児に損傷が生じて生後に障害が残る場合も，胎児は"人でない"と考え

るべきではなく，胎児という人に対する身体の侵害があるとみてよい。また，これとは別な問題であるが，賠償請求権それ自体のみならず，その行使を確保するための権利行使も許され，たとえば，賠償請求権を担保する権利の行使も認められる。これらのことから，胎児の時期に事故により母体に加わった打撃の影響で生後に障害がみられる場合は，胎児が，その事故に係る損害保険の保険金請求権を行使することが認められてよい（最判平成18年3月28日民集60巻3号875頁）。

　また，相続については，胎児は生まれたのと同じに扱われる（886条1項）。ただし，死体で生まれた場合は，この限りでない（同条2項）。父が死亡した時に母が懐胎していた子は，相続人となることができる（887条1項）。なお，「相続については」という文言は，字義どおり民法が定める相続に限られる。皇位継承の原因が生じた時に皇后が懐胎していても，現行の皇室典範に特例の規定がなく，その胎児への皇位継承は起こらない。

　そしてまた，遺贈を受けることについても，胎児に権利能力が認められる（965条による886条の準用）。他人に財産を与える意思を遺言で表明する単独行為が遺贈であり，遺贈により財産を与えられる者が受遺者である（964条）。遺贈により財産を取得することも権利能力に基づくのであるから，遺言者が死亡した時に受遺者は権利能力を有していなければならない（985条1項参照）。胎児に権利能力が認められることにより，遺言者の死亡の時に生まれていなくても遺贈を受けることができる。

◆胎児の権利能力

　例外的に胎児の権利能力が認められる場合において，胎児が生まれるまでのあいだ具体的にどのような法的処遇を受けるか，をめぐっては，解釈が二つに分かれる。第一は，生まれるまでは権利能力を有せず，生きて生まれて初めて胎児の時期から権利能力を有していたものと扱う考え方であり（人格遡及説），第二は，生まれる前でも，法定代理人が，本人である胎児のために法律行為をすることができ，ただし，死産の場合は，遡って権利能力を有しなかったものと処理する考え方である（制限人格説。法定代理人は，生きて

生まれれば法定代理人となるはずの者，通常は親権者が務めると考えることになる。山本36頁）。判例は，721条が問題となった事案において，「胎児カ不法行為ノアリタル後生キテ生レタル場合ニ不法行為ニ因ル損害賠償請求権ノ取得ニ付キテハ出生ノ時ニ〔，〕遡リテ権利能力アリタルモノト看做サルヘシト云フニ止マ〔る〕」というふうに同条の趣旨を解し，人格遡及説を採った（大判昭和7年10月6日民集11巻2023頁）。

　判例が採る人格遡及説は，法定代理人が不適当な権利処分などをするおそれという問題への対処としては，妥当である。半面において，出生までの間にあって，たとえば不法行為加害者の資力が悪くなるなどの事態においては，胎児の保護に支障が生ずる。

　この点を考慮し，権利を「保存」する行為のみを法定代理人に認める中間の解決も考えられる。そこでは，どこまでの行為をもって「保存」とするか，はっきりさせなければならない，という問題が出てくる。損害賠償債権を担保するために担保権の設定を受ける場面を考えてみよう。そもそも担保権の設定を受けることが，保存の行為として許容されるか。それが許容されるとして，担保権の実行手続が開始された場合において，法定代理人は，配当を受けることができるか。受けることができないとすると，裁判所は配当金をどうすればよいか，といった一連の疑義が生ずる。

　法定代理人が失当な処分・管理を行なうかもしれないという危惧は，ここでの特殊な問題ではなく，法定代理一般にありうることであるとみることもできよう。権利能力の始期を出生とすることが原則であるという基本的視座に忠実である人格遡及説にも魅力を感ずるが，胎児の権利保護を確保する見地から，制限人格説を推しておく。もっとも，生まれてくる前に胎児の権利が安易に行使・処分されることが好ましいものではなく，出生前の法定代理人など関係者の対応は，謙抑的であることが望まれる。その意味において，保存の性格をもつ行為に限定して法定代理人の権能を認めようとする中間的解決にも聴くべきものがある。886条との関係では，遺産分割を暫時禁ずることもできる制度（907条3項）の活用などが考えられてよい。

13 権利能力の終期

権利能力の終期，つまり，人が権利能力を喪失する時期は，その人の死亡の時であると考えられる。始期とは異なり，このことを定める明文の規定はないけれども，しかし，死亡のほかには考えられない。死亡の後にも権利能力を保ちつづけるという事態は想定困難であり，また反対に，生存する人の権利能力を奪う制度は，人が「個人として尊重される」べきものとされる近代市民社会（憲法13条）においては，許されない。

死亡に伴い，さまざまな効果が生ずる。相続が開始する（882条）ほか，妻または夫であった者は婚姻が終了し（751条参照），使用借主であった場合は使用貸借が終了し（597条3項），委任者または受任者であった場合は委任が終了し（653条1号），また，組合員であった場合は組合の脱退が生ずる（679条1号）などする。

14 同時死亡の推定

複数の者が死亡した場合において，そのうちの一人が他の者の死亡後になお生存していたことが明らかでないときに，その者らは，同時に死亡したものと推定される（32条の2）。この推定は，法律上の推定であり，反対の証明が奏功するならば，推定が覆され，証明されたところに従い，死亡の順序が見定められる。この反対の証明をするための方法は制限がなく，一般の証拠方法による。通常，戸籍に死亡時刻が記載され，それが公的な証明として強い証拠力をもつ。しかし，戸籍に記載された死亡時刻が決定的な確定の効果を有するものではないから，これを凌駕する証明の効果をもつ証拠が見出されることもありうる。東日本大震災の際は，死亡を確認した警察官など公務員の報告においては，「3月11日午後不詳」をもって死亡時刻とする扱いがされたことが多く，他に証拠が得られないと，このような扱いがされる複数の者らは，死亡の前後が明らかでない，ということになる。

人は，死亡したかどうか，という問題とともに，いつ死亡したか，が法律上意義のある論点になる事案がみられる。Aとその子であるBとが登山をして遭難し，やがて二人とも遺体で発見されたとする。Aが死亡し，ついでBが死亡した，という場合において，Bは，Aの相続人となる（887条1項）。Bに

配偶者のＣがいるとき，続くＢの死亡に伴いＣは，Ｂの相続人となる（890条）から，Ａが有していた財産は，最終的にＣに帰する可能性がある（①）。しかし，Ａ・Ｂの死亡の時間的前後が反対であるとすると，Ａについて相続が開始した時点でＢはいないから，Ａが有していた財産がＣに帰属することはない。Ｂの子やＡに直系尊属がおらず，しかしＡにＤという兄弟姉妹がいるというときには，Ｄが相続人となる（889条1項，②）。

　この場合において，死亡の前後を証拠により証明することができる場合は，証明された事実関係に応じ，それぞれ①または②の結果となる。しかし，前後を証明する，といっても，だれが何を証明するか，は局面に応じて異なる。Ａが有していた財産をＤが占有する場合は，その引渡しを求めるＣが，Ａの先死を主張立証しなければならない。反対に，Ｃが占有するときは，ＤがＢの先死を主張立証する。たまたま占有をしない側に立たされた者に証明の負担が課せられる不合理を打開するものが，32条の2の定める**同時死亡の推定**であり，この推定が働くときに，Ａ・Ｂ間には互いに相続は起こらないから，②と同じ結果になる（互いに相続が起こらないから，Ｂの財産を889条1項1号によりＡが直系尊属として承継する余地も否定される）。

　同時死亡の推定は，この例の登山のように同じ機会に死亡した者らについてのみ働くものではない。同じ日にＡは山で崖から転落して死亡し，Ｂは海水浴に行っておぼれて死亡した，というように機会が異なってもよく，死亡の前後が判明しなければ，同時死亡の推定が働く。

15　不在者財産管理

　ある人が死亡したということになれば権利能力が終期を迎え，相続が開始する（882条）から，その場合の法律関係は，それとして簡明である。これに対し，ある人が従来の住所・居所を去り，場合によっては生死がわからないという場合においては，権利能力を喪失するという前提で法律関係を処理することができず，さまざまの困難が生ずる。そこで，住所・居所を去った者について財産の管理人を選任するなど家庭裁判所が必要な処分をする制度が用意される。それを**不在者財産管理**とよぶ。

(1)　不在者財産管理の制度趣旨

　不在者財産管理の制度趣旨を考えるにあたっては，三つの観点を用意することが有益である。第一は，不在者の権利利益の保護である。不在者の意思に即して財産を管理することを期待することができない状況において，いわば私的自治の補充として働く制度であることが強調される。第二は，不在者と取引をし，または取引をしようとする者の取引の円滑である。もっとも，不在者が所有する財産のうち，種類物のように代替取引が可能であるものは，なにも不在者と取引をしなくても調達先を別に探せばよい。不在者本人でない者のための制度の存在意義として説得的であるのは，不在者が有する特定物の取得など代替取引が困難である取引をしようとする者の利便や，すでに不在者に対し債権を有する者などの権利行使の円滑を図る場面であろう。第三は，不在者が財産の管理を円滑にすることができないことにより，その財産の効用が発揮されず，または，かえって公益を害する事態となることの防止という観点である。

(2)　住所と居所の概念

　そこで不在者の財産を管理するため，不在者財産管理の制度が設けられる。ここに**不在者**とは「従来の住所又は居所を去った者」をいう（25条1項）。生活の本拠が**住所**であり（22条），また，人が生活している場所であるものの本人の意思や生活の状態に照らし住所ほどに安定したものでない場所が**居所**（23条1項）である。「従来の」住所・居所を去ったという要件であるから，本人が新しい住所または居所を有していることは，不在者財産管理を妨げるものではない。したがって，本人の生死が明らかでないことは，不在者財産管理を開始する要件ではない。また，生存していることが明らかであるが，住所・居所が明らかでなく，連絡を交わすことができない場合も，不在者財産管理を開始することが考えられる。

　ただし，不在者は従来の住所または居所を「去った者」でなければならない。「去った」とは，容易に帰来する見込みがないことである。住所でない地域に用務がある間，用務先で生活をしている者は，不在者ではない。

(3)　不在者財産管理の開始

　不在者が財産の管理人を置かなかった場合において，家庭裁判所は，利害関係人または検察官の請求を受け，「その財産の管理について必要な処分」を命

ずることができる（25条1項前段）。その処分は，必ず管理人を選任するという内容になるとは限らないが，実際上，不在者が管理人を置いていなかったときには，**管理人**を選任し，これを監督して必要な処分を命ずることになる（27条3項）。

(4) 管理人の職務と権限

そして，家庭裁判所により選任された管理人は，不在者の財産の目録を作成するところから，その職務を始める（27条1項）。不在者に代わって，その財産を管理するものであるが，この管理において，管理人が有する権限は，つぎのようなものである。まず，不在者の財産について「保存行為」をすることができる（28条・103条1号）。たとえば，不在者の財産に建物がある場合において，その荒廃を防ぐため，専門の業者に依頼して，その内部の清掃や外壁の保守点検などをさせることができる。また，不在者が有する物や権利の性質を変えない限度において，それらを利用し，または改良することを目的とする行為をしてよい（28条・103条2号）。法定の短期の期間（602条参照）で物を他人に賃貸することは，利用行為に当たると考えられる。

これらの範囲を超える行為は，管理人においてすることができないことが原則である。処分に当たる行為をすることは，認められない。物を売却したり，物に抵当権を設定したりすることが，処分である。これらの行為をする実際上の必要があると認められる場合は，「家庭裁判所の許可を得て，その行為をすることができる」（28条前段）。この許可は，実務上，権限外行為の許可とよばれる。そして，この許可を得てされた法律行為は，管理人が不在者を代理してするものであり，不在者に効果が帰属する。

不在者が生存しており，その意思に反してされた場合であっても，管理人の行為は適法であり，処分の効果が不在者に帰属するから，不在者は，売却や抵当権設定の効果を否定することができない。管理人の権限は，家庭裁判所が管理人選任命令を取り消さない限り消滅しないからである。もっとも，不在者が従来の住所または居所に帰来し，その財産の処分を欲しないことを管理人に告げ，または本人の意思を知ることができたにもかかわらず，処分を敢行する管理人は，その注意義務（644条，家事事件手続法146条6項）に反するものであり，不在者に対し損害を賠償しなければならない。また，管理人選任命令の取消し

を待つ暇がない場合において，不在者は，審判前の保全処分を申し立て，管理人の職務の執行を停止することを請求することができる（同法 105 条参照）。

(5)　管理人の監督と報酬

管理人は，このように，不在者財産管理の運用において，中核的な役割を果たす。一般的に家庭裁判所による監督に服し（27 条 3 項，家事事件手続法 146 条 2 項），家庭裁判所は，管理人に財産の管理および返還について相当の担保を立てさせることができる（29 条 1 項）。

半面において，管理人の職務に要する費用は不在者の財産から支弁され（27 条 1 項後段，家事事件手続法 146 条 3 項），また，家庭裁判所は，相当と認める報酬を不在者の財産から付与することができる（29 条 2 項）。

(6)　不在者財産管理の終了

財産の管理を継続することが相当でなくなった場合において，家庭裁判所は，財産の管理に関する処分を取り消す旨の審判をする（家事事件手続法 147 条）。具体的には，まず，管理すべき財産がなくなったときは，取消しの審判により管理が終了し，特段の事務は残らない。つぎに，不在者が財産を管理することができるようになったときは，不在者に財産を引き渡す。また，不在者が死亡し，または死亡していることが明らかになったときは，不在者の相続人，相続財産管理人または遺言執行者など適宜の者に財産を引き渡すことになる。

◆不在者がしていた委任契約と不在者財産管理との関係

不在者が，住所または居所を去る前に他人と委任契約（643 条）を締結して財産の管理を託していた場合は，当然のことであるが，その受任者が財産の管理に任ずる。この受任者は，不在者財産管理の文脈において，委任管理人とよばれる（これに対し，家庭裁判所が選任する管理人が，選任管理人である）。この委任契約は，必ずしも不在にするから頼むという趣旨のものである必要はない。判断能力の減退に備え，いわゆる移行型の委任契約により財産の管理を委ねていた高齢者が行方不明になった場合においても，この受任者が委任管理人として不在者の財産管理に任ずる。

委任管理人と不在者との法律関係は，委任契約の趣旨に従う。しかし，委

任者である不在者がその法律関係に継続的に関与することができない状況にあることを考慮し，不在者財産管理の規定を適用し，所要の法律関係を形成して委任契約に基づく法律関係を変更することが許される。まず，委任管理人の権限行使は，原則として，委任契約において委ねられていた範囲に限られる。そして，それを超えて権限を行使することが望まれる場合は，家庭裁判所から権限外行為の許可を得なければならない（28条後段）。また，委任管理人が報酬を収受することができるかどうかは，原則は委任契約の趣旨による（648条参照）としても，家庭裁判所は，29条2項に基づき，たとえ無償委任であった場合においても，報酬付与の審判をすることができるし，また，有償委任の場合において，約定の報酬を増額して付与する旨の審判をすることができる。

　委任管理人の対外的な法律関係も，原則は任意代理の規定に従うとされつつ，不在者財産管理の趣旨に照らして変容を被る。すなわち，まず，家庭裁判所は，不在者の生死が明らかでない場合において，委任契約において必ずしも義務づけられていなくても，財産の目録の作成や，不在者の財産の保存に必要な処分を命ずることができる（27条2項・3項）。また，前述のように，委任管理人は，家庭裁判所の許可を得て，委任契約において定められた権限の範囲を超える行為をすることができる（28条後段）。そして，委任管理人に対する家庭裁判所の究極の介入は，管理人の改任にほかならない。家庭裁判所は，利害関係人または検察官の請求により，管理人を改任することができる（26条）が，ここに改任とは，従来の管理人を解任し，新しい管理人を選任することである。これにより不在者との委任契約による管理は終了し，新しく管理人となる者は，選任管理人としての性格を帯びる。

16　失踪宣告

不在者の生死が明らかにならない状況がずっと続いたならば，どうすべきか。なんとかしなければならないとは感ずるが，では"ずっと"とは，どのくらい待てばよいか。

　これらの問いに応接しようとする制度が，**失踪宣告**にほかならない。

　住所または居所を去った者は，残していった財産の管理処分などの法律関係を自ら運営することができない。くわえて，その者の生死が明らかでないと，相続人も，それらの財産の管理処分などをすることができなくなる。そのことにより相続人や関係者が民事の法律関係の処理において困難な事態に立ち至る事態を打開するため，経験に照らし，その者が死亡したと認められる可能性が小さくない場合において，家庭裁判所の審判により，その者の死亡を擬制する制度として，失踪宣告の仕組みが用意される。

　失踪宣告には，**普通失踪**に係る失踪宣告と，**危難失踪**に係るそれの二種類がある。危難失踪は，なんらかの危難に遭遇したことを要件とし，そのために死亡した可能性が大きい場合に働くのに対し，普通失踪は，生死が不明になった事情を問わない。これら二つの種類の失踪宣告は，いずれも死亡が擬制されるところで共通するが，失踪宣告をするために待たなければならない期間および死亡が擬制される時期が異なる。

(1)　普通失踪

　普通失踪は，原因を問わず「生死が……明らかでない」期間が 7 年以上にわたる場合に，利害関係人の請求により家庭裁判所が宣告する（30 条 1 項）。この宣告がされると，その者は，7 年が経った時に死亡したものとみなされる（31 条の前半）。

　7 年は長いかもしれないが，それだけ不在にしたからといって死亡していることが一般的である，などということを一般論として考えることはできない。それにもかかわらず，この期間が選ばれているのは，遺された者らの気持ちや事情として一般的に想定される経過や，それらの考慮に際して社会一般が抱く意識などを総合考量し，本当に死亡しているかどうかはともかく，従前の地を去っていった者の位置づけとして，その地との関係においては権利能力を否定して爾後の問題処理をする，という社会的決断をする仕組みを用意する，ということにほかならない。

(2)　危難失踪

　普通失踪とは異なり，危難失踪は，まさしく死亡した可能性が大きいという経験的な判断を根拠とする制度である。特別失踪ともよばれる。戦争などの危難に巻き込まれた者が「危難が去った後 1 年間」生死が明らかでない場合に，

危難の去った時に死亡したものとみなす制度である（30条2項・31条の後半）。普通失踪と危難失踪とでは，死亡したものとみなされる時期が，期間の満了点か起算点かという相違があり，これは，たとえば戦争で行方不明になった者は，その戦争が原因で死んだ確率が高いという経験上の判断に基づくものである。

(3) 失踪宣告の効果

失踪宣告を受けた者（民法の法文は本人とよび，また，家事事件手続法は不在者や失踪者という。ここでは，本人とよぶことにしよう）は，普通失踪であるか危難失踪であるかの区別に応じ，それぞれ上述した時期に，死亡したものと擬制される（31条）。これにより，本人は，戸籍から除籍される（戸籍法23条後段。なお同法94条，家事事件手続規則89条1項参照）。

失踪宣告の一般的効果として，相続が開始する（882条）など死亡した場合のさまざまな効果（☞第1章5）が生ずる。

ただし，31条の文理上明らかでないが，死亡が擬制されて権利能力を喪失することとなる法律関係は，本人の従前の住所におけるものに限られる（相続に関し883条参照）。前述(1)で指摘したように，普通失踪は，必ずしも死亡が確実でなくても従前の住所における限りで権利能力を終了させることを趣旨とする制度である。何よりも，危難失踪の場合を含め，失踪宣告を受けた者が生存しているときに，その者の権利能力を絶対的に否定することは，個人の尊厳（2条）に反する。したがって，本人は，新しい住所において，通常の法律関係を形成することができる。契約をすれば当事者としての権利を有し，義務を負う。子がある場合は，その子の母または父となる。婚姻をすることも理論的には妨げられない。もっとも，婚姻は届出を要する（739条1項）ところ，戸籍が除籍されているから，手続上の障害がある。そのほかにも，戸籍が除籍されたことからさまざまの実生活上の不便が起こることであろう。

(4) 失踪宣告の取消し

それらの不便を除くためには，失踪宣告を取り消して，戸籍を回復することが望まれる。

失踪宣告を受けた者が生存をしていることが判明した場合は，本人または利害関係人の請求により，家庭裁判所は，失踪宣告を取り消さなければならない（32条1項前段）。その効果として，何よりも，本人は，従前の住所における権

利能力を回復する。

　甲土地を所有する A に対し失踪宣告がされ，相続人である B が甲土地を相続により取得したことから，B が甲土地を C に売って C から代金を収受するというところまで法律関係が展開した場合において，失踪宣告が取り消されたとすると，C は，甲土地を取得することができるか。また，B は，C から収受した代金に相当する利得を A に返還しなければならないか。

　まず，B・C 間の売買が「善意でした」行為に当たる場合は，その「効力に影響を及ぼさない」（32 条 1 項後段）から，C は，甲土地の所有権を保持する。32 条 1 項後段の「善意でした行為」の意味は，B・C のいずれもが善意であることを要するとする古い判例がある（大判昭和 13 年 2 月 7 日民集 17 巻 59 頁）。同項が，第三者である C のための取引の安全を保護する趣旨の規定であると考える際は，この解釈は疑問であり，C が善意であることが必要であり，かつ，それで足りると解すべきであると考えることになる。これに対し，この規定について，本人を相続する者がする財産処分の行為規範である側面を読み込むとするならば，本人の生存を知っていながら甲土地を処分し，それにより収受した代金は現存利益の限度においてのみ A に返還すれば足りる（同条 2 項参照）という帰結を正義に反すると評価して，判例の解釈を支持することになるであろう。

　専ら善意の第三者を保護する趣旨の規定であるならば，32 条 1 項後段に第三者という文言を出して明示するはずであり，判例の解釈は，文理に照らし自然な解釈であると感じられる。ただし，失踪宣告が本人の死亡が確実でない場合にされる制度であることを考えると，それがされた場合の関係者の主観を厳しく問うことが現実的でないことも，おおいにありうる。どこかで生きているように思う，という遺族の感覚は，むしろ普通のことであり，その者に厳格に善意の証明を求めることは酷であるとも映る。このように考えると，判例の解釈を支持しつつ，上記の設例において，A が B の悪意を主張立証しなければならず，また，C は，C 自らが C の善意を主張立証すべきものと考えられる。

　また，C が甲土地の所有権を保持する場合において，C へ甲土地を売って代金額相当の利得が現存しているときに，B は，これを A に返還しなければならない（32 条 2 項）。B の主観を問わず，つねに現存利益の返還で足りると解

すべきであり，この解決は，704条に対する特則となる。このように解して初めて，同条とは別に32条2項が置かれる意義を説明することができる。ここでも，失踪宣告が，本人の死亡が確実でない場合にされる制度であることに鑑み，Bの主観を厳しく詮索しないという態度で臨むべきである。もっとも，Aの生存を知りながら失踪宣告を請求するという，いわば宣告の詐取のようなことをしてAの財産を費消したという事情が明らかになるような場合については，32条2項の規律とは別に，AがBに対し不法行為に基づく損害賠償を請求することが認められるべきであり，また，Bについて相続人廃除の事由（「重大な侮辱」，892条）を構成するものと評価する余地が大きい。

　なお，本人が死亡したこと自体は真実であるとしても，「前条〔31条〕に規定する時と異なる時に死亡したことの証明があったとき」は，家庭裁判所は，やはり失踪宣告を取り消さなければならない（32条1項前段）。死亡の時期が異なることにより相続人が誰になるかなど，法律関係が異なってくる可能性があるからである。

◆**失踪宣告**

　32条1項後段の「善意でした行為」は，第三者保護の趣旨から理解することを強調して第三者が善意であることで足りるとする見解が今日では優勢であるが，かつてはそうでなかった。大谷美隆『失踪法論』（1933年）606頁は，文理から，法律行為の当事者らがいずれも善意であることが必要であるとする。第三者なるものが必ずしも一義的でないことにも注意を要する。

　失踪宣告の取消しが，身分行為に及ぼす影響は，身分行為の特質に即して法律関係が考究されるべきである。Aの配偶者であるBに対し失踪宣告がされ，AがCと再婚した後に失踪宣告が取り消された場合において，A・Cの主観的容態にかかわらず，A・Cの婚姻が存続すると解される。A・B間の法律関係は，BをAが相続したとする前提でされた法律関係処理が財産分与の問題として見直されるべきであり，また，Aは，その主観的容態によってはBに対し精神的損害の賠償をしなければならない。現に形成されている法律状態の尊重という要請が身分行為に認められることに鑑み，これ

らの帰結と抵触する限度において 32 条 1 項後段・2 項の適用は制限解釈を
受けると考えるべきである。河上正二「『イノック・アーデン』考——失踪
宣告の取消しと婚姻」星野英一先生古稀祝賀『日本民法学の形成と課題
(上)』(1996 年) は，この悩ましい問題の精細な考察である。

◆認定死亡

　水難や火災などの事変によって死亡したと認められる者がいる場合におい
て，その取調べをした官庁・公署が市町村長に対し死亡の報告をし，これを
受けて戸籍に死亡の記載をする扱いは，認定死亡とよばれる。遺体を発見す
ることができなかったにもかかわらず，状況からして死亡したものと公務員
が認定する仕方で用いられることが多い (戸籍法 89 条)。この事務を処理す
る公務員としては警察官や災害派遣される自衛官などが想定されるほか，遺
体が発見されない場合の典型である海難事故の場合において，しばしば用い
られ，海上保安官が事案の処理をする。戸籍には死亡の記載がされるが，そ
れにより死亡が事実上推定されるにとどまる。ここが，失踪宣告がされる場
合と異なる。**課題の設定**の忠文君の例は，認定死亡で扱うこともできるもの
であるが，そこでの例のように，失踪宣告がされる場合は，父の忠高さんが
生きているときであっても，そのことを法律上明確にするためには，失踪宣
告を取り消す手続を経なければならない。横山明美「海上保安本部の死亡認
定による死亡報告後，同人についての死亡届が出された場合の戸籍の処理に
ついて」戸籍時報 712 号 (2014 年)。なお，東日本大震災の際に遺体が見つ
からなかった事例においては，多く，認定死亡の扱いでなく，死亡の届出に
関する戸籍法 86 条 3 項の弾力的な運用により処された。宮本ともみ「人の
死をめぐる法律問題」秋山靖浩ほか (編)『3.11 大震災　暮らしの再生と法律
家の仕事』(2012 年，新・総合特集シリーズ／別冊法学セミナー) 118-19 頁，
水野紀子「『死』に関する規律」論究ジュリスト 2013 年夏号。

17　意思能力

　ある法律行為をすることの意味を理解する精神的な能力が，**意思能力**である。

　法律行為の当事者が意思表示をした時に意思能力を有していなかった場合は，その法律行為は無効である（3条の2）。知的な発達が十分でない幼児は，ほとんどの場合において意思能力が認められない。判断能力が著しく減退した高齢者や，薬物ないし酒類により知覚の作用が大きく損なわれている状態も，意思能力がないと考えられる。ただし，飲酒をしていることが直ちに意思能力を否定することにはならない。深刻な泥酔状態のような極端な場合について，意思能力がないと考えられる。幼児の場合は，おおむね7歳から10歳ぐらいで獲得する精神的能力であると考えられているが，個人差があることであろう。

(1)　意思能力の概念

　意思能力の水準は，問題となる法律行為の種類との関連において定まる。比較的単純な法律行為（売買をする，とか，贈与をする，とかいう行為）について意思能力があると考えられる者が，より複雑な内容の法律行為（賃貸借や寄託）についても意思能力があると一概にはみることはできない。また，同じく売買をするといっても，不動産を売るというのと日用品たる動産を売るというのとでは同列には論じられない。意思能力があるかないかは，意思表示のされたときの個別の状況について判断される。

　3条の2の法文が「意思表示をした時」を問題とするのは，同一の者であっても，意思能力が，ある時にはあったが，別の時にはないということがありうるからである。契約の場合には，申込みをする者が申込みをした時に意思能力があるかないかが問われ，承諾についても，承諾の時の承諾者の状態が問われる。その時に意思能力がなければ，契約が無効となる。

　意思能力は，それがないと法律行為が無効であるとされ，あるとすると有効になるという仕方で扱われる概念であるから，あるかないかいずれかである。意思能力は，それが豊かにあるとか乏しいとかというように量的な概念として扱うことに親しまない。

(2)　意思無能力の効果

　意思能力がない状態を意思無能力とよぶ。意思無能力の状態で意思表示がされた法律行為は，無効である。その効果は，無効の一般原則に従う。

　ただし，無効は，何人からでも主張することができるのが原則であるのに対し，表意者を保護する趣旨の無効は，表意者の側からのみ主張することができるものと解される。意思無能力無効は，これに当たる。

　もっとも，表意者"の側"からのみ，ということは，表意者本人に加え，表意者の利益を主張することが適当であると認められる者らを含む。成年被後見人がした法律行為の意思無能力無効は，同人を「代表する」（859 条 1 項）成年後見人が無効を主張することができることは，疑いがない。また，表意者の一般承継人も，無効を主張することができる。意思無能力の状態でされた自筆証書遺言（968 条）は無効であり，表意者の相続人においてその無効を主張することができることが，その例である。のみならず，二つの内容が矛盾する遺言がある場合において，先行する遺言で受遺者とされる者が後行の遺言の当時に遺言者が意思能力を欠いていたことを主張することも，認められてよい。

◆意思無能力無効の体系的位置

　法制審議会民法（債権関係）部会第 99 回会議（2015 年 2 月 10 日）の調査審議。意思能力がないことの効果は法律行為の無効であるから，3 条の 2 が定めるルールは，本来，民法の第 1 編の第 5 章第 1 節にある 90 条の前後に置かれるべきであるという意見もある。そうではなく，「人」に関するルールのなかに排列する民法は，この問題を法律行為の効力の観点からではなく，意思能力を欠く状態で法律行為をする個人の本源的状況の解決という観点から捉えていることになる。

　実用的な側面からいうと，しばしば意思能力を欠く状態になる者の法的保護が行為能力の制限の問題として扱われるから，規定の配置も，4 条以下の規定群に前置しておくことがわかりやすい，という理由もあるであろう。このあたりの話の雰囲気は，生死が不明の状態になる者の法的保護にも役立つことがある不在者財産管理の規定の後に，いよいよ死亡したものと擬制することになる失踪宣告の規定を置くとわかりやすい，ということと似る。

　もっとも，これらは所詮，わかりやすさの話であり，各制度の理解は精密にされなければならない。不在者財産管理の規定が失踪宣告のそれに前置さ

れることから，不在者財産管理は生死不明を要件とする制度であると錯覚されがちであるが，要件は，従来の住所を去ったことであり，生死が不明とは限らない。同じように，行為能力の制限が語られる前に意思無能力の規定があるとしても，意思無能力が常に行為能力の制限に直結するものではない。薬物の作用などで一時的に意識が撹乱されているにとどまる者に対し後見開始審判をすることが親しまないことを考えれば，このことは明らかである。

本書は，民法の排列に従い，意思無能力を本巻で取り上げることにするが，それが人の在り方に関わる問題であるという体系的視座に加え，行為能力制限の制度に過度に引き付けて理解されることを避ける見地から，制限行為能力者に関する次章でなく，これを本章で扱う。

課題の考察

博文君のお父さんである博高さんは，行方がわからなくなったから裁判所が不在者財産管理人を選任する処分をした（25条1項）。けれど，それは，博高さんが"従前の"住所を去った，というにすぎない。"最後の"住所を去ったものではないから，博高さんは，存在している。お母さんと婚姻をしているならば博高さんがお父さんと推定され（772条1項），婚姻していなくても認知をしていたならば，父子である（779条）。

忠文君のお父さんである忠高さんは，大きな海難事故に巻き込まれたから，辛いことを伝えるようであるが，本当になくなっているかもしれない。いずれにしても，失踪宣告（30条2項）により死亡が擬制される（31条）から，このままの状態では，お父さんがいないことになる。しかし，諦めてもいけない。お父さんが遠くの島に流れ着いていることだって，ありうる。その場合は，失踪宣告が取り消される（32条1項）。

そして，道文君，本当に残念だけれど，君に告げなければならない。お父さんの道高さんは，もういない，ということを。突然に襲った悲劇であり，君を認知していなかったかもしれない。その場合は，3年以内であれば，君の法定代理人であるお母さんが検察官を被告として，認知の訴えを提起することができる（787条，人事訴訟法42条1項）。法廷でお母さんは，君が道高さんとの間の愛の果実であることを主張する。被告の検察官は，それを知らないと陳述するであろう。それでよい。あとは裁判所が証拠により父子関係を確かめ，請

求を認容する判決を言い渡す。いろいろな困難があるだろうけれど（宮本・前掲論文 121 頁参照），お母さんと励まし合って，生きていって欲しい。

第3章

制限行為能力者
成年被後見人とされる者は成年者である，ってホント？

課題の設定

　17歳の春夫君は，甲土地を所有している。甲土地を売却することができる者は，だれであるか。

　高齢の夏子さんは，乙建物を所有している。夏子さんに対し後見を開始する旨の審判がされた。乙建物を売却することができる者は，だれであるか。

　同じく高齢の秋雄さんは，丙土地を所有している。秋雄さんに対し保佐を開始する旨の審判がされた。丙土地を売却することができる者は，だれであるか。

　初老の歳になった冬美さんは，丁建物を所有している。冬美さんに対し補助を開始する旨の審判がされた。丁建物を売却することができる者は，だれであるか。

18　制限行為能力者の意義

　法律行為を単独ですることが認められる事項について，その者は行為能力を有する，とされる。言い換えると，**行為能力**とは，単独で法律行為をすることができる可能性をいう。

　物事を判断する知的能力が十分でない者が単独でする法律行為の効力をそのまま認めるということになると，その者が不利益を被る。これを避けるために，その者が単独でした法律行為を取り消すことができるものとして，その者の利益を保護することが要請される。

(1)　行為無能力者でなく制限行為能力者

　「未成年者が法律行為をするには，その法定代理人の同意を得なければならない」こと（5条1項本文）が原則であるから，未成年者が単独で（つまり法定

代理人の同意を得ないで）たとえば土地を売買するという法律行為をした場合において，その売買という法律行為は，取り消すことができ（同条2項），この事態は，未成年者が行為能力を有しないからである，として理解される。しかし，すべての事項について未成年者が行為能力を否定されるものではない。たとえば，専ら権利を得る行為，典型的には贈与を受けることは，法定代理人の同意を要せず（同条1項ただし書），単独ですることができるから，この事項について未成年者は，行為能力を有する。このように，行為能力が否定される事項がある者も，別の事項については行為能力を有することが認められ，したがって，すべての事項について行為能力が否定されるという者は，今日の民法のもとにおいては，存在しない。行為能力は，すべての事項について認められる者らがおり，また，一定の範囲の事項について行為能力が否定される者らがいるにとどまる。この後者に当たる者らは，行為能力がまったくないものではないから，たとえば行為無能力者などとよぶことは，ふさわしくない。それらの者らは，一定の範囲の事項について行為能力が否定されるということにとどまるから，**制限行為能力者**とよばれる。

(2)　いろいろな制限行為能力者の類型

　現行の民法においては，**未成年者**（次述19）のほかに，**成年被後見人**（後述20），**被保佐人**（後述21），そして**被補助人**（後述22）の四つの類型の制限行為能力者がある。これらの制限行為能力者が行為能力を認められない事項について誰が法律行為をするか，という問題の解決は，二つの仕方がある。一つは，その本人が法律行為をする可能性を認めるものとしつつ，その者を保護する役割に任ずる者の同意という関与があることを要件として法律行為の完全な効力を認めるものとすることである。もう一つは，本人でなく，その保護に任ずる者が代理して法律行為をすることが考えられる。これらのいずれの仕方によるかは，制限行為能力者の四つの類型に応じ，細かく定められる。その際，注意を要することは，これらの問題の扱いが定型的な明瞭性をもたなければならないことである。制限行為能力者に当たるか当たらないか，当たるとされる際にどの類型に当たるか，それぞれの類型において，行為能力が認められない事項はどの範囲であるか，それらの事項についての法律行為は本人への同意の付与という仕方によってされるものとするか，それとも他人が代理するものとする

か，などの問題は，すべて明瞭に定まっていなければならず，そうでなければ，本人がする法律行為の相手方となる者ら関係者から見て不便が生ずる。

未成年者は，法律が定める年齢に達していないという定型的に明瞭な要件により，それに該当するかどうか，が定まる。成年被後見人・被保佐人・被補助人は，年齢を要件とするものではなく，おもに高齢者や，さらに知的障害のある人々のために用いられるが，それらに当たるとされるためには，いずれも家庭裁判所の審判を経ることを要し，かつ，そのことが登記されて公的に記録される。各類型の趣旨としては，判断能力が不十分である度合いが最も深刻である場合が成年被後見人であるとされ，さらにその度合いに応じ，成年被後見人ほどに状況が深刻でない場合が被保佐人，さらにそれより状況が軽度である場合が被補助人であり，行為能力制限の内容も，それらに応じて調整された要件が民法において用意される。

(3)　制限行為能力者であるとされることの帰結

したがって，制限行為能力者であるとされることが法律的にどのような帰結をもたらすかは，その類型ごとに観察しなければならないが，概観するならば，まず，本人が単独でした法律行為を取り消すことができるという場面がみられる。ここに"取り消すことができる"とは，裏返して言うならば，取り消さないこともできる，ということを意味する。たとえ制限行為能力者が単独でした行為であっても，とくに軽率になされたということがなく，取引の内容もとくに不利なものではない，という場合には制限行為能力者やその保護に任ずる者の側の判断で，その法律行為を取り消さないでおくことも考えられる。この取消権が与えられる場合の問題処理は，取消権の発生要件が制限行為能力者の制度のなかで個別に定められるほかは，法律行為の取消しの通則（☞第8章82）に従う。

また，制限行為能力者の保護に任ずる者が代理して本人のために法律行為をする場面もみられる。代理の制度の側から観察すると，代理のなかの法定代理（☞第9章84）が，この場面にほかならない。

これらのほか，制限行為能力者の保護に任ずる者は，制限行為能力者の財産の一般的な管理をすることが期待されたり，場合によっては身上監護を担い（857条），本人の日々の暮らしが円滑であるよう諸々の配慮を講ずることを役

割としたりする。

　この保護に任ずる者は，制限行為能力者の類型に応じて呼称が異なり，その点も含め，次述19以下において，制限行為能力者の諸類型を個別に観察することとしよう。

⑷　行為能力と意思能力との関係

　意思能力があるかないかは，意思表示がなされた時の状態に着目して（3条の2参照）個別に判断されることであり，その時に意思無能力であったことは，表意者の側で証明しなければならない。その証明は，必ずしも容易ではないことがあると想像される。また，意思無能力の制度のみでは対応することができない問題もある。たとえば意思能力を欠いた状態が続いている者のためには，本人に代わって財産を管理する者を置くことが望まれる。また，意思能力を欠く常況にあるのではないものの，判断能力が減退してきている者のためにも，同様の配慮が要る。

　そこで制限行為能力者の制度は，このような人々を類型化し，法律が明瞭に類型を定め，それぞれの類型にふさわしい仕方で本人の財産の管理に当たる者を設けることとしている。

◆いわゆる二重効

　成年被後見人が，その所有する土地を他人に贈与する旨の意思表示をした場合において，この意思表示の効力は，どのように考えるべきであるか。この贈与は，必ずつねに，というものではないけれども，かなり多くの事例において意思能力のない状態で行なわれたものである可能性がある。したがって，この贈与は無効であるということになり（3条の2），しかしまた同時に，成年被後見人の行為であるから，取り消すこともできる（9条）。単純素朴に考えると，無効である行為を取り消すということは，おかしいようにも感じられる。しかし，表意者を保護するための制度である意思無能力無効では，無効は表意者の側からのみ主張することができると考えるべきであるから，表意者の側が，無効を主張しないで取消権を行使するときには，それを認めてよい。このように選択的な主張を認めることを，「二重効」を認める，と

もいう（山本49頁）。

　訴訟における攻撃防御の構造に鑑みても，成年被後見人が贈与当時に意思能力がなかったことを主張立証して贈与が無効であることを主張している場合において，相手方が，後見が開始しているから取消しを主張すべきであるという抗弁を提出して無効主張を阻却することができるという帰結は，妥当でない。

　二重効が働く場合を観察することができる半面において，無効の主張のみが問題となる場合や，取消しのみが問題となる場合もみられる。18歳の少年が意思能力に問題のない状態でした法律行為は，法定代理人の同意を得ないでされた場合において，それを取り消すことができる（この場合は意思無能力無効が問題とならない）。これに対し，事理弁識能力を欠く常況にあるものの後見開始審判がされていない者が意思能力を欠く状態でした法律行為は，無効である（この場合は行為能力の制限による取消しが問題とならない）。

19　未成年者

　未成年者とは，成年に達しない者である。未成年者が法律行為をするにあたっては，原則として，**法定代理人**の同意を要する。

(1)　未成年者の要件

　成年とは，満18歳をいう（4条）。ただし，これは，民法上の行為能力に関する規律であるにとどまる。18歳になったから，お酒を飲んでよいといったことにはならない。飲酒が許されるのは，20歳になってからである（二十歳未満ノ者ノ飲酒ノ禁止ニ関スル法律1条1項）。

(2)　未成年者の法定代理人

　未成年者の保護に任ずる者は，法定代理人とよばれる。法定代理人は，親権者である場合と後見人である場合とがある。多くの場合において法定代理人は**親権者**であり，父母が親権者となる（818条1項）。親権者となる父母が婚姻をしている場合は，父母が共同して親権を行なう（同条3項）。共同して，ということは，父母の意見の一致がある場合にのみ同意権や代理権を有効に行使することができるということを意味する。父母が離婚をするときには，一般に共同

の親権行使が円滑に行なわれることを期待することが難しいから，一方のみが親権者となる（819条）。

　こうして一人または二人の親権者がいるときは親権者が法定代理人であるが，両親が二人とも死亡するなどして親権を行なう者がいないときには，後見人が法定代理人となる（838条1号）。未成年者の法定代理人である後見人は，後見開始の審判があった場合に設けられる後見人と区別をするために，**未成年後見人**とよばれる（10条括弧書参照）。未成年後見人は，ふつうは家庭裁判所が選任する（840条，児童福祉法33条の8，生活保護法81条）。しかし，最後に親権を行なう者が遺言で指定することもできる（839条1項）。なお，複数の未成年後見人を置くことも許される（840条2項参照）。

　また，未成年後見人を監督するため（851条1号参照），必要がある場合において，家庭裁判所は，未成年者，その親族，もしくは後見人の請求により，または職権で**未成年後見監督人**を選任することができる（849条）。さらに，未成年後見人を指定することができる者が遺言で未成年後見監督人を指定した場合は，その指定された者が未成年後見監督人となる（848条）。未成年後見監督人と未成年者との関係は，後述 **20** に登場する成年後見の場合の後見監督人と成年被後見人との関係とおおむね同じである。

(3)　未成年者の行為能力

　未成年者が法律行為をするにあたっては，原則として，法定代理人の同意を要する（5条1項本文）。法定代理人の同意を要する法律行為は，その同意を得ないで未成年者がした場合において未成年者本人または法定代理人において取り消すことができる（同条2項・120条1項）。なお，未成年者が取消しをするのに法定代理人の同意は要らない。

　たとえば未成年者の所有する不動産を売ることを未成年者が単独ですることは認められていない。法定代理人が同意を与えるという仕方で関与する場合は，未成年者が不動産を売る行為が有効な法律行為として認められる。また，法定代理人には代理権が認められており（824条本文・859条1項），これを行使して法定代理人が未成年者の不動産を売ることもできる。

　ただし，未成年者が同意を得ないで単独で行為をすることができる若干の例外的な場合が認められる。

第一に，専ら権利を取得するのみであるか，または，専ら義務を免れるのみの法律行為は，単独で行なうことができる（5条1項ただし書）。単に贈与を受ける行為などは，未成年者の不利益にならないからである。

第二に，法定代理人が処分を許した財産は，未成年者が随意に処分してよい（同条3項後段）。たとえば法定代理人が未成年者に小遣いとして与えた場合である。その場合においても，法定代理人が目的を定めて処分を許した財産は，その目的の範囲内においてのみ，処分が許される（同項前段）。文房具や学習参考書を買うために用いなさい，という目的の指定を伴って渡されたお小遣いを遊興のために用いることはできない（あまり楽しいお小遣いではありませんね）。

第三に，法定代理人が未成年者に営業をすることを許した場合において，その営業の範囲内の法律行為は，単独ですることができる（6条1項・823条1項・857条）。この許可を得た未成年者が商法4条の営業をするためには，商業登記簿のうちの未成年者登記簿において営業の種類などを登記しなければならない（商法5条，商業登記法6条2号・35条）。いったん始めた営業を未成年者が適切に遂行することができないと法定代理人が判断する場合は，営業の許可を取り消すことができる（6条2項・823条2項・857条）。この取消しは，未成年者の法律行為を取り消すものではなく，法定代理人がした許可を自ら取り消すものである。事態の性質上，取消しは，遡及せず，許可が取り消されるまでの間にされた法律行為の効力には影響しない。また，許可が取り消された場合において，商業登記簿に未成年者登記がされていたときには，その消滅の登記をすべきである。これをしないと，許可が取り消されたことを善意の第三者に対抗することができない（商法10条・9条1項）。

◆未成年後見

鈴木ハツヨ『子供の保護と後見制度』（1982年），加藤永一『親子・里親・教育と法』（1993年）。東日本大震災は，両親を失った子らを相続人とする相続が開始し，また，その子らに災害弔慰金が給付されるという，未成年後見の制度が用いられる一つの重要な場面を提供した。また，直接に未成年後見の問題ではないが，地域に伏在していた児童虐待とそれへの対処（とりわけ

児童福祉法28条に基づく審判，棚村政行『子どもと法』〔2012年〕135-41頁参
照）における人的・物的な面での課題を認識させる契機ともなった。

20 後 見

事理を弁識する能力を**欠く常況**にある者は，家庭裁判所が後見を開始する旨
の審判をしたときに，**成年被後見人**であるとされる。成年被後見人は，原則と
して，法律行為をすることができない。成年被後見人がした法律行為は，取り
消すことができる。高齢のため判断能力が失われた者や，重い精神障害になっ
ている者が成年被後見人とされることがある。

(1) **後見開始審判の要件**

成年被後見人とされるのには，このように，事理弁識能力を欠く常況にある，
という実質要件と，一定の者の請求により家庭裁判所の審判がされるという手
続要件とを要する。

すなわち，「精神上の障害により事理を弁識する能力を欠く常況にある者」
について，家庭裁判所は，法律が定める一定の範囲の者からの請求により後見
開始の審判をすることができる（7条）。請求をすることができるのは，本人，
配偶者，4親等内の親族，未成年後見人，未成年後見監督人，保佐人，保佐監
督人，補助人，補助監督人または検察官（同条），さらに市区町村長である（老
人福祉法32条，精神保健及び精神障害者福祉に関する法律51条の11の2，知的障害者
福祉法28条。保佐・補助の申立てについても同じ）。

事理を弁識する能力とは，ひらたく述べるならば，判断能力のことである。
法律行為の行為能力の制限という観点においては，一般的な法律行為について，
それが自分にとって利益になるか不利益になるかを見究めることができる知的
能力をいう。事理弁識能力は，それが十分であったり，不十分であったり，さ
らにまったく欠けるとされたりするから，これは量の大小を問題とする性質を
もつ意味において，量的な概念である。簡単に事理弁識能力とよぶこととしよ
う。それを「欠く常況」にある，ということは，事理弁識能力がない状態が，
おおむね続いてみられる，ということをいう。

未成年者の行為能力制限よりも重い制限が課せられるから，未成年者に対し

後見開始審判がされることもある。言い換えるならば，後見を開始する旨の審判をする要件は，事理弁識能力を欠く常況にある，ということで十分であり，年齢の制限はない。

　成年被後見人は，成年者であるとは限らず，親族や未成年後見人の請求により，未成年者に対し後見が開始することもある。統計上，後見開始の審判を申し立てる者は，本人の子が多く，また，子が成年後見人に選任されることが多い。しかし，数は少ないが，親が申立てをし，そして成年後見人に選任される事例もあり，それらは，本人に知的障害がある場合が少なくないとみられるが，そのなかには，成年に達していない本人に対し後見が開始される事例もあると推測される。

　なお，被保佐人や被補助人の判断能力の減退が進むことにより，それらの者に対し後見が開始されることもある。

(2) 成年被後見人の行為能力

　成年被後見人がした日常生活に関する法律行為以外の法律行為は，本人または後見人が取り消すことができる（9条・120条1項）。成年被後見人が，成年後見人の同意を得て法律行為をすることは認められない。未成年者については，未成年者が法定代理人の同意を得て法律行為をする場合があることが認められている（5条1項本文）が，成年被後見人については，これを認める規定がない。事理弁識能力を欠く状態にあるのが通常である成年被後見人は，これを成年後見人が同意権の行使によりコントロールすることは困難であるからである。

　もっとも，成年被後見人は，判断能力に問題があることから行為能力を制限されるが，そのうえで，家庭や地域において可能な限りふつうの生活をするということが追求されるべきである。本人の自律の尊重ということでもあり，そのような社会でなければならないという見地から，この理念をノーマライゼーションともよぶ。この考え方から，日用品の購入など**日常生活に関する法律行為**は，単独ですることができるとされ（9条ただし書），取り消すことができない。成年被後見人が単独で日用品の購入もできないということでは困るからである。

(3) 成年後見人の役割

　成年被後見人には，家庭裁判所が後見人を付ける。この後見人は未成年者の

後見人，つまり未成年後見人と区別して**成年後見人**とよばれる（8条・843条1項）。成年後見人は法人でもよく（843条4項括弧書参照），複数でもよい（859条の2）。ただし，成年後見人を選任するにあたっては，成年被後見人の心身の状態や生活および財産状況，成年後見人となる者との利害関係の有無，成年被後見人の意見など一切の事情を考慮しなければならない（843条4項）。

　成年後見人は，成年被後見人に代わって，その財産を処分することができる代理権を有する（859条1項）。ただし，代理権の行使にあたっては，成年被後見人の意思を尊重し，かつ，その心身の状態や生活状況に配慮しなければならないし（858条），とくに，成年被後見人の居住用不動産を処分するについては，家庭裁判所の許可を得なければならない（859条の3）。また，成年後見人は，成年被後見人の生活，療養看護および財産の管理に関する事務で代理権の行使でないものを行なうにあたっても成年被後見人の意思を尊重し，かつ，その心身の状態および生活の状況に配慮しなければならない（858条。860条の2・860条の3に従い，郵便物の管理もすることができるが，職務に必要な限度で慎重にされるべきである）。

　すでに述べたように，未成年者の場合とは異なり，成年被後見人が後見人の同意を得て行為をすることは認められないから，成年後見人について同意権の有無は問題にならない（同意権がないのではなく，その有無が問題とならない）。

　なお，家庭裁判所は，必要がある場合において，被後見人，その親族，もしくは後見人の請求により，または職権で，後見監督人を選任することができる（849条）。未成年後見監督人と区別するため，成年後見人を監督する者は，**成年後見監督人**とよばれる。成年後見監督人は，成年後見人を監督し，成年被後見人と成年後見人の利益が相反するため成年後見人が代理権を行使することができない事項について代理人となるなどする（851条）ほか，不動産など重要な財産の処分など一定の範囲の事項について成年後見人に同意を与える（864条。同意を得ないでした法律行為は，取り消すことができる。865条1項）。

◆成年後見制度の実情と課題

　田山輝明（編著）『成年後見制度と障害者権利条約 —— 東西諸国における

成年後見制度の課題と動向』（2012年），新井誠＝赤沼康弘＝大貫正男（編）
『成年後見制度——法の理論と実務』（第2版，2014年）。後見・保佐・補助
の開始の審判の申立て，さらに，任意後見契約の場合の任意後見監督人の選
任の申立ての実態は，最高裁判所事務総局家庭局が作成する「成年後見関係
事件の概況」の統計（裁判所のウェブサイト）を参照。本人の残存能力の可
及的な尊重という観点から，後見・保佐・補助の類型の相互の関係を柔軟に
考えたり，とりわけ補助の更なる活用を図ったりするということが，今後の
課題とされてよい。河上70-71頁参照。

　成年後見事件は，本人の親族の申立て，とくに子の申立てによるもののほ
か，市区町村長の申立ても，増えてきている。成年後見人・保佐人・補助人
に選任されるのも，子をはじめ親族がみられるが，司法書士や弁護士がなる
こともあり，また，法人である社会福祉協議会が選任されることもある。こ
れらのいずれでもない個人がなる場合もあり，それらの人々には，「市民後
見人」とよばれる人たちもいる。

　市民後見人は，これから注目してゆくべきものであるが，その概念は，法
制上定義されたものではなく，社会実態上のものである。本人と親族関係が
なく，また，司法書士のような専門資格者でもないという特徴があり，大学
や団体が催す研修を受け，制度への理解を涵養し，また，必要な実務上の知
見を授けられて，成年後見人などに就いている。上山泰『専門職後見人と身
上監護』（第3版，2015年）264-78頁。

　2016年には，「成年後見制度の利用の促進に関する法律」が成立し，政府
に成年後見制度利用促進会議が設けられて，制度の課題に関する全般的な検
討がされることとなった。

21　保　佐

　事理を弁識する能力が**著しく不十分**な者は，家庭裁判所が保佐を開始する旨
の審判をしたときに，**被保佐人**であるとされる。被保佐人を保護する者として
は，保佐人が選任される。被保佐人は，民法が列挙する重要な法律行為などに
ついて，保佐人の同意がなければ，することができないとする行為能力の制限

を受ける。また，家庭裁判所がとくに定める法律行為がある場合おいて，保佐人は，それについて被保佐人を代理して法律行為をすることができる。

被保佐人は，成年被後見人のような知的判断能力の欠如はなく，したがって，それよりも軽い法律上の保護でたりる（しかし，後述 22 の被補助人よりは厚い保護を要する）者である。

(1) 保佐開始審判の要件

被保佐人とされるのには，事理弁識能力が**著しく不十分**である，という実質要件と，一定の者の請求により家庭裁判所の審判がされるという手続要件（11条・876条）とを要する。

すなわち，「精神上の障害により事理を弁識する能力が著しく不十分である者」について，家庭裁判所は，法律が定める一定の範囲の者からの請求により保佐開始の審判をすることができる（11条）。請求をすることができるのは，本人，配偶者，4親等内の親族，後見人，後見監督人，補助人，補助監督人または検察官（同条），さらに市区町村長である（老人福祉法 32 条など参照）。

(2) 被保佐人の行為能力

被保佐人は，一定の範囲の法律行為について，**保佐人**の同意がなければ，することができないとする行為能力の制限を受ける。保佐人の同意を要する事項は，重要なものに限られる。具体的に何が重要な行為であるかは，法律に標準的な範囲が定められている（13条1項）。たとえば，不動産などの重要な財産の処分は，有償であるか無償であるかを問わず保佐人の同意を得なければならない（同項3号）。また，重要な財産を目的とするものであるかどうかを問わず，贈与や和解をすることにも保佐人の同意を要する（同項5号）。

さらに，家庭裁判所は，事情に応じ，保佐人の同意を要する事項を拡げる権限を有する（同条2項）。これらにより同意を要するとされる事項について，同意を与えるかどうかは，基本的には，保佐人の裁量によるけれども，被保佐人の利益を害するおそれがないのに保佐人が同意を与えない場合には，家庭裁判所が，同意に代わる許可を与えることがある（同条3項）。同意を要する事項について被保佐人が同意・許可を得ないでした行為は，本人または保佐人において，これを取り消すことができる（同条4項）。

(3) 保佐人の役割

被保佐人のために，家庭裁判所は，保佐人を選任する（12条・876条の2第1項）。保佐人は法人でもよく，複数でもよい（876条の2第2項・843条4項・876条の5第2項・859条の2）。保佐人は，保佐の事務を行なうにあたっては，被保佐人の意思を尊重し，かつ，その心身の状態および生活の状況に配慮しなければならない（876条の5第1項）。

保佐人には，原則として代理権はない。保佐人の役割は，おもに，被保佐人がしようとする行為に同意を与えることである。例外として，家庭裁判所が特定の法律行為について保佐人に代理権を付与する途が，開かれている（876条の4）。ただし，この代理権付与にあたっては，本人の請求または同意がなければならない（同条2項）。

なお，保佐人を監督するため，必要がある場合において，家庭裁判所は，被保佐人，その親族，もしくは保佐人の請求により，または職権で，**保佐監督人**を選任することができる（876条の3第1項）。保佐監督人と被保佐人との関係は，前述**20**に登場した成年後見の場合の成年後見監督人と成年被後見人との関係とおおむね同じである（同条2項）。

◆保佐人の不同意による取消しの効果

制限行為能力者のする行為について他人の同意を要するとされる場面のうち，未成年者が法定代理人の同意を得なければならないとされるものは，「法律行為」（5条1項）であることが，はっきりしている。ところが，被保佐人のする行為で保佐人の同意を要するものとして13条1項が掲げるものは，多様である。

もとより重要な法律行為について保佐人の同意を要するとされる場面もあり，その場合の法律関係は，わかりやすい。不動産などの重要な財産に関する権利の得喪を内容とする行為（同項3号）とは，売買，贈与や抵当権設定などの法律行為である。保佐人の同意がなくて取り消される場合において，それらの法律行為は無効である（121条）。借財や保証をすること（13条1項2号）も同様である。借財は，典型的には消費貸借をすることであり，それ

に基づき目的物が被保佐人に引き渡されて費消された後，保佐人の同意がないことから消費貸借が取り消されると，被保佐人は，現存利益の限度で返還をすることでよい（121条の2第3項後段）。新築・改築・増築・大修繕（13条1項8号）も，それらの工事を注文する請負契約などをいう（河上91頁参照）。事実として被保佐人が自ら作業をして改築などをすることは，ここでの規制の対象ではない。

半面において，法律行為でないものについて保佐人の同意を要するとされる場面もみられる。その場面における取消しの効果は，無効にするという法律行為を想定した論理が親しまないから，保佐人の同意を必要とする趣旨に鑑み，場面ごとに解釈で見定められなければならない。

元本を領収すること（13条1項1号）は，利息や果実を生ずる債権の元本の弁済を受領することであり，準法律行為である。利息や果実を受け取ること以上に経済的に意義が大きく，受領する被保佐人がみだりに費消するおそれが大きいことから，保佐人の同意を要するとされる。同意を欠くとして取り消されることになると，弁済が効力を否定され，弁済の義務を負う者が重ねて弁済をしなければならない。初めの弁済で給付したものの返還を請求することはできるが，現存利益の限度という制約に服する（121条の2第3項後段）。

遺贈の放棄（13条1項7号）は法律行為であって取り消されると無効になるという理解でよいのに対し，贈与の申込みを拒絶すること（同号）は，申込みに対し承諾をしないという態度表明であるにとどまる。この拒絶が取り消されると，あらためて承諾をすることができるという効果が回復する。その実効性を確保する見地からは，申込みが523条2項などにより効力を失っているようにみえる場合においても，遅滞なく承諾をすれば贈与を成立させることができると解すべきである。

また，被保佐人のする訴訟行為には，注意を要する。被保佐人は，制限訴訟能力者である。保佐人の同意がないとすることができない訴訟行為が同意を得ないでされた場合の効果は，取消可能なものとするにとどめると訴訟法律関係を不安定にし，訴訟の円滑な進行を妨げる。そこで，必要な同意を得ないでされた訴訟行為は，端的に無効であると解される。被保佐人がすすん

で訴えを提起したり控訴を申し立てたりする訴訟行為（13条1項4号）は，これに当たり，保佐人の同意を要する（また，非訟事件手続法16条，家事事件手続法17条も参照）。ただし，これも訴訟法律関係を簡明・円滑にするため，同意は，個別の訴訟行為でなく，審級ごとに包括して与えられるべきである。同意は，書面をもってしなければならない（民事訴訟規則15条前段）。

なお，すすんで被保佐人のほうから訴えを提起するなどするのではなく，相手方から訴えを提起されるのに対し，これを争い，請求原因事実を否認したり不知としたりする陳述をすることに保佐人の同意は要らない（民事訴訟法32条1項）。ただし，請求の認諾などをするのには，同意を要する（同条2項1号）。重要な請求原因事実の大部分を自白することも，同様に解すべきである。

もっとも，すすんで訴えを提起するなどの訴訟行為を含め，人事訴訟においては，これらの制約がなく被保佐人が訴訟行為をすることができることが原則であるが，裁判長が，本人の利益保護の観点から，適宜，弁護士を訴訟代理人に選任することが望まれる（人事訴訟法13条）。

22　補　助

事理を弁識する能力が**不十分**な者は，家庭裁判所が補助を開始する旨の審判をしたときに，**被補助人**であるとされる（15条1項・16条）。被補助人を保護する者としては，**補助人**が選任される（16条）。被補助人は，家庭裁判所がとくに定める法律行為がある場合おいて，補助人の同意がなければ，それらをすることができない（17条1項）。また，家庭裁判所がとくに定める法律行為がある場合において，補助人は，それについて被補助人を代理して法律行為をすることができる（876条の9第1項）。補助を開始する旨の審判をする家庭裁判所は，これらのいずれかの定めをしなければならない（15条3項）。

補助を開始すべき者は，事理を弁識する能力が不十分な者であり，保佐を開始すべき者の場合において事理弁識能力が"著しく"不十分な者であるのと異なる。したがってまた，そのような被補助人の保護に携わる補助人の役割は，上述のとおり，いままでに登場した親権者・後見人・保佐人のいずれよりも，

ひかえめである。

　補助の制度は，本人が一定水準以上の判断能力を有することから，保護の内容・範囲の決定を全面的に当事者の選択に委ねている。自己決定権の尊重や，ノーマライゼーションの理念が濃い制度である。この制度は，とりわけ，預貯金の管理，不動産の処分，遺産分割など，特定の事務について補助人に代理権を付与し，これらの事務を補助人にしてもらうという場面で，高齢者や知的障害者などの多様な需要に応える制度として，任意後見制度と並び，役割を果たすことが期待される。

(1) 補助開始審判の要件

　被補助人とされるのには，事理弁識能力が不十分である，という実質要件と，一定の者の請求により家庭裁判所の審判がされるという手続要件（15条1項・876条の6）とを要する。

　すなわち，「精神上の障害により事理を弁識する能力が不十分である者」について，家庭裁判所は，法律が定める一定の範囲の者からの請求により後見開始の審判をすることができる（15条1項）。請求をすることができるのは，本人，配偶者，4親等内の親族，後見人，後見監督人，保佐人，保佐監督人または検察官（同項），さらに市区町村長である（老人福祉法32条など）。ただし，後見または保佐を開始する原因がある者は，補助開始の審判を請求することができない（15条1項ただし書）。また，本人でない者の請求による場合は，本人の同意がなければ補助開始の審判をすることができない（同条2項）。

(2) 被補助人の行為能力

　被補助人は，被保佐人が保佐人の同意がなければすることができないとされる法律行為（13条1項）のうち，家庭裁判所が審判で定めるものについて，補助人の同意がなければ，することができないとする行為能力の制限を受ける（17条1項）。ただし，この審判をするには本人の同意を要する（同条2項）。

　補助人の同意を要するとされる事項について，同意を与えるかどうかは，基本的には，補助人の裁量によるけれども，被補助人の利益を害するおそれがないのに補助人が同意を与えない場合には，家庭裁判所が，同意に代わる許可を与えることがある（同条3項）。同意を要する事項について被補助人が同意・許可を得ないでした行為は，本人または補助人において，これを取り消すことが

できる（同条4項）。

(3) 補助人の役割

被補助人のために，家庭裁判所は，補助人を選任する（16条・876条の7第1項）。この際，家庭裁判所は，特定の法律行為を定めて，それについて補助人が同意をする役割と，代理をする役割のいずれに任ずるかを定める（15条3項）。補助人は法人でもよく，複数でもよい（876条の7第2項・843条4項・876条の10第1項・859条の2）。

補助人を監督するため，必要がある場合において，家庭裁判所は，被補助人，その親族，もしくは補助人の請求により，または職権で，補助監督人を選任することができる（876条の8第1項）。補助監督人と被補助人との関係は，前述20に登場した成年後見の場合の後見監督人と成年被後見人との関係とおおむね同じである（同条2項）。

23　任意後見の制度

ここまでで紹介してきた後見・保佐・補助においては，いずれも成年後見人・保佐人・補助人は，家庭裁判所が選任する（843条1項・876条の2第1項・876条の7第1項）。だれを選任することとするか，について，本人の意見は尊重される（843条4項・876条の2第2項・876条の7第2項）としても，その意見のとおりとなるとは限らない。それは，この意見が述べられるに際し，すでに本人は事理を弁識する能力が十分でなくなっているからである。事理弁識能力が衰えた段階で本人の保護に任ずる者を本人があらかじめ（つまり，本人が十分な事理弁識能力を有する時点において）定めておくという制度を設けることが，本人の自律の尊重という考え方から望まれる。

そこで，そのような制度が設けられており，**任意後見契約**がこれに当たる。これは，民法ではなく，「任意後見契約に関する法律」（23において「任意後見契約法」とよぶ）が定める。この法律により行なわれる本人の保護を任意後見とよび，これとの対比において，前述20の後見が法定後見とよばれることもある。

(1) 任意後見契約の意義

任意後見契約とは，「委任者が，受任者に対し，精神上の障害により事理を

弁識する能力が不十分な状況における自己の生活，療養看護及び財産の管理に関する事務の全部又は一部を委託し，その委託に係る事務について代理権を付与する委任契約であって……任意後見監督人が選任された時からその効力を生ずる旨の定めのあるもの」をいう（任意後見契約法2条1号）。

　任意後見契約の委任者を法文が**本人**とよぶことがある（同条2号）。同契約の受任者は，任意後見契約に基づく受任事務を始めるまでは**任意後見受任者**とよばれ，また，受任事務を始めると**任意後見人**とよばれることになる（同条3号・4号）。

　任意後見契約は，要式行為である。法務省令で定める様式の公正証書によってしなければ，効力を生じない（同法3条）。任意後見契約が効力を生ずる時には，本人はすでに事理弁識能力が不十分になっており，本人の意思を確かめることに困難が生ずるし，任意後見受任者が任意後見人としてする事務は本人の利害に重要な影響をもたらすから，法律関係を明瞭にするため，公証人の関与のもとで契約の成立を認める趣旨である。なお，任意後見契約は，公証人の嘱託により登記される（後見登記等に関する法律5条，公証人法57条ノ3）。

(2)　任意後見契約の効力の発生

　任意後見受任者が任意後見人となり，任意後見契約に基づく事務を開始するのは，家庭裁判所により**任意後見監督人**が選任された時から，である。制度上，このように任意後見監督人が選任された時，という言い方で受任事務の開始が語られることから，すこしわかりにくいかもしれない。これは，任意後見監督人の選任そのものに中心的な意味があるのではなく，任意後見人として受任事務を開始するからには，同人を監督する者を置いて本人の権利利益を適切に保護しようとする趣旨である。

　すなわち，任意後見契約が登記されている場合において，精神上の障害により本人の事理を弁識する能力が不十分な状況にあるときに，家庭裁判所は，本人，配偶者，4親等内の親族または任意後見受任者の請求により，任意後見監督人を選任する。ただし，本人が未成年者であるときなど一定の場合は，この限りでないとされる（任意後見契約法4条1項）。本人が未成年である場合は，親権者または未成年後見人が法定代理人として職務を行なう仕組み（前述19）が働く。

本人でない者の請求により任意後見監督人を選任するには，あらかじめ本人の同意がなければならない。ただし，本人がその意思を表示することができない場合には，その必要がない（同条3項）。なお，任意後見受任者本人または任意後見人の配偶者，直系血族および兄弟姉妹は，任意後見監督人となることができない（同法5条）。

　受任事務を開始する任意後見人は，その事務を行なうにあたっては，本人の意思を尊重し，かつ，その心身の状態および生活の状況に配慮しなければならない（同法6条）。

　任意後見監督人について見ると，その職務は，任意後見人の事務を監督し，任意後見人の事務に関し家庭裁判所に定期的に報告し，また，急迫の事情がある場合において任意後見人の代理権の範囲内で必要な処分をし，さらに，任意後見人または任意後見人が代理する者と本人との利益が相反する行為について本人を代理する職務を負う（同法7条1項）。

(3)　任意後見契約の終了

　任意後見監督人が選任される前においては，本人または任意後見受任者は，いつでも公証人の認証を受けた書面によって任意後見契約を解除することができる（同法9条1項）。この解除がされることにより，任意後見契約は効力を生じないこととなる。また，任意後見監督人が選任された後においては，本人または任意後見人は，正当な事由がある場合に限り，家庭裁判所の許可を得て，任意後見契約を解除することができ（同条2項），この解除がされた場合においては，任意後見契約は，将来に向かって終了する。

　なお，任意後見監督人が選任されて任意後見人が受任事務を開始した後においても，本人が後見・保佐・補助のいずれかを開始する旨の審判を受けたときは，これによっても任意後見契約は終了する（同法10条3項）。

(4)　任意後見契約と他の制度との関係

　任意後見契約でない民法上の一般の委任契約（643条・656条）によっても，判断能力が不十分な状態になった場合に備え，受任者に後見事務を委託し，その事務について代理権を付与する委任契約を締結することはできると考えられる。そして，この場合において，委任者が後日に意思能力を喪失しても委任契約は終了しないと解される。そこで，任意後見契約により追求される目的は，

民法上の普通の委任契約によっても，達成することができないものではない。しかし，この普通の委任契約による場合において，委任者の判断能力が不十分な状態に至った後は，委任者が受任者の事務処理を適正に監視することは難しい。そこで，家庭裁判所により選任される者が受任者の事務処理を監督する仕組みを作ることが要請された。任意後見監督人を選任することになっている任意後見制度は，この要請に応えるものである。

また，任意後見契約が働く場面は，民法が定める後見・保佐・補助の制度が働く場面とも重なる。この競合の処理の基本的な考え方は，任意後見制度が，契約による後見の制度であり，本人の自律を尊重する制度であることから，原則として後見・保佐・補助に優先して適用される，というものである。言い換えると，本人が任意後見制度を利用しない場合，または任意後見制度では本人の権利や利益を擁護することが困難である場合において後見・保佐・補助の制度が利用されることになる。そこで，まず，任意後見契約が登記されている場合において，家庭裁判所は，本人の利益のためとくに必要があると認めるときに限り，後見・保佐・補助を開始する旨の審判をすることができる（任意後見契約法10条1項）。また，先行して後見・保佐・補助が開始している場合においても，それらを継続することが本人の利益のためとくに必要があると認めるときを除き，家庭裁判所は任意後見監督人を選任するものとされ（同法4条1項2号），その場合には，後見・保佐・補助の審判を取り消すことになる（同条2項）。

24　制限行為能力者の相手方の保護

制限行為能力者のした法律行為を取り消すことができる場合において，相手方は，そのことに伴う不安定な状況に置かれる。この相手方を保護するため，民法は，二つの仕組みを設ける。

(1)　相手方の催告権

まず，制限行為能力者は，取消権が認められる場合において，自身が単独でした法律行為を取り消すことができるが，これを裏から述べるならば，取り消さなくてもよい。そうなると，その法律行為の相手方は，法律行為を有効なものと前提してよいかどうか，わからないということになり，不安定な状態に置

かれる。この不安定な状態を脱するため，相手方は，1月以上の期間を定め，取り消すか取り消さないかを期間内に確答すべきことを催告することができる。もし期間内に確答がないと，法律の定めるところに従い，ある場合には取り消したものとみなされ，またある場合には，追認したものとみなされる（20条）。すなわち，民法は，相手方が制限行為能力者側に対し1月以上の期間を与えて追認するか否かを確答するよう催告することができ，確答がない場合において，まず，催告を受けた者が当該法律行為を単独ですることができるときは，追認をしたとみなすものとする（20条1項・2項）。また，そうでないときは，取消しをしたものとみなされる（20条3項・4項）。

(2) 詐術を用いた表意者の取消権の剥奪

また，自身が制限行為能力者でないと思い込ませるために詐術を用いた制限行為能力者には，取消しをする権利が認められない（21条）。制限行為能力者の制度は，取引の安全を犠牲にして制限行為能力者の保護を図ろうとするものであるが，詐術を用いた制限行為能力者は，もはや保護に価せず，むしろ詐術のために制限行為能力者を行為能力者と誤信した相手方の保護を図るべきである。

ここで詐術とは，人を欺くに十分な言動をもって相手方の誤信を誘い，または誤信を強めることをいう。単に制限行為能力者であることを告げなかったのみであるということでは，詐術に当たらない。しかし，ほかの諸事情と併せ相手方の誤信を誘い，または強めたときは，制限行為能力者であることの黙秘が詐術に当たるとみられることがある（最判昭和44年2月13日民集23巻2号291頁）。なお，ここにいう詐術とは，文理上明確に定められていないものの，趣旨に照らし，制限行為能力者であると誤信させる場合にとどまらず，同意をする権限を有する者の同意があると誤信させる場合も含む。

21条が適用されるためには，制限行為能力者が行為能力者たることを信じさせるために詐術を用いたことが必要である。また，詐術の結果として，相手方が制限行為能力者でないと信じ，または同意権者の同意を得たと信じた，という因果関係がなければ21条は適用されない。21条の存在理由は，詐術を用いたことに対する制裁というにとどまらず，相手方の保護ということにもあるからである。

◆**詐術を理由とする取消権の排除と他の相手方保護との関係**

　制限行為能力者が詐術を用いた場合において，この詐術が詐欺に当たるときには，相手方の側からの詐欺を理由とする取消し（96条）も可能である（幾代79頁）。制限行為能力者の詐術による取消権の排除は，制限行為能力者の相手方を保護しようとするものであるのに対して，詐欺による取消しは，詐欺を理由とする取消権を与えて表意者の利益保護を図るものであって，両者の制度趣旨は異なるから，要件は別個に考えるべきである。相手方は，制限行為能力者の詐術を主張立証して本来の履行を請求することも，96条適用の要件が充足されていることを主張立証して取消権を行使してもよい。もちろん，21条に該当しても96条の要件を当然に充たすものではない。

　また，相手方に錯誤が生じた場合には，錯誤取消し（95条）の主張も認められる。また，制限行為能力者といえども責任能力を有する限り，不法行為責任を負うことは当然であるから，制限行為能力者の詐術によって詐欺が成立し，詐欺による取消しをしてもなお損害があるような場合（たとえば，詐欺により他の有利な申込みを断ったような場合）には，取消しと並んで損害賠償（709条）を請求することができる。取消しをせずに損害賠償のみを請求することも一般には可能であるが，この場合には，本来の債務が履行されることによって損害はないとみられる場合もありうる。

課題の考察

　17歳の春夫君には，法定代理人がいるにちがいない。父母がいれば，その双方または一方が親権者であり（818条），それは，法定代理人に当たる。父母が共にいなければ，未成年後見人がいるはずであり，それが法定代理人である。いなければ，ふつう家庭裁判所が選任する（840条1項）。法定代理人は，甲土地を売却することができる（824条・859条1項）。春夫君が自ら売却することもできるが，それには法定代理人の同意を要する（5条1項）。

　後見開始審判を受けた夏子さんは，乙建物を自ら売却することはできない（もし売却する行為をした場合は，その行為を取り消すことができる。9条本文）。

不動産の売却は，日常生活に関する行為（同条ただし書）に当たらない。審判の際に選任される成年後見人が，夏子さんを代理して，乙建物を売却することができる（859条1項）が，後見監督人がある場合は，その同意を得なければならない（13条1項3号・864条）。なお，乙建物に夏子さんが居住している場合は，成年後見人がする乙建物の売却にあたり，さらに，家庭裁判所の許可を要する（859条の3）。

　保佐開始審判を受けた秋雄さんは，丙土地を自ら売却することができるが，それには保佐人の同意を要する（13条1項3号）。また，不動産を売却する代理権を保佐人に与える旨の審判がされている場合（876条の4第1項）は，保佐人が売却をすることができる。ただし，丙土地に秋雄さんが居住している場合に家庭裁判所の関与が求められることについて，成年後見人に対するのと同様の規制がある（876条の5第2項）。

　補助開始審判を受けた冬美さんは，自ら丁建物を売却することができるが，それについて補助人の同意を要する旨の審判がされた場合（17条1項）は，補助人の同意を得なければならない。また，不動産を売却する権限を与える旨の審判（876条の9第1項）がされた補助人は，冬美さんを代理して丁建物を売却することができるが，丁建物に冬美さんが居住している場合に家庭裁判所の関与が求められることについて，成年後見人に対するのと同様の規制がある（876条の10第1項）。

第**4**章

法　人

法人，会社，財団などの言葉があるけれど，いちばん大きな概念は，どれ？

▷ 課題の設定 ▷

　民法で学ぶ「人」には，いろいろなものがある。学校法人早稲田大学とか，株式会社有斐閣とかいうものも，人である。また，国や大阪府，世田谷区なども，一人の人として考える。さらに，いろいろな財団も法人である。もし光源氏の子孫が現在もいるとするならば，光源氏に由来する品々を保存・管理・公開することにより日本の文化や歴史の研究に貢献することを目的として，光源氏記念財団というのだって，あるかもしれない（でも，やはり小説にしか登場しない人ですから，ないかもしれませんね）。

　①　では，学校法人早稲田大学は，営利法人であるか。授業料を学生から収受する収益事業をしているから，営利法人である，という気もする。本当のところは，どうか。

　②　株式会社有斐閣の住所は，どこにあるか。この本の末尾を見ると，東京都千代田区にあるように記されているが，法人に住所なんてあるの？

　③　仮に光源氏記念財団というものがあるとして，その財団法人に社員総会はない。ホントかウソか。

25　法人の意義

　法律上，権利の主体は，人として観念される。そして，権利のみ有し義務を有することがない，ということは考えられないから，結局，権利の主体として扱われる者は，権利および義務の主体となることができる資格，つまり権利能力を享有する者にほかならない。それが，人である。

　人には，もちろん個人があるが，そればかりではない。この本の出版元は，

85

有斐閣という株式会社であるが，この株式会社も一人の人として観念される。だからこそ，契約をすることができ，たとえば契約をした相手方である著者に対し，早く本の原稿を提出して欲しい，ということを請求する債権を有し，権利の主体となる。反対に，著者のほうは，原稿を送り，本を出したのだから，原稿料を支払って欲しい，と求める債権を取得し，裏側からみるならば，同社は，債務を負い，義務の主体となる。こうして権利能力が認められるから，有斐閣は，一人の人である。株式会社は，**法人**の一つの形態であり，有斐閣は，株式会社という形態で法人となっている。

(1)　**法人の概念／ペルソンヌ・モラル**

その一人の人である有斐閣は，人であるからには，身長というものがあるにちがいない。何センチくらいであろうか。体重は，どうか。また，結婚しているであろうか……などということを本気で問う人はいないであろう。人であるといっても，個人とは異なる。どこが異なるか。個人は，実在的な人であるから，身長や体重を考えることができるし，結婚していたり，いなかったりする。これに対し，法人は，観念的な存在である。実際，フランス語では，法人を「モラルな人」といい，ときに「道徳的な人」と誤訳されるが，モラルには"道徳的"のほかに"観念的"の意味がある。頭の中で，つまり観念上考えることができる人に権利義務の主体性を肯認するのが，法人の制度である。

個人は実在する存在であるから，だれかが人として認めるとか認めないということで存在の有無が決まるものではない。実在しているからには，人として認めなければならない。それに対し，「法人の設立……については……法律の定めるところによる」とされる（33条2項）。法律がなければ，法人というものは，ありえない。法人という言葉も，ここに由来する。事情があって社団としての実体をもちながら法人になっていない団体について社団法人に関する規定を類推することがあってもよい（後述 38）けれども，あくまでも類推であって，そのような団体を法人であるとは考えない。

法人が観念的な存在であることからの一つの帰結として，法人には**機関**が要る。個人は，何らかの契約を結ぼうとすれば，意思能力がある限り，自分の頭で考えて判断をし，そして，判断して決定したことを実行するため，自分の手と足で動き，契約の締結を実行することができる。しかし，有斐閣と印刷会社

とが契約を結ぶときに，これら二人そのものがスタスタと歩いてきて握手をし，契約書にサインをするということは考えられない。そこで実際は，有斐閣のために動く個人と，同じく印刷会社のために動く個人とが話し合い，交渉がまとまるとサインをする。けれども，その人はだれでもよいということにはならない。二人のオジサン（いや，ひょっとするとオバサンとオジサン）がサインをするとき，その二人はそれぞれの会社を代表する者でなければならず，代表権があるというためには，ふつう，それぞれの会社の株主総会において選任され，代表権を有するものとされなければならない。選任する株主総会も，選任される代表取締役も，その会社の機関である。法人の観念性は，法人の実在的な活動を可能とするため，機関の存在を要求する。

(2) 法人の分類／さまざまな法人

法人にはいろいろな種類のものがある。

(a) **社団法人と財団法人**　　まず，法人の構造という観点から観察すると，社団法人と財団法人との区別がある。**社団法人**は，人の集合体，簡単に言うと団体に法人である性質が認められるものをいう。構成員となる人とは区別して認識され，継続して事業を営む存在が団体である。株式会社は，社団法人の一つの形態であり，これは，株主を構成員とする団体に法人格が与えられる。くわしく本章で扱う一般社団法人や特定非営利活動法人も，社団法人である。株式会社の場合に構成員は株主とよばれるが，一般には，社団法人の構成員は，**社員**である。法人の法制を論ずる際の社員という言葉は，この意味であり，俗に企業などに雇用される人たちをよぶ際とは意味が異なる。

これに対し，**財団法人**は，ある目的のために提供された財産に法人である性質を認めるものをいう。あとで取り上げる一般財団法人は，その名称が示すとおり，財団法人である。特別法上の制度のなかから例を挙げると，私立学校法に基づいて設立される学校法人が，これに当たる。ある個人が，一定の事業のために提供した財産に法人格を認めることにより，その財産は，提供した者についての相続開始に影響されず独立の財産体として運用される。事業を営むために不可欠な財産を**基本財産**と，また，財産を提供した者を**設立者**とよぶならば，基本財産を事業に供しようという設立者の意思は，いわば，その人の生命としての時間的限界を超えて，実現し続ける。

(b)　**営利法人と非営利法人**　つぎに，どのような目的で法人が設立されるか，という観点から，営利法人と非営利法人とを区別することができる。

株式会社の配当のような仕方で，法人が他人とする取引など対外的な事業活動により得た利益を構成員に分配することを目的とする法人が**営利法人**である。お金をとる仕事をする法人が営利である，と素朴に考えるのではない。対価を得ることを内容とする事業は，収益事業であり，営利事業とはよばない。収益事業は，営利法人でなくてもすることがみられ，言い換えるならば，収益事業をするから営利法人である，ということにはならない。学校法人は，営利法人でないが，学生や生徒から授業料を収受する事業，つまり収益事業を営む。学校法人が得る収益は，構成員に分配されるということが考えられず，図書館に備え置く本を買ったり，教職員を雇用するための人件費を捻出したりすることに用いられる。

株式会社や，合名会社などの持分会社は，営利法人である（会社法105条〔とくに2項〕・621条。また，「営利事業を営むことを目的とする法人」に言及する民法33条2項参照）。営利法人は，会社法という法律により基本的な規律が与えられており，学問分野としても，商法学の分野において扱われる。そこでは，得られた利益を配当のような仕方で株主など構成員に分配することが予定され，それが適切にされることを期して，機関や会計の在り方について厳正な規律を必要とする。

これに対し，営利法人でない法人が**非営利法人**とよばれ，そのような機関や会計の重々しい規律の負荷を回避しつつ，法人の目的である事業の達成を追求することができる。また，剰余金が社員や設立者の私利に帰するということがないという信頼を基礎として，事業の目的に賛同する者が寄付をすることを厭わないという状況が得られやすくなる。

社団法人は，株式会社のように営利法人であることもあれば，非営利法人であることもみられる。消費生活協同組合は，非営利法人たる社団法人である。これに対し，財団法人は，営利法人であることは，論理的に考えられない。社員に利益を分配することを目的とすることが営利ということの意味であり，財団法人は，一定の目的に供された財産であって，社員なるものがいないから，それに利益を分配するということも観念することができない。

なお，国も法人である。民法にも，国が権利義務の主体となることを前提とする規定がある（239条2項・959条）。地方公共団体も法人であり（地方自治法2条1項），これには，都道府県や市町村のみならず，特別区，地方公共団体の組合さらに財産区などの特別地方公共団体も含まれる（同法1条の3）。国や地方公共団体は，日本の全体または地域における施政権の行使を目的とする法人である。

◆国家・団体・個人

　憲法21条1項が「集会」と並べて掲げるものが「結社」であり，その民事法制上の表現形態が社団法人にほかならない。それは，個人がそれぞれに孤立しているにとどまる状態では実現することができない経済的利益や思想的価値を実現するため，複数の個人の資力や労力を結集することに用いられる。社団法人が集会と決定的に異なる特徴は，時間的な持続をもって存在するということである。それだけに実効的に大きな力を結集することができる半面において，個人を束縛する程度も大きい。社団法人に集うことにより自分の利益や信条を実現しようとする個人の望むところを超えて，その個人を抑圧する契機ともなりかねない。そこで，定款で定めたり，社員総会での多数で決議したりしても奪うことができない最小限の個人の利益をどのようにして保障するか，「構成員に対する団体の機関による恣意的な権力作用をいかにして統制していくか」（高村学人『アソシアシオンへの自由──〈共和国〉の論理』〔2007年〕236頁）が，一方において課題となる。この観点から，「非営利団体が（社会全体のためにというだけでなく）担い手たる個人の（精神的な）利益のために存在するという側面に注目が向けられ，そのような利益を実現するための組織・制度をどのように設計するべきかという視点」（山口敬介「非営利団体財産に対する離脱者の権利(1)」法学協会雑誌131巻5号〔2014年〕918頁）が重要であるし，「『目的の範囲』という概念は，法律……が定めた法人目的の実現に関係しない行為を，構成員全員の同意があっても許されない行為として排除し，法律が定めた目的たる公益を守るための概念だと考えることもできるかもしれない」（同920頁）。

　具体的な論点を一つ掲げるならば，一般社団法人において社員が有する議決権は，軽重を設けることはできるとしても，完全に奪い，無議決権に甘んじる社員を設けることは，たとえ定款で定めるとしても，することはできず，そのような定款の定めは，効力を有しない（一般法人法 48 条 2 項，神作裕之「一般社団法人と会社──営利性と非営利性」ジュリスト 1328 号〔2007 年〕42 頁。会社法 115 条対照）。

　同じことの対外的な側面として，社団法人の多数派を形成する者らが，その目的追求のために少数派の者らの有する資力や労力をも組み込む仕方で組織される社団法人の活動を通じて，肥大した経済的・社会的な影響力を行使することが，市民社会における政治的結合にとって好ましい事態であると考えることもできない。

　社団法人の存在態様は，国家法によるコントロールに服すべきである。社団法人を設立する法律行為は，ひとまず一つの契約であると考えられるが，その効果を随意に定めることができるという意味において契約自由の原則の手放しの適用を認めてよいか，というと，そうはならず，法人制度という公序に服する。「『団体』とされる関係において，契約法とは効果が峻別されうる，ないしは，契約法とは効果が異なると考えられてきた場面」（西内康人「団体論における契約性の意義と限界(8)──ドイツにおける民法上の組合の構成員責任論を契機として」法学論叢 166 巻 4 号〔2010 年〕5-6 頁）への注目が要請される。

◆外国法人

　本文で扱うものは，民法や一般法人法，さらに会社法など日本の法律に基づいて設立された法人である。外国法に従って設立された法人は，外国法人の概念で理解される。それらは，一定の要件のもとで，日本において権利能力が認められる。まず，外国である国，それから国の行政区画は，権利能力が認められる（35 条 1 項）。当然のことであるとも感じられるが，国際情勢が流動的になるなか，外国政府が日本で有する資産について，その外国政府

が消滅した場合の扱いは，ときに苦慮する問題を生ぜしめる。また，営利法人たる外国法人，つまり外国会社は，会社法817条以下の規定に基づき，権利能力が認められる。

　35条2項の「認許」される，とは，権利能力が認められる，ということであり，くわしく見るならば，外国人が享有することのできない権利および法律または条約で特別の規定がある権利については制約があることを留保して，原則として，日本において成立する同種の法人と同一の私権を有するとされる。

　非営利の外国法人は，個別に法律または条約で認許される場合に限り，上記と同様の扱いを受ける。

　なお，外国会社は，36条および会社法933条以下の規定に従い，登記をするものとされる（また商業登記法127条以下）。非営利の外国法人については，外国法人登記簿が用意され，これに登記される（36条・37条，外国法人の登記及び夫婦財産契約の登記に関する法律2条・3条・4条）。

(3)　法人の目的／法人は何ができるか

　法人にはその組織・運営の基本を定める規則があり，それを一般には基本約款とよぶ。多くの基本的重要性をもつ法人の基本約款は，**定款**とよばれる。たとえば株式会社や一般社団法人の基本約款は定款である。学校法人の場合に基本約款が寄附行為とよばれる（私立学校法30条）ように，定款という呼称を用いない法人もみられる。

　定款には，**目的**が定められることになっており，法人は，定款で定められた目的の範囲で権利を有し，また，義務を負う（34条）。

　したがって，まず，法人の内部的な意思決定において，目的の範囲を超える事項を定める行為があったとしても，それは，効力を有しない。一般社団法人においては，多くの社員が目的範囲外の事項を欲するのであれば，定款を変更し，目的外でないとすることにより，その意思決定を適法に行なうことができるようにすることができる。そこで，目的外であることにより内部的意思決定の効果が問われる場面は，実際上，定款の変更に大きな制約がある一般財団法

人や，とくに設立の根拠となる個別法により事業の範囲が限られる法人におい
て観察される（税理士会について目的範囲外の事項に当たるとする例を示す最判平成
8年3月19日民集50巻3号615頁，司法書士会について範囲内であるとする最判平成
14年4月25日判時1785号31頁）。

　また，対外的にも，法人の目的の範囲を超える法律行為は，法人への効果の
帰属が認められない。おもに題材を提供するものは，ここでも，個別法を根拠
とする法人である。たとえば農業協同組合は，「組合員の事業又は生活に必要
な資金の貸付け」（農業協同組合法10条1項2号）の事業をすることが目的であ
るから，組合員でない者に対してする融資（これが員外貸付である）は，目的の
範囲外であるから，無効とされるべきものである（最判昭和41年4月26日民集
20巻4号849頁参照）。この無効とする解決が硬直的であるために妥当でないと
考えられる場合は，信義則（1条2項）を用い，別な解決を探求することにな
る。例を挙げると，労働金庫から員外貸付を受けた借主が，その設定した抵当
権の実行により不動産を買い受けた者に対し抵当権実行の無効を主張すること
は，信義に照らし許さないとされた（最判昭和44年7月4日民集23巻8号1347
頁。今日においては，民事執行法184条により同じ解決が得られる）。

◆法人の目的の考え方

　34条の効果をどのように解するとしても，それとは一応は区別された問
題として，「目的の範囲内」かどうかを，どのように判断するか，という問
題がある。抽象論としては，定款所定の事項を遂行するのに必要な活動が
「目的の範囲内」とされるべきであり，そこで問題となる必要性の有無は，
「定款の記載自体から観察して，客観的に抽象的に必要であり得べきかどう
か」により判断される（最判昭和27年2月15日民集6巻2号77頁）。

　具体的な認定判断において判例は，まず営利法人については，目的による
制限をきわめて緩く解している。取引先企業が第三者に対し負担する債務の
保証人になることを目的の範囲内であるとみることなどが，その例であり
（最判昭和30年10月28日民集9巻11号1748頁），また，極端な例としては，
株式会社が政党にする政治献金も，目的の範囲内であるとされる（最大判昭

和 45 年 6 月 24 日民集 24 巻 6 号 625 頁)。

　これに対し，非営利法人については，目的による制限が厳格に運用される。裁判例において多く問題とされるのは，各種の協同組合・信用金庫・労働金庫などが，構成員以外の者に貸付を行なうことであり，目的の範囲外として無効とされる（最判昭和 41 年 4 月 26 日前掲）。政治献金についても，法律により加入が義務づけられている団体（税理士会）がする場合について，目的の範囲外とされる（最判平成 8 年 3 月 19 日前掲）。

　概括的な観察として，「結果として判例は，営利法人については目的の範囲による制限を事実上認めず，非営利法人に関して若干の制限を認めるにとどまる」（河上 165 頁）ということになるであろう。さらに述べるならば，非営利法人のうち，個別法を根拠とするものは，当該根拠法の趣旨を尊重して目的を厳格に解釈するのに対し，それ以外の場合は柔軟である。このことに気づくならば，厳格に解釈されているものは，じつは，定款所定の目的の一般というよりも，根拠法に従って定款で定められた目的である，ということにもなる。

(4)　法人を学ぶための見取図／本書の講述範囲

　法人に関する民法の規定は，わずかである。法人の基本原則を定める規定（33 条・34 条・36 条）と，やや特殊であるが外国法人に関する規定（35 条・37 条）があるにとどまる。

　法人の具体の規律は，民法でない法律により与えられる。それらのなかには，特別法に当たるという彩りの濃い法律を根拠とするものもみられ，農業協同組合法に基づく農業協同組合や，私立学校法に基づく学校法人などがある。

　一般的な非営利法人の形態は，社団法人については一般社団法人であり，また，財団法人については一般財団法人である。これらの法人の設立根拠を与えている法律が，「一般社団法人及び一般財団法人に関する法律」であり，本書においては，この法律を「一般法人法」と略称することとする。

　これに対し，営利法人は，会社法の定めるところに従って設立される。それらの営利法人は，すでに述べたように，商法学において研究の対象とされる。

本書においても，営利法人ではなく，一般社団法人および一般財団法人，ならびに特定非営利活動促進法が定める特定非営利活動法人を主に念頭に置いて，法人に関する基本事項を概観する。なお，一般社団法人または一般財団法人は公益認定を受ければ公益社団法人または公益財団法人になる（後述 33）が，その場合も，それらが，それぞれ非営利の社団法人または財団法人である性質を失うものではないから，ここでの考察の対象に含まれる。

　一般社団法人・一般財団法人・公益社団法人・公益財団法人の諸制度は，2006 年の国会で成立した「一般社団法人及び一般財団法人に関する法律」および「公益社団法人及び公益財団法人の認定等に関する法律」による公益法人制度改革に伴い登場してきたものである。これらの法律が施行されることにより，民法の法人の規定は一新され，また，それまで存在してきた有限責任中間法人および無限責任中間法人という非営利法人の制度が廃止された。

◆公益法人制度改革

　かつて民法は，公益に関する社団または財団であって営利を目的としないものは，主務官庁の許可を得て，法人となることができる，と定めていた（旧規定の 34 条）。許可は主務官庁の自由裁量により与えられるものであり，公益の活動をするため法人の制度を利用しようとしても，その可否は，主務官庁の許可という行政判断に依存することを強いられた。「国家の政治的色彩に応じた政策によって左右され，その結果，団体を平等に扱いえない偏差」がもたらされるという危惧（森泉章『公益法人の研究』〔1977 年〕18 頁）が指摘されていたものが，当時の制度である。また，公益に関するものでなければ，たとえ非営利の社団などであっても，特別に法律が制度を設けない限り，一般的には法人となる可能性が大きく塞がれるという問題もあった。

　これを改めたのが，2006 年の国会で成立した「一般社団法人及び一般財団法人に関する法律」および「公益社団法人及び公益財団法人の認定等に関する法律」による公益法人制度改革であり，これに伴い，民法の規定も改正された。改正において多くの民法の規定が削除され，現在のように法人の細目的な規律は，民法でない法律に設けられるに至っている。

公益法人制度改革の基礎にされたものは，内閣官房に設けられた公益法人制度改革に関する有識者会議（2003 年〜04 年）の報告書である。また，そのもとに非営利法人ワーキング・グループが設置され，新しい法人法制の民事的な規律の調査審議を行なった。これらの経緯について，中田裕康「一般社団・財団法人法の概要」ジュリスト 1328 号（2007 年）3-5 頁。同じ号において，新しい制度のもとでの公益認定の在り方に関する課題が，雨宮孝子「非営利法人における公益性の認定」15-19 頁で整理されている。

　制度の運用を見ると，多くの法人に公益認定が与えられてきた。不認定の例としては，2014 年 6 月 5 日の一般社団法人日本尊厳死協会に対してのものなどがある（公益法人 43 巻 8 号〔2004 年〕）。公益認定をしないとされた事例の整理として，岡本仁宏「注目すべき答申でみる行政庁の法人監督最前線――不認定答申・勧告に焦点を当てて（前編）」公益法人 46 巻 3 号（2017 年）8-9 頁。

26　法人の設立

　法人の設立がどのような手順でなされるか，については，つぎのようないくつかの異なる仕方がある。かつて公益法人は，主務官庁の許可がなければ設立することができないとされた（許可主義）。これに対し，営利法人は，法律の定める要件を充足する（＝準則）ならば，許可などを要することなく登記をすることにより設立が認められる，という仕組みが一貫して採られてきた（**準則主義**）。ただし，かつてにあっても，公益法人でありながら，さまざまな考慮から許可主義に服しないとされた例外も多い（学校法人・宗教法人・特定非営利活動法人などについて，下記に案内するとおりである）。以下に掲げる五つのうち，特殊である⑤を除くと，①と②が両極にあり，③と④がその中間に位置するが，そのうち③は①に近く，④は②に近いという構図になる。

　①　**許可主義**　　許可主義とは，主務官庁が許可を与えることにより法人の設立を可能とすることである。かつての民法上の公益法人は，これによることが原則であるとされた。許可は，主務官庁の裁量により与えられ，しかも，この場合の裁量は，自由裁量であると考えられてきた。自由裁量とは，許可を与

えるかどうかについて法律上の基準がなく，それを主務官庁の自由な意見により決定することができるものである。公益法人制度改革が行なわれる前の公益法人は，この許可主義が行なわれており，主務官庁の許可により設立が認められた。

②　**準則主義**　法律が定めている一定の要件（たとえば所定の事項を記した定款を作成して，それについて公証人の認証を受けること。一般法人法 11 条・13 条）を充足したことを登記官が確認するならば，設立の登記がなされ，行政庁の許可などを要することなく，法人が設立されるという仕組み（同法 22 条）が，準則主義である。"則"は法律が定める要件であり，それを充たすことが"準"ずることであり，そこで準則主義とよばれる。

会社法に基づく会社（営利法人）や，一般社団法人・一般財団法人が，これによる。ここでは，法人の設立に行政庁が決定的関与をする余地は，ない。設立には設立登記をしなければならず，その事務が，法務大臣の監督下にある登記官が管掌するが，それは，法人の設立を許す行政庁の関与とは，まったく意義が異なる。

③　**認可主義**　行政庁が与える認可により法人の設立を認めることが，認可主義である。認可は，許可と似るが，自由裁量ではなく，行政庁は，法律が定める基準を充足すると判断するときは，認可を与えなければならない（たとえば農業協同組合法 60 条）。このため，認可主義は，拘束許可主義ともよばれる。法人としての特殊な規律が用意されているところから準則主義が親しまない個別法上の法人について，これが採用されることが多い（前出の農業協同組合など）。また，学校法人（私立学校法 30 条 1 項・31 条）のように，憲法上の要請（同法 23 条）を考慮し，団体設立の可否への行政の関与を抑制することを相当とする見地から，許可主義ではなく，認可主義に服せしめられるということもある。

④　**認証主義**　行政庁の与える認証により法人の設立を認めることを認証主義という。法人設立の要件として法律が定める要件たる事実を確認したときに，行政庁は，必ず認証を与えなければならない。認証と認可の相異は，ときに微妙であるが，認可が行政庁による判断の作用であるのに対し，認証は客観的事実の確認である性格が強い。②と対比すると，客観的事実があれば法人の

設立が可能であるところが共通するが，④は，いちおう行政庁の確認作用である認証を介在させることとしているところが異なる。特別の規律に服する法人でありながら認可主義などを避け，宗教法人が認証主義で設立が許容されること（宗教法人法12条）が，憲法上の要請（同法20条）を考慮し，団体設立の可否への行政の関与を抑制することを相当とする見地に基づくことは，③で登場する学校法人と事情が似る。特定非営利活動法人を認証主義によるとすること（後述**34**）も，行政裁量の介在を抑制することが望ましいという見地が背景にある。

　⑤　**特許主義**　　特定の法人を設立するために特別の法律を制定して設立を認めることが，特許主義である。日本銀行法に基づいて設立される日本銀行がその例であり，また，個別法により名称・目的・業務範囲が定められる独立行政法人（独立行政法人通則法1条・2条・6条）も，これに近い。なお，国が設立する独立行政法人と類似するものに，地方公共団体が設立する地方独立行政法人がある（地方独立行政法人法1条・2条・5条）。

27　一般社団法人の概要

　社団法人である非営利法人の一般的な形態が，**一般社団法人**である。法人を設立するために，一般には，行政庁の許可や認可を得て設立が認められるという仕組みが採られることも考えられる（許可主義，認可主義）けれども，一般社団法人について，このような仕組みは，採られていない。所定の事項を記した定款を作成し，それについて公証人の認証を受けること（一般法人法11条・13条）など法律が定める要件を充足したことを登記官が確認するならば，設立の登記がされ（同法22条），行政庁の許可などを要することなく，法人が設立される（準則主義）。このようにして設立される一般社団法人は，定款において「社員に剰余金又は残余財産の分配を受ける権利を与える旨の定款の定め」をしても，それは，無効である（同法11条2項）。また，一般社団法人で最も重要な機関である社員総会は，「社員に剰余金を分配する旨の決議」をすることができない（同法35条3項）。もっとも，法人が解散する際に，結果として残余財産などを社員に分配することとなることを妨げるものではない。つまり，あらかじめ残余財産分配請求権を社員に与えておくことは，非営利という観念

に適合しないという考え方である。

28　一般社団法人の機関

　一般社団法人においては，社員総会が最も重要な機関である。

　ただし，その「重要な」ということの意味は，その社団法人が**理事会設置一般社団法人**であるかどうかにより異なる。理事会設置一般社団法人は，規模の大きな団体が用いることをイメージされている一般社団法人の形態であり，いろいろな機関の役割を分化させ，そうすることで機動的な活動をすることがねらわれている。

　理事会設置一般社団法人でない一般社団法人，つまり一般社団法人の通常の形態において，社員総会は，最高で万能の意思決定機関であり，「一般社団法人に関する一切の事項」について決議をする権限をもつ（一般法人法 35 条 1 項）。これに対し，理事会設置一般社団法人において，社員総会は，法律または定款に規定する事項に限り決議をすることができるものとされるから，最高意思決定機関であるというよりも，法人の基本的な意思形成機関であると言うほうが，性格づけとしては適切である（一般法人法 35 条 2 項）。

　一般社団法人の機関には，**社員総会・理事・理事会・監事**がある。それらの設置の要否や権限は，理事会設置一般社団法人であるかどうかにより異なる。

(1)　理事会設置一般社団法人でない一般社団法人の機関

　一般社団法人の通常の形態においては，社員総会および理事が必置の機関であり，また，監事を置くことができる（一般法人法 60 条）。

　(a)　**社員総会**　　社団法人の構成員を社員といい，すべての社員で構成される機関が社員総会である。理事会設置一般社団法人でない一般社団法人において，社員総会は，最高で万能の意思決定機関であり，「一般社団法人に関する一切の事項」について決議をする権限をもつ（一般法人法 35 条 1 項）。

　(b)　**理事**　　理事は，法人の業務を執行し，法人を代表する機関である（一般法人法 76 条・77 条）。法人の業務は，理事が複数いる場合は，原則として，その過半数をもって決定する（同法 76 条 2 項）。また，複数の理事がある場合において，それぞれの理事は，各自において法人を代表する（**各自代表**。それぞれの理事が単独で代表権を行使する）ことが原則である（同法 77 条 1 項本文・2 項）。

けれども，理事のうちから互選または社員総会決議により**代表理事**を定める場合は，代表理事が代表権を行使し，他の理事は代表権を有しない（同条3項・4項・1項ただし書）。

(c) **監事**　監事は，理事の職務執行をチェックする監査機関である（一般法人法99条）。そのような機関の性格から派生する役割として，監事は，理事の不当な行為を差し止める権限や，法人と理事とのあいだの訴訟において法人を代表する権限などを有する（同法103条・104条）。

(2) **理事会設置一般社団法人の機関**

理事会設置一般社団法人とは，理事会を置く一般社団法人である（一般法人法16条1項括弧書・60条2項）。理事会設置一般社団法人においては，社員総会および理事のみならず，理事会が置かれ，また，監事が必置の機関であるとされる（同法61条）。また，理事会設置一般社団法人でなければ公益認定を受けて公益社団法人（後述33）となることができない（公益社団法人及び公益財団法人の認定等に関する法律5条14号ハ）。

(a) **社員総会**　理事会設置一般社団法人の社員総会は，一般法人法に規定する事項または定款で定める事項に限り決議をすることができるものであり，法人の基本的な意思形成機関である（一般法人法35条2項）。理事会設置一般社団法人において機関の分化がみられるということは，このように社員総会の権能が限定されるところに表われる。

(b) **理事会**　理事会設置一般社団法人には，すべての理事で構成する理事会が置かれる（一般法人法90条1項）。理事会は，法人の業務執行を決定し，理事の職務執行を監督し，また，代表理事を選定・解職をする（同条2項）。法人の業務は，代表理事または理事会が選定した理事が執行する（同法91条1項）。また，理事会設置一般社団法人において代表理事は必置の機関であり（同法90条3項），理事会が選定する代表理事が法人を代表する。

(c) **監事**　理事会設置一般社団法人の監事の権限は，おおすじにおいて，そうでない一般社団法人の場合と異ならない。また，監事は，理事会に出席して意見を述べたり，理事会の招集を促し，または一定の要件のもとで自ら理事会を招集したりする（一般法人法101条）。

29　一般社団法人の活動

　実際に一般社団法人が活動するためには，機関が要る。そして，その機関による業務執行がされる必要がある。業務執行において，最も重要な中心的な役割を担うものが，理事にほかならない。多くの場合において理事は，法人の業務を執行し，対外的には法人を代表して，法人のために法律行為をする。

(1)　法人の業務執行の決定

　まず，法人の業務執行の決定は，どのようにしてされるか。たとえば，ある法人において，活動場所として手ごろな建物が見つかった場合に，その建物を買うこととするかどうかの内部的意思決定は，どのようにしてされるか，という問題を考えてみよう。一般社団法人において理事が一人である場合には，もちろん，その理事が決定する。複数の理事がいる場合には，原則として理事の過半数で決する（一般法人法76条2項）。ただし，理事会設置一般社団法人においては，理事会が決定する（同法90条2項1号）。そこでの議決は，原則として過半数で行なわれる（同法95条1項）。

(2)　業務の実際の執行

　つぎに，そのようにして決まったことを，どのようにして実現してゆくか，という問題がある。建物の所有権を取得するためには，法人に法律効果を帰属させる趣旨において，建物の売買契約を成立させなければならない。一般に，法人に法律効果を帰属させる趣旨で法律効果を成立させることを，代表機関が代表権を行使して法律行為をする，と表現する。だれが代表権を行使することとされているか，ということは，まず，一般社団法人においては，理事が**各自**つまり単独で代表権を行使することができることが原則である（各自代表。一般社団法人77条2項）。しかし，例外があり，代表理事を定めた場合およびとくに一般社団法人を代表する者を定めた場合は，それらの者が代表権を行使する（同条1項ただし書・4項）。なお，理事会設置一般社団法人においては，必ず代表理事が置かれる（同法90条3項）。

　このようにして行使される理事の代表権は，法人の事務の全部に及ぶことが原則である（同法77条4項の「一切の」）。しかし，いくつかの重要な例外に注意を要する。まず，法人と理事個人の利益が相反する事項は，社員総会の承認を得なければ代表権を行使することができないとされる（同法84条）。たとえば，

理事個人が銀行から融資を受けるときに，担保として法人の財産を提供するということを，その理事その人が銀行に約束をするということが無制約に認められるということになると，法人の利益が大きく損なわれる。つぎに，それぞれの法人の自主的な定めにより，理事の代表権を制限することができる。たとえば定款が，不動産の処分について理事は当然には代表権を有せず，理事の多数の合意による授権があるときにのみ，代表権の行使として処分をすることができると定めている場合において，ある理事が，他の理事に無断で単独で不動産を売却する行為をしても，その行為は，無効である。ただし，売却の相手方が，この制限を知らなかったときは，例外として有効になる（一般法人法77条5項。代表権に制限があることは知っていたが，他の理事の同意が得られているものと信じたことについて正当な理由のある第三者の保護は，110条の類推解釈により図られる。最判昭和60年11月29日民集39巻7号1760頁）。

(3) 法人の常務

代表権の行使でない法人の業務執行，たとえば購入した建物の日常的な管理について，法人の事務職員などを指揮して諸事務を遂行するようなことは，一般社団法人において，各理事が行なうことができることが原則であるが，定款で別段の定めをすることができる（一般法人法76条1項）。なお，理事会設置一般社団法人においては，代表理事または業務執行理事が業務を執行する（同法91条1項。同項2号の理事が業務執行理事である）。

◆社団法人のガバナンス

非営利の社団法人の基本的性質は，利益を社員に分配することを目的としないことにある（会社法105条2項対照）。そうすることにより重装備のガバナンスを考える必要がなく，社会からの信頼も獲得することができる（神作・前掲論文40頁参照）。非営利とは，厳密には，「対外的な企業活動によって得た利益」を分配しないことをいう。相互保険会社など「団体の内部的活動によって得た経済的利益を構成員にもたらすタイプの法人」は，やはり非営利の社団法人である（神作・前掲論文38頁・39頁注10）。

機関の面を見ると，一般社団法人の理事は，社員総会の決議で選任し，ま

たは解任する（一般法人法 63 条・70 条）。理事は，一般社団法人を代表する
ことが原則である（同法 77 条 1 項本文）。しかし，いくつかの例外がみられる。

　理事会設置一般社団法人においては，必ず代表理事を選定しなければならな
い（同法 90 条 3 項）。選定された代表理事は，氏名のみならず住所も登記
される（同法 301 条 2 項 6 号）。その代表理事が，法人を代表する（同法 77
条 4 項）。

　これに対し，理事会設置一般社団法人でない一般社団法人における代表理
事の概念は，いささか理解に注意を要する。代表理事を「定める」（同条 3
項）ということをした場合は，定められた者が代表理事であり，それ以外の
理事は代表理事ではない。代表理事でない理事は，氏名のみが登記され，住
所は登記されない（同法 301 条 2 項 5 号）。そうではなく，代表理事を定める
ということをしない場合において，代表理事がいないという状態になるか，
というと，そのようにはならない（理事の氏名のみが登記され，住所が登記上
示される理事がいないという状態になるものではない）。「定める」ことをしな
かった場合は，理事の全員が代表理事と「なる」のであり，全員が住所も登
記される。山田誠一「一般社団・財団法人法におけるガバナンス」ジュリス
ト 1328 号（2007 年）23 頁注 18。南野雅司＝三浦富士雄「各種の法人におけ
る代表権を有する理事の選任又は選定の方法並びにこれを証する書面につい
て」登記情報 56 巻 1 号（2016 年）41 頁注 35。

30　一般財団法人の概要

　財団法人である非営利法人の一般的な形態が，**一般財団法人**であり，これも
また，準則主義の考え方に基づいて，設立の登記をすることにより成立する
（一般法人法 152 条・153 条・155 条・163 条参照）。財団法人においては，もともと
社員がいないから，社員に利益を分配することを目的としてはならない，とい
うこと自体は，論理上問題とならない。したがって，一般財団法人が非営利法
人である，と言うときの非営利法人ということの意味は，営利法人ではない，
ということ以上のものではない。

　ただし，設立者が剰余金または残余財産の分配を受ける権利が保障されてい

ることになるとすると，実質的に非営利でないという色彩を帯びる。これを避けるため，そのような権利を同人に与える定款の定めは，無効であるとされる（同法153条3項2号）。定款それ自体の規定により設立者に剰余金や残余財産を分配する権利を与える定めが無効であり，さらに同様の趣旨から，一般財団法人の重要な機関である評議員会が，設立者に剰余金や残余財産を分配することを決定することができるとする定款の定めも，効力を有しない。

そして，評議員会は，法令または定款に定める事項のみを議決するものである（一般法人法178条2項）から，結局において，設立者に剰余金を分配する旨の決議をすることはできない。評議員会が設立者に剰余金を分配する旨の決議を妨げる旨の規定はないけれども，それは，もともと評議員会の権限が限られていて，規定を設けなくても，そのような決議をすることはできないと考えられるからである。

31　一般財団法人の機関

財団法人には，社員がいないから社員総会という機関はない。そこでは，理事が定款で定められた目的を忠実に実現するという課題が存するにとどまり，かつ，そのことが重要である。もっとも，そのような理事による職務執行をチェックするとともに，定款で定められた目的を達成するため，法人の基本的な事項について意思を形成する機関が必要であるから，そのようなものとして，**評議員**から構成される**評議員会**が置かれる。評議員会は，一般財団法人の業務で法令または定款に定める事項を決議する（一般法人法178条）。

一般財団法人の機関としては，評議員・評議員会・理事・理事会・監事がある（同法170条1項）。また，一般財団法人が公益認定を受けて公益財団法人となるのであるから，公益財団法人（後述**33**）にも，これらの機関が置かれる。

また，理事・理事会・監事の権限などは，おおよそ理事会設置一般社団法人におけるそれらと同じである（同法197条）。理事会設置一般社団法人と同じく，代表理事は，必ず置かなければならない（同法90条3項・197条。197条括弧書の準用除外により，理事の各自代表を定める同法77条2項が財団法人には準用されない）。

32　一般財団法人の活動

　一般財団法人の業務執行は，基本において，理事会設置一般社団法人につい
て前述したところに類似する。業務は，理事会が決定し，そこでの議決は，原
則として過半数で行なわれる（同法 90 条 2 項 1 号・95 条 1 項・197 条）。業務の実
際の執行は，代表理事がする（同法 77 条 4 項・91 条 1 項 1 号・197 条）。代表理事
が有する代表権は，包括的なものであるけれども，法人との利益相反行為につ
いて代表権が制限されることも，理事会設置一般社団法人について見たところ
と異ならない（同法 84 条・197 条）。定款において代表権に制約を設けることが
できることや，その場合の法律関係の考え方なども，同様である（同法 77 条 5
項・197 条）。

　なお，一般財団法人の常務は，代表理事または業務執行理事が業務を執行す
る（同法 91 条 1 項・197 条）。

◆財団法人のガバナンス

　人の集合体である社団法人の場合においては，その法人のリアルな活動に
携わる者ら（＝社員）がつねに存在するから，法人の機関を選任することは，
その者らがすればよい。これに対し，財団法人の役員選任は，工夫が要る。
設立時は定款で指名するか，または定款で定める方法で評議員および理事を
定めればよい（一般法人法 159 条 1 項）けれども，そのあとは，どうするか。
この問題について，しばしば公益法人制度改革の前は，評議員会が理事を選
任し，理事会が評議員を選任する，という運営が行なわれていた。しかし，
これでは，仲間うち同士で選び合うといったことになりかねない。とくに，
執行機関である理事を批判し監視する役割が期待されている評議員を理事が
選ぶ，というのでは，財団法人のガバナンスを脆いものとするおそれがある。

　この批判に応え，新しい制度は，理事会ないし理事が評議員を選任するこ
とを禁ずる（同法 153 条 3 項 1 号）。このほかにも，財団法人については，そ
の運用が不適正なものにならないよう若干の特別の配慮がなされている。ガ
バナンスを強化する観点から，単に理事を置くこととするのではなく，社団
法人でいう理事会設置一般社団法人と同様の規律による機関設計がなされた

り（同法 170 条 1 項・178 条・197 条），保有財産の規模として要請される水準について法律が定めを置いていたりする（同法 202 条 2 項）。

　関連して，解散の事由についても，特有の規律がみられる。本文で見たとおり，社団法人と異なり，社員という人がいない代わりに，一定の目的に供される財産こそが法人なのであるから，そこでは，設立者が定款で定めて提示していた〈目的〉が重要である。一般に目的である事業の成功不能により財団法人は解散するし，その一つの形態として基本財産が滅失することも，法人の解散事由であるとされる（同法 202 条 1 項 3 号）。たとえば，ある歴史的遺構を保存することが目的であって，その遺構が最も重要な財産であるという法人において，その遺構が災害などで滅失するならば，もはや，その財団法人を存続させる理由は失われる。

　財団法人が解散することになると，残余財産の処分も課題となる。一般財団法人の場合には定款または評議員会の決議により定めるところに委ねることでよい（同法 239 条）としても，税制優遇など公共から支援を受けて活動し，それにより形成された公益財団法人の財産は，解散に際し，類似の事業を目的とする他の公益法人や国，地方公共団体などに帰属させることとしなければならない（公益社団法人及び公益財団法人の認定等に関する法律 5 条 18号）。同様のことは，公益法人制度改革の前に存在した公益財団法人が改革後に認可を得て存続する場合にも当てはまる。「一般社団法人及び一般財団法人に関する法律及び公益社団法人及び公益財団法人の認定等に関する法律の施行に伴う関係法律の整備等に関する法律」40 条 1 項・45 条・117 条に基づき，公益目的支出計画を作成するなどし，認可を得て一般財団法人に移行する法人は，特例財団法人とよばれるが，これも同様の規律に服するということであり，その実現のためには，旧制度のもとでの法人の基本約款である寄附行為を変更して，解散時の残余財産の帰属に関する規律を適正なものに改める必要があり，そのためには，当初の設立の際に標榜されていた法人の目的について，根本的な変更を余儀なくされることもありうると考えられる。当初の設立目的と密接に関連する宗教法人に帰属すると定めていたところを変更したことが適法であるかが争われた事案において，判例は，「特例財団法人は，所定の手続を経て，その同一性を失わせるような根本的事項の

変更に当たるか否かにかかわらず，その定款の定めを変更することができる」としており（最判平成 27 年 12 月 8 日民集 69 巻 8 号 2211 頁），そのこと自体は当然のことであると考えられる。そのうえで，変更の内容的範囲に限界がないか，さらに考究されることが望まれる。山口敬介・判例評釈・公益法人 46 巻 2 号（2017 年）参照。

◆代表権の濫用

　法人の代表機関たる理事である個人が，社員総会・評議員会の承認を経ないで，自分個人の債務のため，法人を代表して法人の所有する不動産に抵当権を設定することは，一般法人法 84 条 1 項 3 号・197 条に抵触するから，抵当権設定行為の効果は，法人に帰属しない（また，特定非営利活動促進法 17 条の 4）。では，代表機関である個人が，借入金を私利に着服する目的で形式上は法人の名において融資を受け，かつ，法人所有の不動産に抵当権を設定した場合は，どうであろうか。問題とする法律行為は，少なくとも名目上，法人の債務のための担保設定であり，したがって，一般法人法 84 条の問題は生ぜず，代表機関の権限の範囲内にあるから，原則としては有効であるとしなければならない。しかし，相手方が代表機関である個人の意図に気づいていた場合まで同じに扱うことは，問題であろう。

　そこで，従来において代理に関する規律を性質に反しない限り法人の代表にも適用するという思考が一般的に採られてきたところ（最判昭和 38 年 9 月 5 日民集 17 巻 8 号 909 頁を引用する最判昭和 42 年 4 月 20 日民集 21 巻 3 号 697 頁）を踏まえ，代表権の濫用にわたると認められる場合の法律効果をどのように考えるかが，検討されてよい。具体的には，代表権の濫用に当たる行為は，107 条の類推解釈により考えることが適当である。

33　公益社団法人および公益財団法人

一般社団法人のなかでも，公益を増進する事業を適正に実施することができ

るものとして，公益認定という公的な評価判定を与えられた法人は，**公益社団法人**となる（公益社団法人及び公益財団法人の認定等に関する法律2条1号・4条）。公益を増進する，とは，どのようなことであるか，というと，それは，不特定多数の人々の利益を増進する，ということである。特定の学校の同窓生を社員とする法人は，社員に利益を分配するといったことは考えないから，それを法人とする場合には一般社団法人となることに親しむであろう。その同窓会は，社員の親睦を図るための団体，つまり社員に共通する利益を増進する団体であるにとどまり，けっして社会の一般的な利益に資する，ということは想定されていない。これに対し，たとえば社会福祉を推進したり，そのような分野の研究をしたりすることを目的として設立される法人は，法律の定める要件（同法5条）を充足する場合において，国または都道府県に置かれる合議制の機関への諮問を経て行政庁が公益認定をすることにより，公益社団法人となることができる。公益社団法人は，行政庁の監督に服する（同法27条〜29条）ことになる一方，公益社団法人の名称を用いることが許され（同法9条4項・63条1号），税制上の優遇（法人税法2条6号・37条・66条3項，なお同条9号の2）が与えられる。

　財団法人についても，一般財団法人が公益認定を受けて**公益財団法人**となる可能性があり（公益社団法人及び公益財団法人の認定等に関する法律2条2号），その関係は，一般社団法人と公益社団法人の関係と異ならない。

34　特定非営利活動法人

　NPOなど「市民が行う自由な社会貢献活動」を営む団体が用いる法人の標準的な形態として想定されるものが，**特定非営利活動法人**である（特定非営利活動促進法1条）。これもまた社団法人であるが，まず，設立の方式が準則主義でないところが一般社団法人と異なる。特定非営利活動促進法が別表に列挙して定める活動で不特定多数の人々の利益の増進に寄与することを目的とするものが特定非営利活動であり，これを主たる目的とすることなど一定の要件を充足することについて行政庁（法律のうえで「所轄庁」とよばれ，これは原則として都道府県知事が担う。同法9条）の認証を得て登記をすることにより設立される（同法2条・12条・13条）。したがって，特定非営利活動法人の設立は，認証主義に

よる。

　公益認定法人は，公益認定を受けるため，公益目的事業の数的な比率など高度な基準（公益社団法人及び公益財団法人の認定等に関する法律 15 条・5 条 8 号）を充たさなければならないのに対し，特定非営利活動法人は，そのような基準とは異なる観点（たとえば社員の人数など。特定非営利活動促進法 12 条 1 項 4 号）から，設立の認証が与えられる。そして，特定非営利活動法人には，税制上の一定の特例に恵まれる可能性が開かれる（同法 70 条。とりわけ重要であるものに，いわゆる**認定特定非営利活動法人**となることにより与えられる寄附税制等上の優遇がある，同法 44 条・71 条，租税特別措置法 41 条の 18 の 2・66 条の 11 の 2）。

　NPO などが法人となる場合に用いられることを想定する法人の形態である特定非営利活動法人には，社員総会・理事・監事という機関がある（特定非営利活動促進法 14 条の 5・15 条）。特定非営利活動法人の社員総会は，最高で万能の意思決定機関であり，役員に委任した事項を除き，法人の業務の「すべて」について議決をする権限をもつ（同法 14 条の 5）。

　理事は，3 人以上置かなければならず（同法 15 条），法人の業務は，原則として，その過半数をもって決定する（同法 17 条）。また，それぞれの理事は，定款で代表権を制限される場合を除き，各自において法人を代表する（同法 16 条）。監事が，監査機関であることは，基本的に一般社団法人の場合と異ならない（同法 18 条）。

◆特定非営利活動法人の現在と未来

　かつて民法が定めていた公益法人は，主務官庁の許可を得て設立されるものであり，かくして自由な市民活動のための団体を闊達に設立することに困難があることから，1998 年に制定された特定非営利活動促進法は，所轄庁が要件の充足を認める場合には認証を与えなければならないものとし（同法 12 条），また，設立後の所轄庁による監督も限定的なものにした（同法 41 条以下）。

　しかし，公益法人制度改革は，一般の非営利法人を準則主義で設立することができるようにし，そのようにして設立された一般の非営利法人のなかで

公益認定を受けたものが公益の観点から行政庁の監督を受けるということにする，という方針を掲げ，実際に，この方針に則って2006年に，一般法人法が制定され，また，公益認定の制度が発足した。

　こうなると，特定非営利活動法人について所轄庁による監督の制度が残っていることの意味を逆に問わざるをえない。とはいえ，そこで，所轄庁による監督の制度をなくしてしまう，と考えてよいか，というと，そう簡単でもない。監督をなくせば，特定非営利活動法人のガバナンスを強化する必要から，社員の代表訴訟（一般法人法278条）のような比較的重い制度を導入することも考えなければならないことになるであろうが，そうしたものがNPOにふさわしいかは慎重な検討をしなければならない。第20次国民生活審議会総合企画部会NPO法人制度検討委員会（2005年から2007年）の議事も参照。

　公益法人制度改革のつぎの課題として，NPOを法制上どのように位置づけ直すか，という宿題があることは，たしかであろう。「実効的な監督」の必要を留保しつつ特定非営利活動促進法を「団体の活動目的による区別をせずに小規模団体の法人格取得を容易にする，より適用範囲の広いものに発展させる」という方向も示唆されている（佐久間毅「非営利法人法のいま」法律時報80巻11号〔2008年〕16頁）。当面は，所轄庁である都道府県の側がNPOと共に歩む姿勢で，いわばスリムで賢い監督を工夫することを期待しながら，この制度を見守っていかなければならない。

35　法人の権利能力

　法人には，権利能力が認められる。そのためにこそ，法人の制度がある。

　権利能力が認められるという点において，おおすじ個人と異ならない。しかし，まったく同じということではない。人の集団や一定目的に供せられた財産という観念的存在に個人と同様の権利能力を与えようとする制度が法人であるとしても，法人が観念的存在であるからには，実在的存在である個人とすべて同じ権利能力を認めることには困難がある。法人の権利能力については，つぎの三つの種類の制約ないし制限がみられる。

(1) 性質による権利能力の制約

法人が身分行為をすることは，性質上考えられない。たとえば法人を当事者とする婚姻や養子縁組は，効力を有しない。これは，性質に基づく法人の権利能力の制限である。法人は，他の法人の理事となることもできない。さらに，雇用契約の使用者のほうでない当事者，つまり労働者に法人がなることも考えられない。なお，法人が相続人となる余地はないが，包括受遺者（964条・990条）になることは可能である。

(2) 法令による権利能力の制限

法令により法人の権利能力が制限されることがある（34条の「法令の規定に従い」）。例を挙げると，外国法人は，鉱業権を取得することができない（鉱業法17条）。また，性質による制限であるとみる余地もあるが，法人は，他の法人の理事や取締役などになることはできない（会社法331条1項1号，一般法人法301条2項5号の「氏名」）。

(3) 定款で定める目的の範囲内という制約

法人は，その定款で「目的」を定める（一般法人法11条1項1号・153条1項1号）。スポーツの振興をするという事業を目的に掲げる法人が，定款を変更しないまま，書道を振興する事業をすることは，定款の定める目的の範囲外である。そして，法人は，定款で定められた「目的の範囲内において，権利を有し，義務を負う」（34条）。

◆法人の活動の目的による制限

竹内昭夫「会社法における Urtra Vires の原則はどのようにして廃棄すべきか」同『会社法の理論Ⅰ 総論・株式』（1984年）。一般社団法人にせよ一般財団法人にせよ，法人は，その定款で「目的」を定めることとされている（一般法人法11条1項1号・153条1項1号）。そして，法人は，定款で定められた「目的の範囲内において，権利を有し，義務を負う」（34条）。この34条の文言が指示するところの意味については，諸説が唱えられているけれども，法文の文理に忠実に解釈するならば，法人の代表機関が，定款で定める目的の範囲を超える法律行為を法人のためにする趣旨でした場合におい

て，その法律行為の効果は，法人に帰属しないと解すべきである（権利能力制限説）。目的外の行為について法人は，権利能力をもたず，その意味において，この法律行為は無効であるといってもよい。

この解釈に対しては，法人の活動に対する過度の制約をもたらす，法律行為の相手方の信頼が害される，さらに目的範囲外であるという口実を言い立てて法人の側が不当に義務の履行を拒む，といったことになりかねない，という批判もきかれる。また，これらのことの危惧がとくに大きい営利法人については，同条を適用するべきではないという解釈も唱えられる。

定款で定められる目的は，一般には抽象的であり，個別の法律行為を検討するうえで慎重な判断が求められることは，いうまでもない。法人は，定款で定める目的を実現するための諸活動をすることができ，これを許容することが，多くの場合において，定款の解釈として是認されると考えられる。定款で定める目的は，このように適正に解釈されなければならない。

そのうえで，法人を考えるにあたり定款で定める目的が重要であることを想い起こすならば，その目的の範囲を超えてはならないという制約は，過度な制約などであるはずがない。定款の目的が適正に解釈される限り，法律行為の相手方の信頼も，基本的には損なわれることがないと考えられるし，場合によっては，目的外であるという主張を法人がすることを信義則により制限すべきである。これらの留意を補うことにより，34条は，やはり文理に即して解釈されるべきである。公益法人制度改革の後にあって，同条は，法人の一般規定であるという性格を濃くしたものであるから，「民法34条は，会社には適用されない規定であると解釈するのは，従来以上にむずかしくなった」ということ（山本486頁）も，指摘されなければならない。

同条について想定可能な他の見解を紹介しておくと，まず，法人の代表機関が目的外の行為について代表権を有しないとする規定であるとする解釈がありうる（代表権制限説）。これによれば，理事が目的外の行為をした場合は，その効果が法人に帰属しないものとして扱われ，無権代理の法律関係と同様に事態を考えることになる。目的外であることを過失なくして知らなかった第三者との関係では行為を有効として扱う余地が開かれ（110条類推），また，法人が定款を変更して目的を拡げたうえで追認をすることもできる

（116条類推）。これとは異なる見解として，目的外の行為も原則として有効であり，それをした理事が法人の内部において責任を問われるにとどまるとすることも，考えられることであろう（代表機関内部責任説）。理事のした行為は，対外的には有効であると考えることが原則になる。もっとも，目的外の行為をすることは通常は代表権の濫用に当たると解されるであろうから，この局面を107条の類推解釈で処理することとするならば，代表機関内部責任説の結果は，代表権制限説に近づく。

　なお，34条は，法人の行為能力を制限するものであるとする見解も唱えられたことがある（行為能力制限説）。しかし，この考え方に基づく法律関係処理の細部は，効果が無効であるか取消し可能であるかなどの点を含め，行為能力の制限ということのみからは，直ちには明らかにならない。「法人の『行為能力』というまぎらわしい用語を用いるよりも，端的に代理権の制限の問題として論じるべきだということになる」（山本485頁）ものであり，個人を想定して構築された概念である行為能力を用いて，ここでの問題を論ずることには無理があるように思われる。

36　法人の活動と損害賠償

　法人がする活動に関連して損害を受けた者がその賠償を請求するにあたっては，もとより一般の不法行為の要件（709条）などを充足する必要がある。その要件を充足するときに，賠償請求をすることができる相手方は，これも，まずは一般の不法行為の規範により定まる者になる。このことを確かめたうえで，しかし賠償請求の相手方が，それに限られるものではなく，法人の活動が関連するという場面の特質を考慮して，特別に賠償義務者を複数とする特例があることを観察しておかなければならない。

　まず，理事のした行為が不法行為を構成する場合において，賠償義務を負う者として法人が加えられる場合がみられる（次述(1)・(2)）。また，反対に，法人が不法行為の加害者であるとされる場面において，法人そのものが賠償義務を課せられることと併行して，理事が賠償義務者とされる場合もある（後述(3)）。

(1) 法人の損害賠償責任

　理事である個人がした行為が不法行為に当たる場合において，その個人が賠償責任を負うことは，いうまでもない。くわえて，その不法行為が，理事が「その職務を行うについて」したものである場合には，法人も，損害を賠償する義務を負う（一般法人法78条。なお同法197条および特定非営利活動促進法8条による準用）。「職務を行うについて」は，職務との関連性を示す表現であり，民法715条の「事業の執行について」と趣旨が異ならない。職務との関連性を有することが必要であり，かつそれで十分であるものであるから，法人が目的とする事業そのものに当たる行為でなくても，その事業と関連する行為であるならば，法人が賠償責任を問われる。

　被用者が他人に加えた損害を使用者が賠償すべきものと定めている715条1項においては，同項ただし書で免責の可能性が定められており，実務上，この免責が認められることがあまりないとはいえ，いちおう使用者が選任・監督について相当の注意をしたことなどの立証により免責される余地がある。しかし，これに対応するものが一般法人法78条においては定められていない。その限りにおいて同法78条は，法人の不法行為責任を715条に比べ強化している。その理由は，代表権をもつなど法人の中枢の機関の任にある理事の行為が，実質的に法人それ自体の行動と同視することができるか，すくなくともこれにきわめて近いものと考えることができるからであり，それについて法人による選任・監督の過失の有無を論ずることは意義が乏しいでからである。

(2) 理事の個人としての損害賠償責任

　この場面において，理事がした行為は，一面では，個人である理事その人の行為であるという性格をももつ。そこで，この理事は，法人の機関であるという資格を離れ，いわば個人として不法行為責任を負うと解すべきである。その際，法人と理事個人は，それぞれ全額の責任を負うと解される。損害の額が100万円であるとすると，被害者は，法人に対しても，理事である個人に対しても，100万円まで請求することができると考えられる。

　そして，法人のほうが被害者に弁済をした場合において，法人は，理事に対し求償ができると解すべきである。この求償は，理事と法人との関係が委任関係に準じて理解されること（一般法人法64条）を踏まえ，この委任関係により

生ずる賠償責任であると考えられる。

　もっとも，一般社団法人・一般財団法人の場合において，法人に対する理事の責任の全部または一部を免除することは，一般に可能である。この免除は，法律が定める手順（同法112条〜115条）によりすることができるが，例外がある。すなわち，理事が，職務を行なうについて悪意または重大な過失があったときには，同法112条に基づく総社員の同意による免除があるときを除き，内部的な責任を免除されることはない。

(3)　理事の第三者に対する責任

　このように，理事の行為が709条の不法行為の要件（たとえば被害者に損害を生ぜしめることについての故意・過失）を充足する場合の法律関係が観察されることとは別に，一般社団法人・一般財団法人の場合において，それらの理事が「職務を行うについて悪意又は重大な過失があったとき」に，理事は，その第三者に対し損害を賠償しなければならない（一般法人法117条1項・197条）。職務を怠って法人に損害を与えた理事が法人に対し賠償責任を負うことは当然であるが，それと併行して，法人の外部にある者という意味における第三者に対しても責任を負うという制度が，これである。

　この点において，理事の職務行為との関係での第三者の保護の充実が図られている。なぜならば，そこで求められる悪意・重過失は「職務を行うについて」のものであることで十分であり，第三者に損害が生ずることについての理事の故意・過失を立証することができない場合にあっても，賠償責任を追及する可能性が開かれるからである。

37　法人の解散

　法人には解散という概念がある。法人が消滅し，権利能力を喪失することをいう。個人とは異なり，法人には死亡ということはない。個人の死亡に相当する存在消滅が，**解散**の概念により受け止められる。一定の事由がある場合において法人は解散し（一般法人法148条・202条），解散すると**清算**が行なわれる（同法206条1号）。清算が結了するまで，その法人は，清算の目的の範囲内で権利能力を有する（同法207条）。清算が結了することにより，法人は，完全に消えてなくなる。

一般社団法人の解散事由は，定款で定めた存続期間の満了，定款で定めた解散の事由の発生，社員総会の解散決議，社員が欠けたこと，合併によりその一般社団法人が消滅する場合の合併，破産手続開始の決定，そして，裁判所が解散を命ずる裁判（同法261条1項・268条参照）をしたことである（同法148条）。これらの解散事由のうち，社員が欠けたことは，社員が一人もいなくなることをいう。社員が一人となることは，解散事由ではない。

　一般財団法人の解散事由は，おおむね一般社団法人と異ならない（同法202条1項）。ただし，一般財団法人が定款で定める目的のために供された財産を中核として成り立つものであるという特質を反映して，基本財産の滅失などによる事業の成功の不能ということが解散事由となる。反対に，一般財団法人には社員がいないから，社員がいなくなることにより解散する，ということは，考えられない。

　法人が解散すると，清算をすることになる。清算の目的で存在する法人は，とくに清算法人とよばれ，清算法人には，単数または複数の清算人を置かなければならない（同法208条1項）。理事，定款で定める者，社員総会または評議員会の決議によって選任された者が，清算人となる（同法209条1項）。法律の規定により清算人となる者がないときは，裁判所は，利害関係人の申立てにより，清算人を選任する（同条2項）。清算人は，清算の事務，つまり，現務の結了，債権の取立ておよび債務の弁済，そして残余財産の引渡しをし（同法212条），これらが結了すると，法人が完全に消滅する。

38　権利能力のない社団

　"権利能力のない社団"という言葉が，民法の本には出てくる。そして，その説明がされている。じつは，この言葉がよくない。学生諸君を惑わす言葉であり，また，一般の人には，よくわからない。法令上は，「人格のない社団」とよぶ（たとえば所得税法4条）。こちらのほうが，まだよいのではないか。法人でない団体のことである。法人となるのには設立登記をしなければならないから，登記されていない団体といってもよい。一般の人に講演をする際に著者は，「任意団体」とよぶことにしている。権利能力のない社団といいながら，じつは，性質に反しない限り法人の規定を類推して適用しようとされるから，

むしろなるべく権利能力があるのに近いようにする解釈の態度がとられる。ここが，学生諸君に学習上の混乱を生じさせる要因である。

(1)　権利能力のない社団の要件

　権利能力のない社団として法律上の保護を与える需要は，公益法人制度改革が行なわれ，非営利の社団が準則主義のもとで法人となることができるようになった今日，さしせまったものではない。しかし，往時は，種々の事情から法人となっていない団体があった。たとえば判例は，太平洋戦争からの「引揚者の更生に必要な各種の経済的行為をする目的のもとに，杉並区内に居住する引揚者によって結成された」団体について，「これを組織する構成員やその行なう事業もおおむね本部のそれとは別個のものであって，独自の存在と活動をしていた」という事実などを認定し，この団体が土地の賃借権を取得すること，つまり，より一般化して述べるならば，権利能力を有することを認めた。その際，権利能力のない社団の要件として，「権利能力のない社団といいうるためには，団体としての組織をそなえ，そこには多数決の原則が行なわれ，構成員の変更にもかかわらず団体そのものが存続し，しかしてその組織によって代表の方法，総会の運営，財産の管理その他団体としての主要な点が確定しているものでなければならない」という一般論を提示する（最判昭和39年10月15日民集18巻8号1671頁。そのほか，最判昭和55年2月8日民集34巻2号138頁は，沖縄の門中とよばれる団体が権利能力のない社団であるかどうか，が問われた事例である）。

(2)　権利能力のない社団の財産

　権利能力のない社団の要件を充たす団体への財産権の帰属の態様について，判例は，「権利能力のない社団の資産は構成員に総有的に帰属する」とする（最判昭和39年10月15日前掲。また，最判昭和32年11月14日民集11巻12号1943頁）。総有とは，構成員の持分を観念することができず，また，構成員が随意に分割請求をすることが認められない特殊な共有であり（最判昭和32年11月14日前掲），おもに入会権（263条・294条）の帰属態様を説明するために用意された概念である。そこで，このような判例の理解に対しては，むしろ率直に団体に帰属するものと構成するべきではないか，という批判も成り立つ。

　もっとも，いずれにしても，登記は，「権利能力なき社団においては，その実質的権利者たる構成員全部の名を登記できない結果として，その代表者名義

をもって不動産登記簿に登記するよりほかに方法がない」と考えられる（最判昭和 39 年 10 月 15 日前掲）。また，権利能力のない社団は，訴訟当事者となることができ（民事訴訟法 29 条），社団からの授権を経て代表者が訴訟を追行する（同法 37 条，最判平成 6 年 5 月 31 日民集 48 巻 4 号 1065 頁）。

(3) 権利能力のない社団の債務

　権利能力のない社団が負う債務については，「権利能力なき社団の代表者が社団の名においてした取引上の債務は，その社団の構成員全員に，一個の義務として総有的に帰属するとともに，社団の総有財産だけがその責任財産となり，構成員各自は，取引の相手方に対し，直接には個人的債務ないし責任を負わない」（最判昭和 48 年 10 月 9 日民集 27 巻 9 号 1129 頁。なお，社団に対する強制執行について，最判平成 22 年 6 月 29 日民集 64 巻 4 号 1235 頁）とされる。

39　附説／権利能力のない財団法人？

　権利能力のない社団と並べ，権利能力のない財団というものが論じられることがある。

　ある財産が権利能力のない財団を構成するということは，財団の事業に関して財団に対し債権を取得した者を除いては，その財産に対し強制執行をすることができない，ということなどを意味するものであり，一般に，これをたやすく認めることは私人が自在に差押え不可能な独立の財産群を創出するなど取引秩序に混乱をもたらすおそれが大きい。そこで，権利能力のない財団が存在するという事態は，軽々に認められるべきことではない。とくに，財団法人の設立が主務官庁の許可に係らしめられていた往時とは異なり，公益法人制度改革が行なわれた現在の制度環境のもとにおいては，一般財団法人を随意に設立することができるものであるから，なおさらである。

　ただし，財産の帰属関係を明確にして法律関係を明瞭にする特別の必要がある場合においては，法人となっていない財団というものの存在を認める余地があり，明瞭にされた法律関係を前提として財産の管理処分がされることが可能になるならば，それは，かえって取引秩序の円滑および安定に資すると考えられる。とくに，そのような法律状態が永続するということでなく，明確に確かめられる一定の目的のために限り存在が許容されるという場合においては，権

利能力のない財団というものを是認するとしても，大きな弊害が生ずるものではない。設立準備中の法人の財産状態を権利能力のない財団の概念をもって説明することは，この見地からありうることである。また，法人が解散して清算に進み，清算目的の限度において存在する場合も，その実質的な性質は，権利能力のない財団に近似すると考えられる。

　判例も，権利能力のない財団について，「個人財産から分離独立した基本財産を有し，かつ，その運営のための組織を有して」いることを要件として，その成立を認める（最判昭和44年11月4日民集23巻11号1951頁）。その実例は，設立準備中の組織（設立許可が出れば法人となるもの）という経時的なものが，めだつ（最判昭和44年6月26日民集23巻7号1175頁も参照）。

■課題の考察▶

　営利法人には，株式会社・合名会社・合資会社・合同会社があり，それらの総称が会社であり，いずれも法人である（会社法2条1号・3条）。国や大阪府，世田谷区なども法人であるが，これらは営利法人ではなく，公法人という概念で括られる。また，世の中で財団とよばれるものは，典型的な形態が一般財団法人であり，また，公益認定を受けると公益財団法人となることは，本文で見たとおりである。

　① 　学校法人早稲田大学は，私立学校法に基づいて設立された財団法人である。授業料を学生から収受する収益事業をしている（同法26条参照）が，収益事業をしているから営利法人になる，というものではない。財団法人であって社員がおらず，したがって，社員に利益を分配するという場面はないからで，営利法人ではない。

　② 　株式会社有斐閣の住所は，本店の所在地にある（会社法4条）。たしかに，法人の場合には，「生活の本拠」という住所の本来の定義（22条）が自然の感覚では親しまないところはある。しかし，さまざまの法律関係を処理するうえで，住所はなければならない。たとえば有斐閣に金銭債務を負う者は，特約がない限り有斐閣の「現在の住所」（484条1項）を訪ねて弁済しなければならない。そこで，法律の定めるところに従い，本店の所在地が住所であるとされている。

③　光源氏記念財団というものがあるとして，それが一般財団法人であったり公益財団法人であったりする場合は，社員がいないから，社員総会もない。その基本事項は，評議員会において決定され，理事が執行することを本文で学んだ。

第5章

物

海面下の土地は土地であるか，
って，そもそも問いがヘン？

▷ 課題の設定 ◁

　単語が二つから成り立つフランス語で，直訳すると，「建築された不動産」
という言葉がある。「不動産」に，「建築する」という動詞の受動態を形容詞的
に添える（immeuble bâti）。土地の上に建物が築かれると，その全体が一個の
不動産として観念され，それが「建築された不動産」である。同じ状況は，日
本の民法では，どのように整理されるか。

　似た問いをもう一つ，行きましょう。やはり単語が二つから成り立つフラン
ス語で直訳すると，「家具を備えた住戸」という言葉がある。パリに留学した
友人が家具つきのアパートに住むことになった，という際のそれです。「住戸」
に，「家具を備える」という動詞の受動態を形容詞的に添える（appartement
meublé）。日本の民法では，そのような状況の住戸を売る，ということは，ど
のように整理されるか。

40　権利の客体という観点

　ものすごくおおづかみに言うと，取引をしようとする人々がいるときに，そ
の人々に対し，何の取引をしようとしているか，ということを問うこと，これ
が権利の客体という観点にほかならない。ビジネスの世界に限って述べると，
何を商っていますか？　という問いである。

(1)　不動産屋の店頭で

　不動産屋さんに行って，この近くにアパートがありませんか，と尋ねること
から始まる取引を考えてみよう。不動産屋というものは俗語であり，公式には，
宅地建物取引業者である。その業者が自ら所有する物件を売ったり貸したりす

るということでなく，別なだれかが持っているものの売買や賃貸借の成立に尽力するということになるのであれば，そこで業者は，そのような尽力をしてあげる，というサービスを提供する。サービスという言葉には，ただでしてもらうことという語感もあるが，もともとの意味は，何かをしてもらうことであり，それに対価を支払うことも，そうでないこともある。

　そうではなく，業者が自ら有する物件を売ったり貸したりすることも，あることであろう。ある二階建てのアパートがあって，それを買うということになったとき，うるさく問うならば，買うものは，アパートとその敷地の全体で一個であるか，それとも，敷地を一個としてその上のものも一個として，合わせて2個のものを買うことになるか。ひょっとして，敷地はアパートのオーナーが別の人から借りている，という場合において，その借りている立場も含めて買うということができるか。また，借りるという場合には，そのアパートの201号室を借りる，というときに，それは，大きなアパートの全体のうちの一部であるか，それとも，201号室はそれ自体として一個のものであるか。

　これらの問いを考える際に，まず，取引の当事者の間においては，面倒な法律論をする必要はあまり感じられない。何を取引し，あるいは，どのような取引をするか，当事者らが誤解なく理解していれば，それでよい。これに対し，当事者でない者らが関係し，また，取引の結果として生じた法律状態の変化を世の中に対して示す，ということをしっかりするためには，取引の対象がきちんと説明されなければならない。

(2) 民法上の権利の客体

　宅地建物取引業者が他人間に売買や賃貸借が成立することのために奔走して尽力するということを内容とする契約は，準委任契約である（656条）。受任者である業者が知識経験を用いて事務をすることに対し，委任者は報酬を支払う。ここで委任者が取得する債権の給付の目的は，**役務**である。

　役務ではなく，物件が商いのめあてとされる場合は，権利の目的という表現でも誤りではないが，どちらかというと権利の客体という用語が登場する。

　Aが所有する建物とその敷地である土地をBに売った場合において，Bは，**建物**について一個の所有権を取得し，また，**土地**について一個の所有権を取得する。建物も土地も，**物**に当たる。これに対し，じつは，Aは，建物を所有

していたことはたしかであるものの，その敷地である土地について，それを所有しておらず，所有する他人から地上権（265条）の設定を受けて土地を使用していた，という場合は，Bに対しAが土地の所有権を移転することはできない。その場合は，地上権がAからBに売られる。このように売買の目的とされるものは，物に限られない。地上権のような権利も目的となる。このほか，著作権とか特許権とかいうようなものも，売買の目的となる権利として登場する。物と対比させる文脈において，民法は，これらのものを**財産権**または**権利**とよぶ（362条1項・555条・565条，第2編第9章第4節の題名）。

　Bが建物を買うことにせず，建物の一部を賃借するということにする場合は，その定められた一部を目的とする賃貸借の契約が成立する。その一部が賃貸借の契約の当事者間において明瞭に特定されるならば，そこが賃借権という債権の目的になる。このように，債権者が債務者に対し給付を請求する（建物の特定の一部を使用させることを求める）という法律関係が問題となる限度においては，その一部が物であるか，という問題を深刻に考える必要はない。

　しかし，物を特定の者に排他的に帰属させるためには，その権利変動を公示して，第三者に対抗することができるようにする必要があり（177条・178条参照），そのために公示の手順を経なければならない。排他的帰属を内容とする権利は，物については物権として構成され，物に当たると認められた一個の客体ごとに公示の手順を経なければならない。土地とその上の建物を買った者は，土地について一つの登記をし，建物について一つの登記をすることが期待される。売買の目的が地上権である場合は，その地上権について，一個の移転の登記をする。特許権や著作権についても，それぞれの手続の制度が用意される。

　同じ観点から，一個の物権は，客体とされる一個の物の全体に及ぶ。建物の東側半分のみを買う，という契約は，契約としては有効であるが，所有権の観点から眺めるとき，東側半分のみを目的とする所有権というものを考えることはできないし，その旨の登記をすることも許されない。そのような物権の帰属やそれに基づく登記を認めることは，第三者から見て，権利の帰属態様に関する誤解や混乱を起こし，法律関係の錯綜を招く。一個の物権は，客体とされる一個の物の全体に及ぶことと，一個の物の上には一個の所有権のみが成立することとを併せ，**一物一権主義**とよぶこともある（296条参照）。

　建物の一部を賃貸借の目的とする際も，その賃貸借契約そのものは法律的に問題がないが，ふつう，その一部について登記をすることは認められない。

　さまざまにある権利の客体のうち，民法が体系的な規定を用意するものは，「物」である。物であるかどうか，という問題を論ずる意味は，主として物権の客体とすることができるかどうか，という観点にあり，また，その関連において，物の個数の考え方も問われる。

41　物の概念

　物とは，「有体物をいう」（85条）。

　所有権など物権の目的となるかどうか，という観点からみる有体物は，所有権など物権に基づく排他的帰属を成り立たせるという要請から，特定された独立の物理的存在であって，人が支配することができるものでなければならない。

　コーヒー豆300グラムとかビール1ダースとかいう概念は，種類物の売買の目的でありうるが，特定されていないから，ここでいう物ではない（特定性の欠如）。酒屋が棚から取り出して特定のビール12本を買い手に差し出すとき，それらは，買い手に所有権が帰属する可能性が開かれる物として認識される（401条2項参照）。

　また，建物の一部に組み込まれた柱に用いられる材木は，もはや物として独立性を失い，物とみることはできない（独立性の欠如。242条参照）。もっとも，物の一部について，占有や工作という事実の経過を踏まえ，法律関係の的確な処理のため，本来は物の一部であるにすぎない物の部分について独立した権利変動を認めなければならない場面は，いくつか観察される。一筆の土地の一部について他人が占有をして時効取得の要件を充たす場合は，その他人が時効を援用することにより当該一部の取得が認められ，その部分は別な物として認識される。同様に，相隣地の所有者らが境界上に共有する障壁について，一方の土地の所有者がその費用で高さを増した場合において，その増した部分は，物理的な観察では依然として障壁の一部であるものの，費用出捐者の取得が認められ，それにより独立した物として扱われる（231条2項）。

　さらに，大気のような気体は，人が統御することが著しく困難であり，物ではない（支配可能性の欠如）。もっとも，ガスタンクなどに閉じ込められた気体

は，物であり，売買など取引の対象となる。

◆物の概念

　物の処分行為は，一個の物ごとに行なわれる。そこに，物の概念を考える意義がある。馬1頭を処分する一個の法律行為により，馬そのものが処分される。そのとき，その馬の前肢は処分されたかもしれませんが，後肢は，どうでしょうか，と尋ねる人はいない。これとは異なり，2頭の馬を処分する場合は，その処分されるものが2頭の馬であることが明確にされなければならない。

　とはいえ，社会経済上の需要によっては，複数の物を一個の処分行為により，つまり，複数の物を一括して処分することができるようになっていることが望まれる場面がある。

　この需要に応えようとするものが，まず，法制上認められるものとして不動産財団および物財団である（ここの“財団”は，財団法人という際の意義とは異なる）。例を挙げると，工場抵当法に基づいて組成された財団で工場抵当権が設定されたものは一個の不動産とみなされ（工場抵当法14条1項），また，鉄道抵当法に基づいて組成され鉄道財団で抵当権が設定されたものは一個の物として扱われる（鉄道抵当法2条3項。財団抵当について，田高寛貴「抵当権の効力の及ぶ範囲」『クロススタディ物権法──事案分析をとおして学ぶ』〔2008年〕207-08頁）。

　また，似た契機として，判例上観察されるものを挙げるならば，「構成部分の変動する集合動産」という観念が認められ，これを「一個の集合物」として譲渡担保に供することができるとされる（最判昭和54年2月15日民集33巻1号51頁。動産譲渡登記が「動産の所在によって特定する方法」でもすることができるとする動産・債権譲渡登記規則8条1項2号は，このような取引を典型的な想定とするものである）。

　とはいえ，これらの事象をもって，民法が用意する物の概念の根本的な変更であると見ることには，問題もある。複数の物が束ねて一つの物として観念される際も，構成要素とされる個別の物が依然として一個の物であるとい

う性質は否定されていない。工場財団の抵当権を実行する際に，個々の物の売却が可能であるとされること（工場抵当法 46 条）は，そのことを裏付ける。また，物財団であれ，集合物であれ，個々の物が事実として処分され，それについて即時取得が成立する契機まで否定することはできない（最判平成 18 年 7 月 20 日民集 60 巻 6 号 2499 頁が「承継取得」を否定する局面において，即時取得などは否定されないと考えられる）。この点を馬 1 頭の場合と比べてみよう。その前肢のみ即時取得するというようなバカげた話があるはずもない。そこのところを考えれば，財団や集合物が一個の物であるとしたところで，馬 1 頭の場面とはまったく様相を異にし，構成要素である個物の物としての性質を維持しながら，それと複層して，財団や集合物に物としての性格を肯認しようとするものであるにとどまる。

　いずれにしても，財団も集合物も，有体の物の集合である。民法が第 1 編で物の規定を置く趣旨は，物が権利の客体の典型であるからである。権利の客体が常に物（有体物）ではない。一つの例を示すと，USB メモリそのものは物であるが，それとは別に，格納された情報に対する支配の問題をどのように考えるか。「多様な新たな財に対応する多様な法的保護のあり方」が，現代的な課題として問われる（吉田克己「財の多様化と民法学の課題—— 鳥瞰的整理の試み」吉田克己＝片山直也〔編〕『財の多様化と民法学』〔2014 年〕25 頁）。

42　不動産と動産

　物は，不動産と動産に分類される（86 条）。いずれであるかに応じ，権利変動を第三者に対抗するための要件が異なる（177 条・178 条）。何より，不動産は，一つの不動産ごとに権利関係を公示する仕組み（**不動産登記制度**）が用意されるところに特色がある。そのような仕組みは，特殊な種類の動産を除き，一般的に動産には存在しない。動産譲渡登記というものがあるにしても，それは，一つの動産ごとの権利関係を公示する仕組みではない。ある一つの動産について，または複数の動産をまとめて，それらについての権利変動そのもの（「譲渡」）を登記する（動産及び債権の譲渡の対抗要件に関する民法の特例等に関する法律 3 条 1 項）。取引がされず，権利変動がない動産は，登記に現われることがない。

これに対し，明治このかた一度も取引がされたことがない不動産も，そのために登記簿が用意されるから，登記がされる（不動産登記法2条5号参照）。

86条は，物の二つの形態として，不動産と動産の概念を提示する。物は，必ず二つのうちのいずれかであり，不動産でも動産でもない物はない。また，同時に不動産であり動産である物というものも考えられない。この二つは，互いに排斥しあう概念である。

(1) 土 地

86条1項は，**土地**が不動産であると定める。土地を数える単位は，筆（ひつ）である。隣接する土地との間に境界が見定められることにより，一つずつ筆が特定され，一筆ごとに登記がされる。

土地とは，地表面およびその上下の空間である。

垂直的に観察する際，地表面の「上下」（207条）の空間は，ひとまずは，どこまでも土地であると考えられる。すなわち，「上」は，大気が存在する高度まで土地の構成部分であり，「下」は，地軸まで土地であると観念される。しかし，およそ人の使用可能性がない高度や深度の部分は，人の支配可能性がないものであるから，そこを土地であると考えるべきであるかは，なお考究を要することであろう。

水平的に観察する際は，公水を問題としなければならない。河川や海面は，原則として，民法が定める所有権（私所有権）の目的とならず，国が保有するものと考えられる。その土地の自然の性質そのものから，国に帰属するとされるものであり，自然公物とよばれる。ただし，この原則に対しては，いくつかの例外的な局面がみられる。まず，公有水面埋立法に基づき私人が免許を得て公有水面を埋め立てる工事をし，その竣功が認可されるときは，その埋立てにより生じた土地（陸地）は，原則として，その私人が所有する（同法24条1項本文）。埋立ての免許が効力を失う場合において，工事をした私人は，原状回復の義務を負うことが原則である（同法35条1項本文）。しかし，「長年にわたり当該埋立地が事実上公の目的に使用されることもなく放置され，公共用財産としての形態，機能を完全に喪失し，その上に他人の平穏かつ公然の占有が継続したが，そのため実際上公の目的が害されるようなこともなく，これを公共用財産として維持すべき理由がなくなった場合には，もはや……原状回復義務

の対象とならない」と解され，「当該埋立地は，もはや公有水面に復元される
ことなく私法上所有権の客体となる土地として存続することが確定し，同時に，
黙示的に公用が廃止されたものとして，取得時効の対象となる」（最判平成17
年 12 月 16 日民集 59 巻 10 号 2931 頁）。

　公有水面埋立ての手続とは別に，過去の経緯から，例外的に海面に所有権が
認められることもある。明治期の国からの「払下げの対象は，国がそれまで有
していた払下地所に対する排他的総括支配権であり，当時の法制によれば，海
水の常時侵入する地所についても，これを払下げにより私人の取得しうる権利
の対象としていたと解することができるから，本件払下げにより……取得した
権利は排他的総括支配権というべきであり……民法上の土地所有権に当然に移
行した」というような例外的な考慮が要請される場面（最判昭和 52 年 12 月 12
日判時 878 号 65 頁）が，これに当たる。似た場面として，「国が海の一定範囲を
区画してこれを私人の所有に帰属させたことがあったとしたならば……その所
有権客体性が当然に消滅するものではなく，当該区画部分は今日でも所有権の
客体たる土地としての性格を保持して」おり，「当該海没地は，人による支配
利用が可能でありかつ他の海面と区別しての認識が可能である限り，所有権の
客体たる土地としての性格を失わない」とする判例もある（最判昭和 61 年 12 月
16 日民集 40 巻 7 号 1236 頁）。

　また，湖沼は，河川法が適用され河川と一体となっているもの（河川が流れ
出し，または河川が流れ込むもの）は，河川と等しく扱い，公水となる（琵琶湖や
浜名湖）。これに対し，河川との接続がない湖沼は，通常の所有権の目的とな
る（摩周湖）。

◆土地の概念

　土地と土地の定着物が不動産であるとされるが，ここに 2 回登場する「土
地」は，意味が異なるようである。土地が不動産であるとされる際，例外が
あり，特殊な状況を除き，海面のような公水に覆われた場所は，民法の所有
権の目的とならず，その意味において土地ではないとされる。しかし，公水
に覆われた場所であっても，海底や川底に支柱を固定し，水面上に設けられ

る建造物は，建物でありうる。土地の定着物であるから，とされるが，そうすると，定着が論じられる土地は，海面下の土地が土地でないとされるときとは意味が異なる。だいたい，海面下の土地は土地であるか，という発問そのものが，論理的に矛盾を含み，問いそのものが，海面下の土地も，なんらかの意味においては土地であることを肯定する前提の上に成り立つ。

　大深度地下利用の制度について，鎌田薫「大深度地下利用と土地所有権」内田勝一＝浦川道太郎＝鎌田薫（編）『現代の都市と土地私法』（2001年）。土地と建物との関係について，稲本洋之助『借地制度の再検討』（1986年）243-46頁参照。

(2)　建　物

　土地の定着物（86条1項）も，不動産である。そのなかでも，特別の考察を要するものが，**建物**にほかならない。敷地である土地とは独立した別の物として扱われるからである。建物は，「個」で数える（不動産登記法2条5号参照。民法には，230条のように法制上の洗練を欠く表現が残されているが，「棟」で数えることは，適切でない）。

　民法の規定を参酌するならば，まず，建物は，土地に定着するものでなければならない（土地定着性。86条1項・370条参照）。また，建物は，その外部と内部との間に明瞭な区分が認識されるものであることを要する（外気分断性）。それは，「立ち入る」こと（209条1項ただし書）を問題とする概念であるからである。そしてさらに，建物は，その内部において人間活動をすることができるものでなければならない（人貨滞留性）。異常に内部空間が狭い建造物は，土地に定着していて外気分断性を有するとしても，建物ではない。209条1項ただし書の「住家」は，建物と同義であり，居宅に限られず，事務所や店舗も含むと解されるところ，この法文の文言は，「住」という人間活動が可能であるものが，建物であることを示唆する。また，民法において建物とは別に「工作物」という概念が用いられ（265条・717条など），建物でない土地の定着物で人工のものがありうることが窺われる。建物でない工作物は，要するに人貨滞留性を欠く建造物である。

　こうして，土地定着性・外気分断性・人貨滞留性を具備するものが建物であるとする概念規定を見出すことができ，これは，不動産登記規則 111 条が与える建物の概念と一致する。それは，社会通念上，人々が建物であると考えるものとも齟齬しないであろう。判例が，屋根と周壁を有する建造物となった段階で建物になる，とする結論も，これに照応する（大判大正 15 年 2 月 22 日民集 5 巻 99 頁，大判昭和 8 年 3 月 24 日民集 12 巻 490 頁，大判昭和 10 年 10 月 1 日民集 14 巻 1671 頁）。

　なお，建物のなかで特別の法制のもとに置かれるものとして，建物区分所有法制に服する建物がある。典型的にはマンションを考えるとよいが，一棟の建物（**区分所有建物**）に構造上区分された複数の部分があり，それらが独立して住居や店舗などの建物としての用途に供することができるときは，その各部分を独立した建物（**区分建物**）として扱うことが許される（区分所有法 1 条）。一つひとつの区分建物は，独立した建物であり，したがって，「個」で数える。それらを包み込む区分所有建物が「一棟」とよばれるものであるから，上述のとおり「棟」は建物を数える単位ではない。

◆建物の概念

　建物の定義は，民法や不動産登記法などの法律において与えられていない。したがって，それは，それらの法令の規定が示唆するところを参考とし，社会通念に照らし建物という言葉の一般の言語としての理解に即して定められるべきである。建物の材料として用いられる動産に工作を施し，建物の定義に相当する状態となったときが，最も典型的に建物の新築と考えられる事態にほかならない。この工作の過程，つまり，工程は，通常，①工事により，屋根と周壁を有する建造物となった，②つぎに，客観的に見て，外装および内装の工事の基本的な工程が終了したことに伴い，建物の種類・構造・床面積を見定めることができる状態となった，③さらに，付帯設備の設置などを含め外装および内装の工事が完了した，④主観的に見て，外装および内装の工事としてする作業が残されていないと感じられる状態となる，という経過を辿る。

①の段階に立ち至るならば，実体法上，動産としての規律（192条・239条1項）を離脱する。むしろ不動産の権利変動に関する規範（177条や借地借家法10条1項）に服せしめられることを考えると，それが登記上公示されることが望まれる。とはいえ，①の段階に達したものの全部が直ちに登記をすることに親しむとは限らない。登記上，建物は，単に建物がある，ということを公示することで足りるというものではない。「種類，構造及び床面積」が定まっていなければならない（不動産登記法44条1項3号。とくに「種類」が定まっていることの重要性について，石川和雄「新築中の建物が不動産登記法上の建物として取扱われる時期について」登記研究459号〔1986年〕31-32頁参照）。これらの事項は，登記したければすることができる事項ではなく，「登記すべき事項」である（同法2条6号）。その趣旨からして，これらの登記事項を「不詳」とか「未定」とかする仕方で登記することは許されない。したがって，①の段階に達したにとどまる場合は，未だ登記をすることができる状態ではない。たとえば，屋根と周壁が調うにとどまる建造物が居宅・店舗・事務所のいずれにもなる可能性がある，という段階は，それを登記することができない。同じく，二階建ての設計で進められている工事の一階部分が完成し，そこについて土地定着性や外気分断性を具備するに至っても，構造と床面積が確定した状況でなく，これを一階建ての建物として登記したうえで後日に表題部の変更の登記をして二階建てに改めることは，許されない（荒掘稔穂〔編集代表〕中村隆＝中込敏久〔監修〕『Q&A 表示に関する登記の実務第4巻 建物の表題登記・建物の増築の登記』〔新版，2008年〕Q13）。「種類，構造及び床面積」が定まったとみることができる段階は，現況として，それらを見定めることができる時点であるから，②の段階から後について，登記をすることができる。原則は，このように考えるべきである。

　例外として，内装が未完成の区分建物は，同じ一棟の建物に属する他の区分建物の現況の検討に加え，建築確認などに関する添付情報から判断して相当であると認められる場合には，これを登記し，その種類は「居宅（未内装）」とすることが許容される（民事第二課長依命通知平成14年10月18日民二2474号・民事月報58巻11号189頁）。これは，一棟の建物に属する区分建物の一部について内装の完成が遅れることが実際上避けられない場合がある

半面において，一棟の建物に属する区分建物は一括して（同法48条1項の「併せて」）登記しなければならないという要請があることを考慮する措置である。内装が施された段階で用途を「居宅」とする表題部の変更の登記がされる（同法44条1項3号・51条1項）。

(3) 建物でない土地の定着物

　建物に当たらない土地の定着物は，やはり不動産であるが，より精密には，一つの不動産であるということでなく，不動産であるとされる土地の一部であるにとどまる。土地の一部であると考えられる土地の定着物は，こまかく観察すると，法律的に性質を異にする二つの種類に分かれる。

　第一は，つねに土地の構成部分であり，土地と一体としてのみ法律的に存在可能なものである（**土地の構成部分**）。土地から分離することが著しく困難である石垣は，これに当たる。

　第二に，特別の対抗要件を具備することがない限り，法律的な扱いが第一のものと異ならないものの，特別の対抗要件を具備する場合は，土地とは別に法律的な処分の対象とすることができるものがある。**立木**が，これに当たる。立木とは，土地に生立する樹木または樹木の集団をいう。対抗要件としては，立木そのものの登記をする（立木ニ関スル法律1条1項・2条1項，民法177条）か，または明認方法という慣習上の対抗要件を施すか，いずれかが考えられる。なお，同様に明認方法を施すことにより独立した処分を許すべきでないか，が論じられるものに，土地から分離されていない天然果実がある（**未分離果実**）。

(4) 一般の動産

　「不動産以外の物」が**動産**である（86条2項）。不動産であるとされる土地や建物も，その物理的材質は，見方によっては動産であるように感じられるかもしれないが，不動産を形づくった段階になると，それを動産とはみないで，不動産の構成部分として捉えることになる。言い換えるならば，その段階に至るまで，動産でありつづける。たとえば公有水面を埋め立てるため投入される土砂は，埋立ての竣功認可を受けて埋立権者が埋立地の所有権を取得するのに伴い付合（242条）により土砂の所有権をも取得するまでは，その段階に至って

おらず，独立した動産である（最判昭和57年6月17日民集36巻5号824頁）。

　動物も，家畜である動物とそうでないものに分かれる（195条，遺失物法2条1項括弧書）が，いずれにせよ動産である。

　一つの物ごとに特別の公的な公示方法の仕組みが国により用意されるものには，船舶（商法686条。登記される）や，軽自動車でない自動車（道路運送車両法4条・5条。登録される）があり，所有権の変動を対抗するためには登記・登録をしなければならない（軽自動車は，国でなく，同法76条の27第1号により軽自動車検査協会が運営する仕組みにおいて検査を受けるにとどまる）。また，航空機も，登録をすることにより権利変動が公示される（航空法3条・3条の3）。

◆身体および身体の一部

　吉田克己「身体の法的地位」民商法雑誌149巻1号・2号（2013年），櫛橋明香「人体の処分の法的枠組み」法学協会雑誌131巻4号（2014年）以下連載。きわめて特殊な動産に，①生存する人の身体，②生存する人の身体の一部で分離されたもの，③遺体，④遺体の一部で分離されたもの，がある。①は，その人が生存する限り，所有権の目的とならない。人が人格の主体であること，日本の実定法の表現を用いるならば，私権を享有する可能性があること（3条1項）の一つの論理の系として，このことが導かれる。人は，人格的主体としてのみ存在し，何らかの権利の客体となることはない。半面において，毛髪，血液，四肢のほか，内臓や眼球など②に当たるものは，身体の一部が人から分離された段階から，一般の動産と同じように，所有権の目的となり，分離する前に帰属していた人が所有権を有する。いわゆる生体臓器移植は，その具体の局面を提供する。③は，所有権の目的となり，897条に基づき，祖先の祭祀を主宰すべき者に帰属すると解されている（四宮＝能見183頁，大村・読解253頁）。その所有権は，埋葬という特定された目的にのみ服する。なお，遺体の変形物であると考えられる遺骨は，同条を準用し，祭祀主宰者に帰属すると解される（最判平成元年7月18日家月41巻10号128頁。適用でなく準用であるのは，遺骨それ自体は被相続人に帰属したことはなく，遺産の一部を構成しないことによる。浦川道太郎「祭祀財産承継にまつ

わる法律問題」月報司法書士 520 号〔2015 年〕16 頁）。④も，相続人に帰属すると解されるが，実際上，深刻な問題は，遺体の一部を分離する行為に対する社会的な統制にほかならない。この問題を引き受けるものが，臓器の移植に関する法律であるが，その規律の内容をめぐっては，とくに家族の書面による承諾や親族への優先提供の意思表示に関し，多くの論議がみられる（本山敦「改正臓器移植法──民法・家族法の視点から」法学セミナー 660 号〔2009 年〕2-3 頁など参照）。

(5)　金　銭

　金銭も，動産である。そして，金銭は，物理的な存在であることを自然の事実としては否定することができない（光沢を失った古い 100 円玉とピカピカの 100 円玉は，物理的な存在としては，たしかに異なる）けれども，人間社会において金銭として用いられるとき，物理的な存在態様はまったく意義を有さず（古い 100 円玉は新しいそれと価値が異ならない），抽象的な価値としてのみ意義を有する。したがって，A から B が 10 個の 100 円玉を盗んだ場合において，A が，その 10 個の 100 円玉を返せ，という請求をすることは，金銭の本質に反する。A は，B に対し，1000 円を支払え，という請求をすることになる。A の B に対する 1000 円の金銭債権が成立し，B は，1000 円の価値を有する金銭（たとえば 1 枚の 1000 円札）をもって弁済をする。

　では，B が盗んだその 100 円玉は，だれの物になるか。B の物である。それでおかしくはないであろう。このような取扱いは，不動産や他の動産にはみられない。金銭は，つねに占有者に帰属するという特殊な扱いを受ける動産である。

◆金銭の法律的性質

　田髙寛貴「金銭所有権の特殊性」同・前掲書 112-16 頁。A から B が金銭を盗んだ場合において，A は，B に対し，盗んだ金銭の分の返還を請求することができる債権を取得する。不当利得の返還を請求する債権である（704

条）。法律の本では，ときに簡略を期して，この債権が，盗んだ金銭の返還を請求する権利などと表現されることもある。しかし，それは，その盗んだ通貨や紙幣そのものを返せ，と請求する権利ではなく，盗んだ金銭の額に相当する金銭の支払を求めることができる，という意味にほかならない。

この債権を行使することができる相手方は，債務者であるＢに限られる。Ｂが，盗んだ金銭を用いてＣに対し負っていた債務を弁済した，ということがあるとしても，原則として，ＡがＣに対し不当利得返還請求権を取得することはない。ただし，Ｃが，この経緯を知り，または知らないことについて重大な過失があった場合は，ＡがＣに対し，不当利得の返還請求権を行使することができる（最判昭和49年9月26日民集28巻6号1243頁）。

43　主物と従物

利用上密接な関係がある物の間の関係を扱う概念として，民法は，**主物と従物**という概念を用意する（87条）。「このサッカー場を売ります」という意思表示の普通の理解は，サッカー場がある土地のみを売る，ということではないし，また，土地はなくて，その上のゴール・ポストのみを売り渡すということでもないであろう。これらを一体として処分するということであるにちがいない。経済的価値や社会的重要性に鑑み，軽重を考えるならば，土地が主物であり，ゴール・ポストが従物である（87条1項参照）。そして，それらは，反対の意思が表示されない限り，一体として処分される（同条2項参照）。

従物であるとされるためには，87条1項によるならば，三つの要件が求められる。第一に，主物の所有者が従物を附属させたということが求められる。第二に，その従物は，主物の所有者が有する物でなければならない。第三に，従物とされる物は，主物の常用に供するために附属させられたものでなければならない。土地から分離することができない庭石はすでに土地の構成部分であるのに対し，分離ができる庭石は，宅地である土地の従物である（最判昭和44年3月28日民集23巻3号699頁）。また，建物がガソリン・スタンドの用に供される場合において，その地下に設置されるタンクやその建物の近傍に置かれる洗車機は，建物の従物である（最判平成2年4月19日判時1354号80頁）。

従物であることの効果は,「主物の処分に従う」こと (87 条 2 項) である。もっとも,このルールは,任意規定としての性質をもつ。当事者が反対の意思を表示する場合において,従物は,主物の処分に従うことはない。

なお,従物は,いうまでもなく物であり,有体物である。ある物に随伴して処分されることが通常である権利は,従物とはよばない。しかし,87 条 2 項を類推して,同様の扱いをするべきである。そこで,そのような権利は,**従たる権利**とよばれる。建物にとって,その敷地を利用することを正当とする権利で所有権でないもの,たとえば地上権 (265 条) や賃借権 (601 条) は,従たる権利である。

44 元物と果実

物から収穫して得られる物や,物を他人に貸して得られる対価である金銭などは,民法において,**果実**の概念で把握される。果実と対になる概念も用意されており,果実を生じさせる物は,**元物**とよぶ。果実は,原則として,元物の所有者など果実を収取する権利を有する者に帰属する。例外として,善意で元物を占有する者は,収取した果実を取得し,返還義務を免れる (189 条 1 項)。また,売買など有償契約に基づき元物の所有権が移転するに際しての果実収取権の移転は,契約において別段の定めがされない限り,目的物が引き渡された時に起こる (575 条 1 項・559 条。日割計算をする際に,引渡しの当日の果実は売買であれば買主のほうに帰属する。半面において,買主は,その日を含めそれ以降について未払の代金について利息の支払義務を負う。575 条 2 項)。

果実には,二つのものが区別される。

「物の用法に従い収取する産出物」は,**天然果実**である (88 条 1 項)。物の用法に従い,ということの意義は,元物の経済的価値を損なわないということを含む。土地に生立する樹木は,土地の定着物として土地の価値を構成しており,これを伐採するときは土地の価値を減ずるから,伐木は,土地の果実ではない。これに対し,その樹木から得られる果実 (日常のことばでいう果実。林檎の樹になるリンゴなど) は,その収穫が樹木を含む土地の価値を損なわないから,土地の果実である (こまかく見れば,樹木が独立の物,つまり立木であるときに立木の果実であり,樹木が土地の部分であるときに土地の果実である)。また,甲土地に生立

する竹の地中の部分が成長して乙土地に及び，そこから生立して乙土地に生えた竹は，乙土地の果実である（最判昭和35年11月29日判時244号47頁）。

　天然果実は，当然のことながら，それを収取する権利を有する者に帰属するが，その収取する権利の帰属は，天然果実が元物から分離する時を基準とする（89条1項）。上述の乙土地の竹は，それをもぎとる時の乙土地の所有者が取得する。

・　あと一つの果実の種類は，**法定果実**である。物の使用の対価として受けるべき金銭などの物が，これに当たる（88条2項）。対価の典型は賃貸借契約に基づいて得られる賃料であるが，地上権や永小作権を設定した者が得る地代（266条1項）や小作料（270条）も，土地の法定果実である。

　法定果実の帰属は，日割計算により定まる（89条2項）。AがBに賃貸している建物が，AからCへ贈与され6月16日に所有権が移転したとしよう。A・B間に特約がなければ，6月分の賃料は，弁済期が6月30日に到来する（614条）。しかし，その時の建物の所有者であるCに賃料の全部が帰属するものではない。日割計算によりA・Cに半分ずつ帰属する。

　ところで，この設例の与件を改め，Bに貸しているのでなく，Aが自ら使用している場面を想定することにより，使用利益の概念を考えておこう。6月16日に所有権がCへ移転したにもかかわらずAが使用を続けているとするならば，Cは，Aに対し，どのような請求をすることができるか。贈与契約において別段の約束がされることが多いであろうが，それがなければ，6月16日以後について，賃料相当額を不当利得として請求することができる。ここに，賃料"相当額"という概念が登場する。賃料そのものでない理由は，AがAに貸して賃料が生ずる，ということはありえないからである。他人に貸して得られる対価というものがないから，ここには法定果実の概念は存在しない。それに代わり，概念として，自ら使用する利益に相当するものの清算をする際に登場するものが，一般には**使用利益**であり，ここで具体的には賃料相当額にほかならない。果実についてと異なり，民法は使用利益について体系的な規定を設けていない。一般には果実に関する規定を類推するべきものと考えられている。もっとも，「収取を怠った果実」についても償還の義務を負うことを念押しする190条1項の場合は，その趣旨からして，悪意占有者が自ら使用していた場

合の使用利益の償還をさせることが妥当視されるとしても，他に一般化することができるか，については，疑問がないでもない。また，189条1項や575条の場面は，しいて類推としなくても，使用利益を清算する必要がないことは自明であるとみることもできる。

■課題の考察▶

　土地の上に建物が築かれる場合において，土地は一つの不動産であり，また，その上の建物は，また別の一つの不動産である。別であるということは，所有者が異なるということが起こっておかしくない，という意味である。土地に地上権（265条）の設定を受け，地上権を取得した者が土地上に建物を所有する場合において，それらが他人に譲渡されたときに，譲渡されるものを丁寧に述べると，建物という不動産，それから地上権という権利が移転される。土地が譲渡されるという誤解をしてはならない。

　住戸とそこに設えられた家具がある。住戸の所有者が家具を持ち込んだ場合において，ふつう，家具は住戸の常用に用いられるものであるから，家具は住戸の従物である。住戸が譲渡される場合において，当事者が反対の意思を表示しない限り，家具も同じ相手に譲渡される（87条2項）。必ず一緒に譲渡しなければならないものではない。特別の事情がない限り運命を共にする，ということにとどまる。従物という概念について注意をしておかなければならないことは，主物と従物とは別なものである，ということである。ペットの犬を譲渡する際に，尻尾も一緒に譲渡される，とは表現しない，尻尾は犬の一部であって，別のものではない。これに対し，住戸は不動産であり，家具は動産であって，しかも住戸に付合しているものではないから，別のものである。別のものであっても，当事者の異なる意思表示がない限り，一緒に扱われる，ということが，従物の概念が伝えようとすることにほかならない。

第6章

法律行為

民法総則の法文が読みにくい理由を知る

第**1**節 法律行為の概念

婚姻，遺言，解除，どれも法律行為って本当？

> **課題の設定**
>
> 申込みと承諾という2個の意思表示を要素とする法律要件が契約である——
> ホントかウソか。

45 法律行為の概念

法律行為，法律要件，権利変動という三つの言葉を登場させてみよう。一また複数の意思表示から構成される法律要件を**法律行為**という。**法律要件**とは，権利変動の原因となる事実である。権利の発生，消滅，そして変更が，**権利変動**にほかならない。

売買（売買契約）は，その申込みと承諾により成立するから，2個の**意思表示**からなる法律行為である（「意思表示」の概念について，☞第7章51）。これにより代金債権という権利が発生し，これを売主が取得する。反対に買主は，売買の目的とされる財産権を移転することを請求することができる権利を売買契約により取得する。これらの権利変動は，すべて売買という法律行為が原因となって起こる。何が権利変動を起こすことができる法律要件であるか，は法律が定める。物を所有している者のもとに赴き，売ってくれと求めたのに所有者が拒めば，その物の所有権は，移転しない。売買の申込みはあったものの，承諾がなく，法律行為が成立していないからである。申込みをした者が金銭を置いて，物を持ち去るならば，それは，どろぼうである。お金を置いたからよいで

しょう，ということにはならない。

　法律行為には，1個の意思表示から構成されるものもあり，これを**単独行為**とよぶ。単独行為は，法令の定める要件のもとで権利変動の原因となるから，その意味において，これも法律要件である。適式な遺言がされ，そのなかで遺言事項に当たる事項について意思表示がされるならば，それに従って権利変動が起こる。また，契約を解除する原因が存在する場合において，契約を解除する旨の意思表示をするならば，契約が効力を失うという権利変動が起こる。したがって，遺言や解除は，単独行為に当たる。また，財団法人設立行為も単独行為たる法律行為である。単独行為は，特定の相手方に到達することにより効力が生ずるもの（**相手方のある単独行為**）と，そのことを要しない単独行為（**相手方のない単独行為**）とに分かれる。契約の解除は相手方のある単独行為であり（「相手方に対する意思表示」。540条1項），また，財団法人設立行為は相手方のない単独行為である。

　単独行為と対立するものが**契約**であり，複数の意思表示からなる。多くの契約は，すこし前に例に用いた売買のように，申込みと承諾という2個の意思表示から成り立つ。しかし，組合契約（667条1項）は，組合員となる者が2人とは限らず，しばしば3人以上の者らの組合員となる意思表示からなる。

　また，複数の意思表示からなる法律行為のなかには，複数の者らの目的が同一方向的であって，対立的でないという特徴をもつものもある。これには社団法人設立行為が当たるとされてきた。売買などの契約においては，売主と買主の利害が先鋭に向き合う関係である（売主はなるべく高く売りたいが，買主は安く買いたい）のと対照的であるということを強調して，このような法律行為を契約とは区別して**合同行為**とよぶ呼称もある。そして，契約でなく合同行為という概念を用いることの実用的意義は，社団法人設立行為に関与する者のうち一部の者について詐欺・強迫のような取消原因があって取消権が行使されても社団の設立という全体の目的は害されることなく法律的に達成が認められ，また，一部の者に心裡留保があっても相手方の主観（93条1項ただし書）にかかわらず，それによる無効の可能性に影響されないで，やはり社団設立という目的が実現する，というところなどにあると説かれる。しかし，それらのことは契約であるとされる組合契約にあっても異ならない（667条の3）。また，利害が対

立的であるか同一方向的であるか，ということも，感覚的な論議である性格が強い。婚姻は，夫婦となる2人の者らの意思の合致を内容とする法律行為であるが，一つの家庭を築くという共通目標に着眼して捉えることもできるし，扶養を請求し，また，扶養をしなければならないなど互いに権利義務が表裏をなす関係にあるところに対立的契機を看て取ることが誤りであるとも断じがたい。合同行為の概念は，契約のなかでも，団体的な処理をすべき特別のものがあるということを注意喚起する意義があるにとどまる。

　ここまで法律行為である法律要件を概観したが，法律要件は，つねに法律行為であるとは限らない。弁済は，人の行為であり，しかも意思的行為であるが弁済物の交付という意思に還元されない事実の部分を含む。したがって法律行為ではないが，債権の消滅という権利変動の原因となる（473条）。また，時間の経過というまったく客観的な事実により消滅時効が完成して権利が消滅する（166条）ということもみられる。

◆単独行為と合同行為

　法律行為のなかでも，契約は，イメージも抱きやすいし，自然に理解することができる。法律行為に関する民法の規定も，契約に適用される場面が，最も典型である。これに対し，単独行為と合同行為の概念については，問題が多い。

　単独行為は，1個の意思表示からなる法律行為であるとされるが，必ずしも個数が問題であるものではなく，複数の者らの合意という契機を欠いて，表意者の意思表示のみでそれに即した法律効果が認められるというところに本質がある。また，そうであるからこそ，そんなものを人々が勝手にしてよいということにはならないから，単独行為については法律行為自由の原則ということは考えられない（単独行為自由の原則の不存在。佐久間46頁）。法律行為自由の原則とは，実質的には契約自由の原則であり，それであれば，それを明言する民法の規定がある（521条）。意思表示の個数が決定的な問題でないということを観察しておくならば，民法は，複数の者が共同で遺言をする，という事態が，観念としてはありうるということを前提として，それを

無効とする（975条）。共同遺言は，単独行為である遺言の本質に反するから認められないと説明されることがあるが，論理が循環した説明であり，そうではなく，共同遺言は，法律関係に混乱を招くおそれがあるから，政策的に許容されないということである。また，財団法人設立行為は，「二人以上の者が共同して設立行為をする場合も，単独行為である」（幾代103頁）。

合同行為は，これを契約とは異なる独立した法律行為の類型として概念を立てることは適当でない。表意者らのなかに問題のある意思表示をした者がある場合においても，意図された法律効果の全体には影響しないということに留意を要する特別な契約があるということを十分に意識することで足りる。一般の講述は，合同行為の概念とその例を示しつつ「合同行為を契約と区別することには異論もある」と説く（佐久間47頁）。例としては会社など社団法人設立行為が挙げられるが，河上232頁は，さらに踏み込み，契約とされる組合（667条）を加える。

46　法律行為の解釈

法律行為は，意思表示から成り立ち，その意思表示は，言語により外部的に表現される。意思表示で用いられる言語表現は，明確で平易であることが望ましい（とくに消費者契約においてそうである。消費者契約法3条1項1号参照）。現実は，そうとばかりは限らない。言語表現が明確でない場合も含め，法律行為の内容を明らかにして見定める作業は，**法律行為の解釈**とよばれる。

(1)　表示の客観的理解による意義の見定め

「古都の名産品をプレゼントする」という言語表現でされた法律行為は，その名産品が，京都や奈良，場合によっては鎌倉のいずれのものであるか，あるいは，いずれかであればよいということもあるが，いずれにしてもそのままでは意義が明らかでない。その意義の確定は，表示された内容の客観的な意味を探求することによりされるべきである。そのプレゼントの契約がされるに至った経緯などを調べ，いつも当事者の間で話題になっていたものが京都である，などという事実を手がかりとして，意味を見定める。この作業を丁寧にすれば，当事者が内心に思っていたものと一致するものに辿り着く場合も多いことであ

ろう。しかし，あくまでも，作業は，どのように客観的に受け止めればよいか，が探求されるべきであり，当事者の内心にあったものの探求が絶対究極の目標とされるものではない。法律行為を組成する意思表示は，表意者の意思が中心に置かれるべきものであるとしても，それがされることにより法律効果を付与されて裁判権力の発動を可能にするという社会的な契機をもつものであるから，相手方や社会一般などの人々が受け止めた意味が重要である。

　したがって，法律行為は，原則として，意思表示の客観的な意味を明らかにすることにより内容が見定められるべきである。

　このことを確認したうえで，これには，いくつかの留保が伴うということも，注意を要する。

(2)　表示でなく意思により意義を見究める例外的な場面

　まず，法律行為には，契約のほかに遺言のような単独行為もあり，それぞれについて解釈が問題となる（遺言について，最判平成17年7月22日家月58巻1号83頁参照）。契約の解釈については，当事者らの表明した言語的内容から導かれる意義とは異なるものの，すべての当事者が共通に有していた内心の意義理解が存在している場合は，その一致した意思をもって法律行為の内容とすることに支障がないときに，その内心の内容をもって法律行為のそれとすることが許容される。京のおみやげをあげましょう，という言葉が，経過から推して京都の物であると客観的には理解される場合であっても，贈与者と受贈者の両方が，平城"京"であった奈良の物を考えていたという場合は，奈良の物の贈与契約の成立を認めてよい。これに対し，贈与者のみ奈良の物であると考えていたが，客観的には京都の物であると理解され，受贈者の意思もそうであったという場合は，贈与者について錯誤（95条1項1号）を問題とすることになる。

(3)　補充的解釈

　また，法律行為には，意味の「補充」を必要とする契機がある。ときに二つの異なるものが補充の概念で説かれ，理解を曇らせる。明瞭に区別して論ずるならば，まず，**補充的解釈**とよばれる思考操作がある。当事者が基礎としていた事情とは異なる事態が生ずる場合において，当事者が直接明示には表明していないものの，その事態を認識したと仮定するならば抱いたであろう意思を推し量って法律行為の意味を見定めることをいう。関西圏の交通が途絶して，京

都も奈良も名産品を調達することができなくなった場合において，それならば鎌倉でもよいとする趣旨であったろう，とみるか，むしろその場合には贈与はしないという解決が考えられたであろう，というふうないくつかの解決可能性のどれが当事者の仮定的意思として考えられるか，という問題を個別事例の経緯に即して考えることになる。

(4) 任意規定などによる内容補充

それとは異なる補充として，法律行為において定められていない事項を補って，それを完成させるという思考操作が問題とされることもみられる。京都の物をプレゼントすることはたしかであるものの，どこでそれを渡すかは定めていなかったところから，その事項の解決をどうするか，という問題である。

契約を例に取って述べるならば，必ず意思表示において内容とされなければならない事項が何であるかは，それぞれの契約の概念を示す規定（いわゆる冒頭規定。売買では555条，贈与では549条）が指示するところにより定まる。売買であるならば，何を目的とするか（たとえば，ある宝石の所有権を移転する。555条の「ある財産権」），いくらで売るか（同じく「代金」）は，定めなければならない。

これに対し，それら以外の事項も何らかの仕方で定まらなければならないが，すべてを契約において当事者が言い尽くすことは，実際上できない。宝石は，いつ，どこで渡すか，いつ代金は支払うか，などである。

これらを明らかにして法律行為の内容を補充する契機は，おもなものが三つある。

第一は，民法が用意している規定であって，当事者が別段の意思表示をしなかったときに従うという趣旨のものにより定まる場合がある。そのような規定は，法文において「法令中の公の秩序に関しない規定」とよばれ（91条・92条），また，学問上の用語として**任意規定**とよばれる。当事者が定めない事項は，任意規定により法律行為の内容が補充されることは，91条が，いわば裏から規定する。任意規定と「異なる意思を表示したときは，その意思に従う」ということは，任意規定と異なる意思を表示しなかったときは，任意規定により内容が補充されることを意味する。代金支払の時期や場所は，任意規定（573条・574条）を参照して定まることがある。

　第二に，当事者が慣習による意思を有する場合には，慣習により法律行為の内容が定まる。売主が先に目的物の引渡しのための作業を進め，最寄駅に運ばれたときに代金を支払う，という慣習が存在する場合において，当事者がその慣習による意思を有するときには，引渡しと代金支払の手順は，その慣習による（大判大正 10 年 6 月 2 日民録 27 輯 1038 頁）。

　第三は，本書においては立ち入らないが，定型取引において定型約款により契約の内容が定まることがある（548 条の 2 以下。☞『民法概論 4 債権各論』28・29）。

◆民法の体系と法律行為の概念

　法律行為は，抽象度の高い概念であるが，それが民法第 1 編の主役である。そこに用意される規定は，「契約を念頭に置いて議論される場合がほとんどである」（佐久間 42 頁）。たとえば，公序良俗に反する法律行為は無効である，というルールは，公序良俗に反する契約は無効である，と読み替えて，たいていの場合は支障がない。ならば，そうすればよいではないか，というと，しかし，そうでもない。家族制度の基本原則に反するような遺贈がされた場合において，それは，相続人からの遺留分減殺請求を待つまでもなく，無効とされなければならない。そして，遺贈は契約でなく単独行為であるから，やはり法律行為という抽象度の高い概念を用いて規範を表現することに意味がある。このことは，抽象度の高い規範から排列をしていくことになる日本の民法の編成方法（☞第 1 章 2）からくる特徴でもある。そして，この理由から，第 1 編の法文は，契約でなく法律行為の概念を用いることが多い。ここを理解していれば，法文は，ずいぶん読みやすくなる。

◆法律行為の要素としての意思表示

　あと一つ，第 1 編の法文が読みにくい理由は，法律行為の構成要素である意思表示に関する規定が，法律行為に関する規定の後に排列されることにあ

る。この本も，民法の規定の順序に従い章を並べているから，じつは同じ問題がある。本章を読みにくいと感ずる読者は，ひょっとすると次章を読んでからこちらに来るとよいかもしれない。たとえば，錯誤をして売りたいという申込みをし，相手が買ってもよい，という承諾をしたとすると，この売買（"売り買い"）という「法律行為」の効力が否定されるが，その手がかりを90 条から 92 条までの規定に求めても得られない。売買の申込み（"売りたい"）も，売買の承諾（"買ってもよい"）も意思表示であり，そのうち前者のほうが 95 条により取り消されると，売買という法律行為の構成要素である意思表示のうち申込みが効力を失い，その帰結として，売買という法律行為の効力が否定される。

◆任意規定と異なる慣習の効力

　ある集団のなかで，人々の同一の所作が繰り返され，しかも，その所作が規範として要請されるという意識を人々が共有するとき，そこで認識される行動様式の総体が，慣習である。その部分社会においては慣習として受容されるとしても，その内容が良いものであるとは限らない。地域や職場の現状を見るとき，むしろそこには問題が多いとみるべきであろう。慣習は，手放しで法律行為の内容を補充する規範になるとすることはできない（このように本書が提示する慣習の見方は，山本 140-41 頁におけるそれとは険しく異なる）。

　92 条は，任意規定と異なる慣習について，「当事者がその慣習による意思を有しているものと認められる」ということを要件として，それが法律行為の内容となるとする。この要件の性質は，文言に照らし，当事者の意思的容態であると考えられる。慣習によるということを当事者が思っている，ということである。意思表示ではないから，慣習による旨の意思を表示したことを主張立証することにはならない。この要件を充たすかどうかは，法律行為の性質内容や経緯事情から総合的に判断される。

　92 条は，慣習が法律行為を充填する要件を定めるものであり，慣習が法律と同一の効力を有するとされるための要件を定めるものではない。その点

は，法の適用に関する通則法3条が定める。

課題の考察

　社団法人の設立行為が法律行為であることは疑う余地がないが，それが契約であるか，と問われるならば，合同行為の概念を認める考え方からは，契約とは区別されたものとしての合同行為に当たるから，契約ではない，ということになる。これに対し，合同行為の概念を認めず，複数の意思表示から構成される法律行為はすべて契約であると考えると，これも契約である。そして，この考え方のもとでは，契約というものが，いつも2個の意思表示を構成要素とすると説明することは，誤りである，ということになる。

　もっとも，合同行為の概念を認める考え方においても，「組合契約」（667条）が契約であることは肯定せざるをえないであろうし，その組合契約は，しばしば3人以上の者らのする意思表示から構成される。

　このように考えてくると，意思表示の個数という機械的な観点のみを問題として，つねに2個の意思表示を要素とする法律要件が法律行為である，と言い切ることには，いろいろ問題があることがわかる。

第2節　公序良俗違反の無効

内容の適正でない場合のカタログを作る

課題の設定

　基本的人権の尊重という理念に反する契約は，公序良俗に反し，無効である——と，多くの民法の本において説明されている。そして，信教の自由や両性の平等は，基本的人権の理念を構成する重要な具体的原理ではないか。ならば，特定の宗教の教義を講ずる科目を受講することを義務づける学校と生徒との契約は，無効ではないか。それから，男性は入学させないと決めている大学は，公序良俗に反するのではないか。

47　公序良俗違反という無効原因

　90条は，「公の秩序又は善良の風俗に反する法律行為は，無効とする」と定める。ここに登場する「公の秩序又は善良の風俗」の概念は，一語で**公序良俗**と述べられることも多く，同条が定める無効原因も**公序良俗違反**とよばれる。公序良俗という言葉は，その根拠規定である同条とともに著名であり，民法を学んだ人であればだれでも90条という番号で直ちにその内容を想い起こすにちがいない。

　同条は，法律行為が内容において妥当性を欠くことに着眼し，それを理由とする無効原因を定めている。意思能力がないなど表意者の意思表示そのものに問題があるということではなく，意思表示とそれを要素とする法律行為は，それら自体として問題がなく成立しているものの，その内容に問題がある，ということである。殺人を委託して報酬を支払う契約は，申込みと承諾が合致するならば請負契約として成立が認められるが，当事者に意思無能力や錯誤がなければ効力を認めてよいか，というと，そうはならず，その効力を否定することを定めるものが，同条にほかならない。

　このように90条は，当事者の意思に反して法律行為を無効とするものであるから，私的自治の原則に対する例外となる。法律行為の代表例は契約であるから，契約自由の原則に対する重要な例外を定めるものであるとみてもよい。私的自治は，尊重されなければならない半面において，無制約ではなく，社会的な統御に服するものとする民法の態度が，ここに表現されている。

48　公序良俗違反の概念／「公の秩序又は善良の風俗」の概念

　それに反するならば法律行為が無効とされる〈公序良俗〉とは，何であるか。「公の秩序又は善良の風俗」という法文の表現は，古風な雰囲気をもち，性道徳に背くことや，風紀を乱す行為を取り締まる法令に違反することなどを想起させる。たしかに，それらのものを漠然と意味するものとして用いられ始めた概念であるという側面があり，また，今日の解釈運用としても，それらに当たる法律行為が公序良俗に反するものとして無効とされることはありうる。しかし，この概念の理論的な理解としては，これでは足りず，もう少し整理して検討しなければならない。大きく分けて，一方において，法秩序に反する法律行

為の効力を認めないとする要請が含まれており，また他方において，正義公平に反する法律行為の効力を否定するという見地もある。

(1)　法秩序の確保の要請／強行規定またはそれと同視される法令の規定に対する違反

公の秩序に関する民法など法令の規定，つまり強行規定に違反する法律行為は，その強行規定の定めるところにより効力が否定される。

(a)　**強行規定に違反する法律行為の効力**　公の秩序に関する民法など法令の規定は，**強行規定**とよばれる。つねに，ということではないが，多くの場合において，強行規定は，「……することができない」という法文の表現をとる。この規定のもとで，その「……する」法律行為は，効力を否定される。たとえば，配偶者のある者が重ねてする婚姻（重婚。732条）は，それが婚姻の取消原因になる（744条）という仕方で効力を否定される。

(b)　**強行規定の趣旨に違反する法律行為の効力**　それとともに，強行規定の"趣旨"に反する法律行為も，強行規定の趣旨目的が実現されなければならないから，効力を否定される。ここに，90条が登場する。これも，732条に例を取ると，単に重婚に当たる婚姻を取消可能にするという直接の意義に加え，一夫一婦制という家族の基本秩序を定めるものであることを同条から読み取るならば，実質的に同条の趣旨を蔑ろにする法律行為は，90条により無効とされなければならない。配偶者のある者が離婚をしない前提でする婚姻の予約は，このようにして無効であると考えられる。もっとも，どこまでが**家族の基本秩序に対する背反を内容とする法律行為**であるとみるべきであるかは，かなり微妙な問題でもある。判例には，妻子のある男性が半同棲のような形で不倫な関係を継続してきた女性に対し遺産の3分の1を包括遺贈した場合であっても，その遺贈が，不倫な関係の維持継続を目的とせず，専ら受遺者の生活を保全するためにされたものであり，その遺言において相続人である妻子もそれぞれ遺産の3分の1ずつを取得するものとされていて，相続人の生活の基盤が脅かされるものではないなどの事情があるときに，遺贈が公序良俗に反するものではないとするものがある（最判昭和61年11月20日民集40巻7号1167頁）。

(c)　**行政上の監督や処罰の対象とされる法律行為の効力**　また，法律行為の効力を否定する趣旨目的で定められる強行規定とは異なり，一定の公共的な

目的を追求するために，ある行為を行政上の監督や処罰の対象とする規定もみ
られ，これも，つねに，ではないが，「……してはならない」という文体が用
いられる。そこでは，それに反する法律行為の効力という私法上の問題は，法
文において直接には論及されない。こうした規定に反するようにみられる法律
行為の効力をどのように考えるか，という問題もある。これは，**取締規定**に反
する法律行為の問題として論じられる。

　おそらく，自然犯を定める刑法の規定に当たる**犯罪行為に該当する行為をす
ることを趣旨目的とする法律行為**であったり，または，そのような**犯罪行為を助
長し支援する内容の法律行為**であったりするものが 90 条により無効とされるこ
とは，疑いがない。判例上，たとえば，賭博による債務の履行のために第三者
振出の小切手の交付を受けた所持人が，振出人との間で小切手金の支払に関し
和解契約を締結した場合においては，その契約の内容である振出人の所持人に
対する金銭支払の約定は，公序良俗に違反し無効であるとされる（最判昭和 46
年 4 月 9 日民集 25 巻 3 号 264 頁）。

　これに対し，自然犯とみることが難しい刑事罰の規定や，行政上の監督が発
動されることが予定されるにとどまるような規定の趣旨に反する法律行為を無
効とすべきであるかは，問題となる規定の趣旨目的が法律行為を無効としなけ
ればならないほどの強い公益性をもつかどうか，を検討して見定められる。

　判例上，食肉を販売しようとするのには許可を受けなければならないという
場合において，無許可で食肉店を営む者が食肉を購入する契約は，無効ではな
いとされた（最判昭和 35 年 3 月 18 日民集 14 巻 4 号 483 頁）。無許可業者であるこ
とを相手方が知らないこともあるし，無許可業者本人が刑事罰を受けることな
どで十分であるからである。

　これとは異なり，法令により使用が禁じられている有毒な物質が添加されて
いる菓子であることを知りながらしたその菓子の売買契約（最判昭和 39 年 1 月
23 日民集 18 巻 1 号 37 頁）や，建築基準に関する法令に違反して住民の生命・身
体に危険を生じさせるおそれのある建築物を建設する旨の請負契約（最判平成
23 年 12 月 16 日判時 2139 号 3 頁）は，無効であるとされる（後者は，建築物の違法
な状態を是正するためにされる工事の請負契約は，必ずしも無効にならないと判示して
おり，この点も注目される。また，最判平成 27 年 9 月 15 日判時 2281 号 98 頁参照）。

(2)　正義公平の要請／法律行為の内容的公正

　法律行為は，それが当事者の真意に基づいてされるのである限り，その内容がどのようなものであっても，その効力が認められるものと考えることはできない。法律行為により当事者が財産権を取得することになる法律関係の在り方は，「公共の福祉」（憲法29条2項）に適合するという要請に即して民法の解釈運用がされるべきである。また，家庭生活に関わる法律行為による身分関係の変動などの在り方も，「個人の尊厳と両性の本質的平等に立脚して」制定された（同法24条2項）という理解が確保されるべく，民法の解釈運用がされなければならない。これらのことを踏まえると，法律行為は，当事者による内容決定にまったく制約がないと考えることはできず，むしろ90条を通じて内容に関するコントロールを受けると考えるべきであり，この理解を同条の公序良俗の観念に反映させるならば，そこには，法律行為の内容の正義公平ということが含まれなければならない。そして，2条は，その正義公平の実質的内容の理解のために一つの指針を与えるものであるとみることができる。

　したがってまた，強行規定の趣旨に反することは公序良俗違反の一つの重要な形態ではあるものの，それのみが公序良俗に反する場合である，ということではない。

　(a)　**個人の尊厳**　　すなわち，2条が謳う「個人の尊厳」が公序良俗のルールにおいて考慮される正義公平の重要な一翼をなすとするならば，その一つの帰結として，みだりに個人の自由を抑圧する契約は，無効であるとされなければならない。

　区別しておかなければならない問題として，契約をしたこと自体が自由を抑圧されてされた，という場合は，ここでの問題ではない。それは，詐欺や強迫によりされた法律行為の効力を否定する法理により律せられる。そうではなく，契約それ自体が自由な意思でされたとしても，その内容において，自由を抑圧する程度が甚だしく個人の尊厳に反する，という場面が90条により扱われる。

　例を一つ示そう。民法678条は，組合員が，やむをえない事由がある場合において，組合の存続期間の定めの有無にかかわらず，つねに組合から任意に脱退することができる旨を規定している。やむをえない事由があっても任意の脱退を許さない旨の組合契約は，組合員という**個人の自由を著しく制限する法律**

行為であり，公の秩序に反するものというべきであるから，同条のうち上記趣旨を規定する部分は，強行規定の性質をもち，これに反する組合契約の約定は効力を有しないものと解される（最判平成 11 年 2 月 23 日民集 53 巻 2 号 193 頁）ことが，その例である。この例は，678 条を強行規定であるとする解釈を通じ，上述の(1)の論理により無効であるとみることができるとともに，何かの強行規定に反するということでなくても，合理的でない理由で個人の自由を制限する契約が無効であるという見地からも位置づけることができる。

　(b)　**両性の本質的平等**　　強行規定の明文に反していないからといって公序良俗違反にならない，というものでないということは，つぎの例においても確かめることができる。すなわち，労働基準法は国籍や信条，社会的身分による労働条件の差別的取扱いを禁ずるにとどまり（同法 3 条），明文上，性別による差別的取扱いを一般的に禁じてはいない（同法 4 条参照）けれども，判例は，性により異なる定年を定める就業規則は，その合理性が認められる特別の事情のある場合を除いては，90 条により無効と考えるべきであるとした（最判昭和 56 年 3 月 24 日民集 35 巻 2 号 300 頁）。この判例の後に制定された重要な法律として，「雇用の分野における男女の均等な機会及び待遇の確保等に関する法律」があり，ここでの問題には，その 6 条 4 号が関係する。このように，ここでの公序良俗違反の判断は，民法 2 条が掲げるところの両性の本質的平等が基盤をなすものである。

　(c)　**給付の均衡**　　公序良俗違反の形態としては，さらに契約の内容に関わるものとして，有償契約において当事者が義務づけられる給付が均衡をもつべきである，という観点もある。もっとも，そこに不均衡がある場合につねに法律行為が無効とされるべきものではない。給付に対する対価それ自体が高いから契約が効力を有しないとする論理操作を施す法的推論が，いわゆる**暴利行為**の理論であるが，その適用においては，当該の契約がされる状況の主観面と客観面が総合して判断されなければならない。すなわち，「他人ノ窮迫軽卒若ハ無経験ヲ利用シ」という主観面を充たすことに加え，「著シク過当ナル利益ノ獲得ヲ目的トスル」と認められるという客観面を充たすことが要請される（大判昭和 9 年 5 月 1 日民集 13 巻 875 頁）。売買契約の代金，賃貸借契約の賃料，そして請負契約や委任契約の報酬など，いずれも異ならないが，それらの金額

が通常人の感覚に照らし高い，ということのみでその合意の効力を否定することは，認められ難い。契約自由の原則からは，そうした高い対価を定める契約も，認められるはずである。これらの対価は，学問上の概念整理として，各契約の冒頭規定（555条・601条・632条など）が想定する基本的要素そのものであって，このような〈中心条項〉について公序良俗違反のルールが無留保に適用されることはない。

　そうではなく，たとえば貸主が借主の窮迫に乗じた，というよう事情があって，そこで短期間の弁済期を定め，5000円の借金を期限に弁済しないときは時価3万円に近い不動産を代物弁済とすることを約する契約は，公序良俗に反して無効であるとされる（最判昭和27年11月20日民集6巻10号1015頁。今日であれば，譲渡担保の清算法理と同様の考え方で扱う余地もある論点である）。それは，このような法律行為の客観的な内容と，この法律行為がされた状況の主観面とが総合的に勘案されたことによる。

(3)　公序良俗違反という無効原因／「反する法律行為」の意味

　公序良俗に反する法律行為であるとされるためには，法律行為の内容が公序良俗に反するものでなければならない。法律行為の周辺事情に反社会的な要素があっても，それのみで法律行為が無効とされることはない。人を殺そうと企てている者がその実行に用いる包丁を購入する契約は，ふつう無効とならない。**動機の不法**とよばれる問題であり，その周辺事情が法律行為の内容となっている場合に限り，それを理由として無効とされる。特殊な刃物の製作を依頼される場合において，注文者が殺し屋であると請負人が知っており，注文の経過などからして，殺人のために用いる武器であることの諒解が当事者らにおいて存在するときには，その請負契約は無効である（最判昭和29年8月31日民集8巻8号1557頁は，違法行為を支援する結果となる金銭の貸借を無効でないと判断した事例である）。

49　公序良俗違反という無効原因／効果は「無効」

　90条の要件を充たすならば，法律行為は，無効とされる。法律行為をめぐる社会的に不適切な事象をコントロールしようとする趣旨をもつ規定は，ほかにも民法にみられ，たとえば1条2項の意義は，おもに，権利義務の発生原因

となる法律行為などには問題がないことを前提として，その権利の行使や義務の履行が適切にされなければならないという規範的要請であることに見出される。これに対し，90条は，法律行為そのものを無効とする。この無効の意義は，一般には，無効の概念の通則に従う。

すなわち，まず，原則として法律行為の全部が効力を有しない。しかし，一部無効を考えるべき事情が認められる場合は，それを考えてよい。たとえば給付の均衡を欠くことを理由として法律行為が無効とされる事案のなかには，均衡が確保される限度で当該法律行為が効力を認められる，というものがありうることであろう。

また，公序良俗違反の無効は，だれからでも主張することができる。これが原則である。あたりまえのことのように感ずるこの原理は，しかし，その適用が，ときにコミカルに映ることがないでもない。

まず，無効とされる法律行為が契約であって，非難されるべき違法な要素が両方の当事者にある場合において，そのうちの一方が無効を主張することは，一見すると奇異にも感じられる。不正競争防止法2条1項1号の不正競争に当たる取引を扱う判例には，「衣料品の卸売業者……と小売業者……との間において，本件商品が周知性のある米国ポロ社の商品等表示と同一又は類似のものを使用したものであることを互いに十分に認識しながら，あえてこれを消費者の購買のルートに乗せ……大量に販売して利益をあげようと企てた」商品の売買契約は90条により無効であるとした事例があり（最判平成13年6月11日判時1757号62頁），小売業者が90条による無効を主張して代金の支払を拒むことを是認した。自分も取引に加功して利益を得ておきながら無効の主張をすることができるか，ということを疑問とする感覚も，あるかもしれない。

しかし，そのような違法な売買による代金の支払請求に裁判所が助力することは，やはりおかしい。また，小売業者が過去に支払った代金の返還を求めるならば，そちらもまた裁判所による助力を拒まれるものであること（708条）も気づかれてよい。

これとは異なり，非難されるべき要素が一方当事者にある場合，たとえば，他方当事者の窮迫に乗じて暴利を得ようとしてされた契約は，その窮迫に置かれたほうの当事者が無効を主張することができることは，あたりまえである。

反面において，暴利を得ようとした他方当事者が無効を言い立てて自分の履行を拒むことは，信義に反するものとして否定されるべきであるかもしれない。今後は，消費者保護のために公序良俗のルールが現代的な仕方で用いられる事例が増えてくることも予想されるが，そこでは，どちらから無効を主張することができるか，という観点が慎重な考察を要する問題も出てくると想像される。

　また，やや特殊な場面ではあるが，708 条を形式的に適用すると関係者の間の衡平に欠けると認められることもある。違法な無限連鎖講の配当を受けた者が，配当をした会社が倒産して破産管財人から配当金の返還を求められたのに対し，同条を根拠として返還を拒む事例においては，返還を拒むことを許すならば，そのことによる損失は，違法な行為をした会社でなく，その会社の違法な行為により被害を受けた多数の破産債権者らに帰せられることになり，これは，妥当でない。判例は，このような場合の返還拒否は信義に反し許されないとする（最判平成 26 年 10 月 28 日民集 68 巻 8 号 1325 頁）。

◆公序良俗違反というルールの体系的な位置

　思い切って図式的に問いを立てるならば，いったい，公序良俗違反の法律行為が無効である，というルールは，根本原理であるか，それとも例外的制限であるか。市民の権利保障に任ずるという民法の役割が正当に認識されて，その保障する権利の輪郭を定める各局面の規範が適切に調えられる限り，それを超えて法律行為の効力評価の基底をなす原理を考える必要はないし，それを安易に考えることは，個別の権利保障の意味を曖昧にしたり，権利保障の一般的重要性を凌駕する社会全体の利益の優先という見地につながってしまうおそれがあったりする。公序良俗違反は，あくまでも権利保障の個別的規範のみでは，その機械的な適用により権利保障の実質が脅かされる事態への例外的な対処である。

　山本敬三『公序良俗論の再構成』（2000 年）12 頁が，そのようには考えない見方の一つの例を検討し，それが「協同体主義」と結びつくことの問題性を指摘するところ（15-18 頁）は，この文脈で読まれるべきである。

◆**公序良俗違反の類型**

　どのような法律行為が公序良俗違反に当たるかは，人倫に反する行為，犯罪に関する行為・違法行為，人格の尊厳・自由を損なう行為，暴利行為，著しく射倖性の強い行為（賭博行為），経済秩序違反行為，不当な差別行為などが例示されるところ（河上265-73頁）が，おおむね共通する。まさに例示であり，これに尽きないし，また，一つの具体の題材を複数の観点から捉えることもできる。

◆**暴利行為**

　公序良俗違反の類型の一つとして論者が共通して掲げるものの一つに暴利行為があり，公序良俗違反の一つの類型として定着した。本文で整理するように，暴利行為を理由として法律行為を無効にする規範操作は，基本において，主観面（非良心的要素）と客観面の総合判断（河上270頁）により行なわれる。「単に契約内容が一方当事者に不当に不利になるだけではなく，さらにそれがその当事者の『窮迫軽率若ハ無経験』を利用しておこなわれたことが必要となる」という規範運用（山本・前掲書142頁，また同163頁）である。その思考枠組みは，おおすじにおいて誤っていないと考えられるけれども，その現実の運用には注意を要する問題もある。総合判断を素朴に強調することは，あるいは，さらに言うならば，主観面のハードルを不用意に上げることは，暴利行為による無効が認められる範囲を狭くする。「『客観主観併用型』は，むしろ暴利行為＝無効を否定する際に用いられることが多い」という注意喚起（大村敦志『公序良俗と契約正義』〔1995年〕353頁）に耳を傾けるべきであろう。

課題の考察

　民法の本を読むと，どのような法律行為が公序良俗に反するとされるか，と

いう問題を提起し，反するとされるものを類型として示すことが行なわれる。たとえば，山野目『民法 総則・物権』（第 8 版，2022 年，有斐閣アルマ）は，〈犯罪行為を内容とし，または犯罪行為を助長・支援することを内容とする法律行為〉，〈基本的人権の尊重という理念に反する法律行為〉，そして〈家族制度の基本原則に反する法律行為〉といった類型を掲げる。そのほかに，〈著しく人倫に反する法律行為〉，〈著しく射倖的な法律行為〉や〈個人の自由を極端に制限する契約〉なども，よく民法の本が並べて説明している。いったい，このような類型は，役に立つものであるか。

　もちろん，役に立つと考えているから類型を掲げるのであるが，問題は，どのような意味において役に立つか，にある。

　たしかに，基本的人権を侵すような契約は，よくない。しかし，いざ具体的に考えてみると，ある政治信条を標榜する団体に属する人々に対し，その団体で定めるところにより，その政治信条を批判する言動を禁ずることは，表現の自由（憲法 21 条）を制約するものであるが，直ちに公序良俗に反するとみることはできないであろう。その団体から脱退する自由を奪う契約条項までゆくと，なるほどその契約条項は無効であるということになるであろうけれど。

　結局，判例やそのほかの解釈運用で公序良俗に反するという結果になったものを観察して説明する**説明概念**として〈基本的人権の尊重という理念に反する法律行為〉という類型が示されているという彩りが濃い。これと並べられる他の類型も，似た側面がある。

　もちろん，そのようなものが公序良俗に反するとされている，という現状を知ることは大切であるから，本文の文中においても，そのような機能を有する類型を太字で表示して案内しているが，それらの類型を掲げたのみで，どのような根拠で何が公序良俗に反するとすべきか，という規範を導くことはできない。また，説明概念を並べるのみでは，消費者保護や職場における不当な処遇など，現代的で新しい事象に対し 90 条をもって切り込むことの説得的な根拠も提供されない。

　最も大切であることは，民法や他の法令の個別の規定から読み取ることができる価値理念や，それらの背後にある根本原理として 2 条が宣明する理念から，理論体系を踏まえ，公序良俗に反するとされる根拠ごとの考察をし，また，一見すると自由や平等の考え方に反するとみえるものであっても，それらの理念に照らして公序良俗に反するとすべきではない，という規範操作を可能とする**道具概念**を用意することである。

そこがきちんとして初めて，一見すると平等に反するとみえるクォーター制のようなもの（たとえばある集団のなかの一定の割合は必ず女性にしなければならないとする仕組み）や，これと類似のもの（男性の参加を認めなかったり制限したりする仕組み）も，両性の本質的な（！）平等（2条）を実現するため，社会状況を積極的に是正する措置として受容可能であるという評価を導く可能性が引き出される。

第3節 消費者契約法による不当条項規制

前段審査と後段審査という概念などを知る

課題の設定

契約は，守らなければならない。だとすると，契約を守らなくてよい，という契約条項は，認めてよいか。

だめに決まっているでしょう，と言いたくなるのは，たとえば自動車を販売する場面を考えてみよう。売主となる事業者が，安全な自動車をお売りすると契約はしますが，この契約は守らなくてもよいこととし，ブレーキが効かなくて御怪我をなさっても損害は賠償いたしかねます，という約束で客に自動車を売ったとしても，やはり損害の賠償はしてもらわなくては困る。

しかし，落ち着いて考えてみると，無理だったらゴメンね，という留保が添えられている契約は身近に多いし，私たち自身も，そういう契約をしてはいないか。

50 消費者契約法に基づく不当条項の無効

消費者，そして事業者という人の範疇を考える（☞第1章4）のは，消費者が置かれる特別の状況に着眼し，消費者が事業者との間において成立させる契約，すなわち**消費者契約**において，情報と交渉力の格差を考慮した権利義務の規律をする必要があるからである。

その必要な考慮の一つとして，消費者契約に含められた一定の条項は，**不当条項**であるとして，効力が否定される。消費者契約という特別の状況を考慮す

るものであるから，90条の公序良俗には反しないとされながら，消費者契約
の契約条項としては，不当条項に当たるものとして無効とされることがみられ
る。それらは，つぎの諸場合がある。

(1) 不当な免責条項の無効

　消費者契約において，事業者の責任を減免する内容の契約条項のうち，消費
者契約法8条1項の各号のいずれかに当たるものは，効力を否定される。たと
えば，「事業者の債務不履行により消費者に生じた損害を賠償する責任の全部
を免除する」条項は無効であり（同項1号），また，事業者の故意または重大な
過失により消費者に生ずる損害は，その一部を免除する契約条項であっても，
無効である（同項2号）。賠償責任の有無や限度を事業者が決めることとして，
これらと実質的に同じ帰結をもたらす契約条項も，無効である。

　なお，有償契約である消費者契約においては，一定の要件（同条2項参照）
を充たすものが，例外として有効とされることがある。

　裁判例に見出されるものとして，インターネット・オークションを通じて成
立した中古の自動車の売買契約において，取引の際に表示された範囲において
のみ売主が責任を負い，買主に交付される保証書に記されている事項を除き，
「表示された自動車の経歴，状態から通常生ずる瑕疵があっても一切異議を申
し立てません」として，この裁判例の当時の概念でいう瑕疵担保責任を排除す
る契約条項は，効力がないとされる（大阪地判平成20年6月10日判タ1290号176
頁。当時の8条1項5号を根拠とする）。また，ペットとする動物の遺伝的欠陥に
係る責任を免除する契約条項について，同法8条1項5号（当時）が瑕疵担保
責任に基づく損害賠償の責任の全部を免責する契約条項を問題とするものであ
るところ，特定の瑕疵について一定期間が経過した後に損害の賠償を請求する
ことができないとする契約条項は，同号に抵触せず有効であるとする裁判例が
みられる（東京地判平成16年7月8日判例集未登載〔平成16年(ワ)第997号〕）。

(2) 不当な損害賠償予定の無効 I

　消費者契約において，消費者が契約を解除する際に義務づけられる損害賠償
の額を予定し，または違約金を定める契約条項は，「事業者に生ずべき平均的
な損害の額を超えるもの」は，「当該超える部分」について，効力が認められ
ない（消費者契約法9条1号）。結婚披露宴の会場および披露宴に係る役務の提

供を依頼する契約において，提供を受ける消費者が契約を任意に解除する際には「取消料」として10万円を支払わなければならない，という契約条項が置かれたとしても，予定される日の1年以上前に任意解除がされた場合において，この10万円を事業者が保持することは認められない，とされることが，その例であり（東京地判平成17年9月9日判時1948号96頁），平均的損害の概念の運用について，「挙式予定日の1年以上前から〔事業者の〕店舗での挙式等を予定する者は予約全体の2割にも満たないのであるから……予約日から1年以上先の日に挙式等が行われることによって利益が見込まれることは，確率としては相当少ないのであって……当該利益の喪失は〔消費者契約〕法9条1号にいう平均的な損害に当たるとは認められない」と判示するところも，参考となる。平均的な損害とは，つまり「同一事業者が締結する多数の同種契約事案について類型的に考察した場合に算定される平均的な損害」として見定められるものである（大阪高判平成25年7月11日判例集未登載〔平成24年（ネ）第3741号〕。携帯電話の通信サービス契約が契約期間の中途で解除された際の解除料条項が問題となった事例）。

　同号の適用を否定する裁判例としては，賃貸人からの解除の後に明渡しをするまでの賃料の倍額の賠償を定める契約条項について，解除そのものによる損害でなく，建物の明渡しをしないことによる損害であるから，適用がないとするものがみられる（東京地判平成25年4月16日判例集未登載〔平成24年（ワ）第17998号・第33564号〕）が，解除されても建物の明渡しをしないことは解除そのものに起因する損害であり，これがそうでないとするならば何が解除そのものの損害として具体的に考えられるか，やや困惑させられる。

　また，最高裁判所が上記9条1号を適用した例としては，大学に入学することが予定される者が入学前に支払った授業料を在学契約が解除された場合においても返還しないとする特約について，「大学が合格者を決定するに当たって織り込み済みのものと解される在学契約の解除，すなわち，学生が当該大学に入学する……ことが客観的にも高い蓋然性をもって予測される時点よりも前の時期における解除については，原則として，当該大学に生ずべき平均的な損害は存しない」とし，学生の納付した授業料は，原則として全額が大学に生ずべき平均的な損害を超えるとするものがみられる（最判平成18年11月27日民集60

巻 9 号 3437 頁）。

(3)　不当な損害賠償予定の無効 II

　また，消費者契約に基づいて生ずる債務を消費者が履行しない場合において，消費者が債務不履行の損害賠償をしなければならないことは，当然であるとしても，その賠償額を予定し，または違約金を定める契約条項が法外な額を定めることは，許されるべきでない。そこで，消費者契約法 9 条 2 号は，取引慣行や類似場面に関する立法例を参考として，年 14.6 パーセントを超える部分を無効とする。

(4)　消費者の解除権を放棄させる条項の無効

　事業者の債務不履行により生じた消費者の解除権を放棄させる消費者契約の条項は，無効である（消費者契約法 8 条の 2）。予備校の講習を受ける契約の受講者による任意解除（651 条・656 条）をまったく許さないとする契約条項などは，効力が否定される（東京地判平成 15 年 11 月 10 日判タ 1164 号 153 頁は，平成 28 年法律第 61 号による消費者契約法の改正前において，同法 10 条により無効であるとした）。消費者が解除をすることができるかどうかを事業者が決めることができるとする契約条項も，同様に効力を否定される。

(5)　消費者の不作為の効果の濫用的な定めの無効

　消費者の不作為（消費者が何もしないでいること）をもって新しい消費者契約の申込みや承諾の意思表示をしたものとみなす条項も，無効である（消費者契約法 10 条の例示）。

(6)　後見等の開始に伴う事業者の解除権の定めの無効

　消費者が後見・保佐・補助を開始する審判を受けたことを専ら理由として契約の解除権を事業者に与える契約条項は，無効である（消費者契約法 8 条の 3）。住宅の建設を注文した消費者が後見開始の審判を受けたからといって，ただちに当該請負契約を解除することができるとしたりすべきではない。成年後見制度の利用をすることが消費者にことさら不利益に働くことは，不当である。もっとも，消費者の側が物品や役務を提供する契約は，このルールが適用されない（同条括弧書）。事業としてするものではない何かの工作を請け負った者が後見開始の審判を受けた場合において注文者が契約を解除するという解決は，委任契約の場合（653 条 3 号）などとのバランスを考えれば，理解することができ

る。

⑺　消費者に一方的に不利な条項

　消費者契約法10条は，民法やその他の法律の任意規定と異なる特約で消費者の側に一方的に不利な契約条項を一定の要件のもとで無効とする。

　　⒜　**契約条項を評価する思考の基本的な構造**　　その一定の要件とは，個別の事例に即して裁判所の判断により解釈適用されるという性格が強いことから，同条に基づく個別事案における契約条項の効力の評価は，裁判所による契約条項の審査と称されることがある。この審査という呼び方を用い，同条の要件構造を特徴づけるならば，それは，二つの大きな部分に分かれ，それらの部分の両方の要件を充足して初めて契約条項が同条違反として無効であるとされる。いうところの二つの部分の第一は，いわば**前段審査**であり，「法令中の公の秩序に関しない規定〔＝任意規定〕の適用による場合に比して消費者の権利を制限し又は消費者の義務を加重する消費者契約の条項であっ」たかどうかということであり，そして，これに続き第二の要件である**後段審査**として，「民法第1条第2項に規定する基本原則に反して消費者の利益を一方的に害するもの」であるかどうか，ということが問われる。前段審査が相対的には定型的な審査ができる要件であるのに対し，後段審査は，1条2項の信義誠実の原則の実質的な適用であり，それだけに判断の個別の結論については評価が分かれる可能性が大きい。

　　⒝　**前段審査の実相**　　現実の裁判所の運用を観察すると，前段審査は，かなり積極的に，任意規定と異なる特約で消費者に一方的に不利な契約条項に当たることを認める傾向がみられる。すなわち，民法が定める典型契約について見ると，各契約の概念を示す冒頭規定（555条や587条）において予定されていない権利義務に係る特約で消費者に新しい義務を課するものは，前段審査にいう消費者に不利な条項に当たるものとする傾向が観察される。これは，理論的に分析するならば，冒頭規定で想定されている義務でないものを消費者に課するためには個別の契約における契約条項において特にそのことを定めなければならない，という，それ自体として正当であると評価してよい法理が存在しており，これに任意規定と等しい考慮要素としての重さを承認しようということにほかならない。すなわち，「消費者契約法10条は，消費者契約の条項を無

効とする要件として，当該条項が，民法等の法律の公の秩序に関しない規定，すなわち任意規定の適用による場合に比し，消費者の権利を制限し，又は消費者の義務を加重するものであることを定めるところ，ここにいう任意規定には，明文の規定のみならず，一般的な法理等も含まれると解するのが相当である」とされる（最判平成 23 年 7 月 15 日民集 65 巻 5 号 2269 頁）。

　具体例を挙げると，賃貸借の冒頭規定である 601 条に言及して，「賃貸借契約は，賃貸人が物件を賃借人に使用させることを約し，賃借人がこれに対して賃料を支払うことを約することによって効力を生ずる……から，更新料条項は，一般的には賃貸借契約の要素を構成しない債務を特約により賃借人に負わせるという意味において，任意規定の適用による場合に比し，消費者である賃借人の義務を加重するものに当たるというべきである」とされた（最判平成 23 年 7 月 15 日前掲）。

　もちろん，前段審査において問題となるものが冒頭規定に限られるものではなく，それ以外の規定で任意規定に当たるものと異なる定めをする契約条項も，一般的に問題となる。消費者の側からする契約の解除には 541 条が適用されるにもかかわらず，事業者の側からする契約の解除には同条の催告を要しないとすることにより一方的に消費者の側から履行の追完の機会を奪う特約は，前段審査において，消費者契約法 10 条に基づく無効の可能性があるものとされてよい（最判平成 24 年 3 月 16 日民集 66 巻 5 号 2216 頁は，保険料の不払に際し保険契約が無催告で効力を失うとされる契約条項の前段審査において，消費者契約法 10 条を問擬する可能性それ自体を否定していない）。

　(c)　**後段審査の実相**　このようなものが前段審査とその運用であるのに対し，後段審査において，裁判所は，しばしば契約条項それ自体の論理的な意味内容の分析に加え，その契約条項をとりまく運用実態や，さらにさまざまの社会経済の実状に関わる要素を考慮に入れることがみられ，しかも，そのようにされた場合においては，後段審査において当該の契約条項が有効であるとされ，消費者契約法 10 条に基づく無効が否定されることがめだつ。

　たとえば保険契約において，消費者である保険契約者の保険料の不払に際し，保険会社の催告を要することなく契約が効力を失うことを許容する契約条項について，保険会社において「保険料支払債務の不履行があった場合に契約失効

前に保険契約者に対して保険料払込みの督促を行う態勢を整え，そのような実務上の運用が確実にされていたとすれば，通常，保険契約者は保険料支払債務の不履行があったことに気付くことができると考えられる」ということを一つの考慮要素として，消費者契約法 10 条に基づく無効とはならないとする（最判平成 24 年 3 月 16 日前掲）。

　同様の問題は，建物の賃貸借契約において賃借人に更新料の支払を義務づける契約条項を扱う判例にもみられる（最判平成 23 年 7 月 15 日前掲）。そこでは，「更新料が，一般に，賃料の補充ないし前払，賃貸借契約を継続するための対価等の趣旨を含む複合的な性質を有する」という理解を前提とし，「一定の地域において，期間満了の際，賃借人が賃貸人に対し更新料の支払をする例が少なからず存することは公知であることや，従前，裁判上の和解手続等においても，更新料条項は公序良俗に反するなどとして，これを当然に無効とする取扱いがされてこなかったことは裁判所に顕著である」という実態が考慮され，「更新料条項が賃貸借契約書に一義的かつ具体的に記載され，賃借人と賃貸人との間に更新料の支払に関する明確な合意が成立している場合に，賃借人と賃貸人との間に，更新料条項に関する情報の質及び量並びに交渉力について，看過し得ないほどの格差が存するとみることもできない」と判示された。社会的実態の援用を支えとしながら，当事者が明確に合意したというような経緯があれば有効であるという論理の運びがされるが，契約条項の内容評価が問題とされているものであるから，どんなに明確に合意されても，あるいは明確に合意されればされるほど，不当なものはやはり不当である，とみられるのではないか，という視点に耐えることができるかどうかという検討がされなければならない。

　消費者契約法 10 条は，契約条項の内容的規制であり，明確に定められていたかどうか，というような要素を考慮して契約条項を有効とするような審査の在り方でよいか，なお疑問が残ることであろう。

　賃貸借の領域では，このほか，いわゆる敷引金について判示するものがある。建物の賃貸借契約に際しては，賃借人が，敷金とは異なり，保証金という名称の金銭を賃借人が賃貸人に差し入れることがあり，とくに関西地方を中心に，この保証金のうち相当大きな部分を敷引金と称して賃貸人が最終的に収受し，

賃借人に返還しないものとする慣行もみられる。敷引金の性質趣旨は，かなり微妙な要素が複合していると考えられるが，原状回復の費用の負担という側面が多かれ少なかれ含まれていることが通常である。そのことも考えるならば，敷引金を賃貸人が収受して返還しないことは，賃借人に賃料でない負担を課し，また，賃貸人の負担とされるべき通常損耗の原状回復の負担を実質的に賃借人に転嫁するものである。したがって，敷引特約の効力は，消費者契約法 10 条に照らし厳格に審査されなければならないであろう。最高裁判所は平成 23 年に，「賃貸人が契約条件の一つとしていわゆる敷引特約を定め，賃借人がこれを明確に認識した上で賃貸借契約の締結に至ったのであれば」「敷引金の額が賃料の額等に照らし高額に過ぎるなどの事情があ」る場合を除き有効であると判示した（最判平成 23 年 7 月 12 日判時 2128 号 43 頁）が，ここでも，消費者契約法 10 条が契約条項の内容に対するコントロールであり，明記されていたならば有効になる，というような論理の順路で正当化することが可能なものであるか，問われなければならない。

◆消費者契約法などによる不当条項規制

　いわゆる学納金返還請求訴訟（最判平成 18 年 11 月 27 日前掲）について，特集「『学納金返還請求』最高裁判決を読んで」NBL849 号（2007 年），小粥太郎・判例セレクト 2007（法学教室 330 号別冊付録）14 頁。この事件で明らかになったように消費者契約法の 8 条から 9 条までが掲げる個別類型の不当条項規制も重要であるが，包括的な規制を用意する同法 10 条の解釈運用は，さらに注視されなければならない。同条が「公の秩序に関しない規定」を参照するところを契機として，「任意法の秩序付け機能」ないし「指導形像機能」といわれるもの（河上 409 頁）の発展も注目される。

　くわえて今後は，消費者契約の場面と共に，定型約款における不当条項規制の考え方も，研究が深められることが求められる。座談会「民法（債権関係）改正と金融実務／説明義務・情報提供義務，約款，不当条項規制を中心に」金融法務事情 1940 号（2012 年）46-52 頁は，不当条項規制の諸手法を検討し，その比較検討を試みる。548 条の 2 第 2 項の規定は，このように検

討を経た法制の当面の到達点にほかならない。

課題の考察

　久しぶりのデートだから早く仕事を終えて約束の時刻に行くようにする，きっとそうするけれど，でも，もしダメだったらゴメンね，という約束は，どう考えればよいか。仮に遅刻したとしても法的責任を追及しないのは，カップルの間ではそんなことをしないから，であって，理論上は法的責任が追及されることが考えられる，ということか，それとも，もともと債務不履行責任を免除する特約があったものとして，法的にも免責される，ということであろうか。

　それは両方の見方が成立可能であると思われるし，後者の理解であるとしても，債務不履行責任の全部を免除する特約に効力を認めてよい，と考えることができる一つの観点として，消費者と事業者の間の契約であれば考えなければならない不当条項規制を考慮する必要がない，ということはあるかもしれない。

　もっとも，消費者の間でありさえすれば，いかなる免責条項も効力を無制約に認めてよいか，というと，話は異なってくる。友人どうしで中古の自動車を売買することは，日本では少ない。しかし，それが仮にあったとして，ブレーキが効かなくて御怪我をなさっても損害は賠償いたしかねます，という約束が，消費者契約でないからといって許されてよいか，これは悩ましいと感ずる。そんなものはやはり許されない，とみることもできそうであるし，しかし，ブレーキの整備は買った後で買主がする，ということを真摯に約束したものと解釈される際に，それがなぜいけないか，と問われると，それは許されてもよいかもしれない。

　消費者契約でない一般の領域で，何を根拠に，どの範囲で不当条項のコントロールを考えるか，という難しい問題が，ここにある。同じように，「故意の不履行においても損害賠償義務は発生しないという条項は絶対にだめかというと，私〔私というのは道垣内弘人教授〕が，『雑誌に論文を書いてください』といわれたら，『書けたらね』といい，多くの場合，書けなかったということになります〔ここは謙遜であろう──著者注記〕から，ほとんど故意の不履行であります」（◆**消費者契約法などによる不当条項規制**に掲げる座談会・53頁）という場合を考えてみると，これをどのように扱うかは，冗談のような問題に見えるけれども，真剣に考えだすと，なかなかに難しい。

第7章

意思表示

民法総則の勉強のメイン・ストリート

　民法が定める諸種の権利義務は，人の意思が関わらない事実により生じることもある。

　しかし，多くは，人が意思をもち，それを表現することにより生じる。

　そして，その表現をするに際して，なにかの変則的な事象が起こると，その意思のとおりの権利義務の発生を是認することが適当でない場合も出てくる。

　民法が扱う多くの題材が人の意思に由来する権利義務の変動であるから，その基本的前提に関わるルールを用意する民法の第1編の，とくに意思表示に関する規律の考察は，華やかであるし，それだけにまた，もりだくさんの濃い内容のものになる。

第**1**節　意思表示の概念

「売りたい」なら「買うよ」，代金を払って欲しい，
代金を待って欲しい，意思表示はどれ？

▷ 課題の設定 ▷

　「私が所有する甲土地を1200万円で売りたい」と述べても，その相手に対し1200万円を請求することはできない。あたりまえであるが，それはなぜか。

　これに対し，「私が所有する甲土地を1200万円で売りたい」と述べ，相手が「いいでしょう」と述べると，その相手に対し1200万円を請求することはできる。これも，二人の考えが一致しているから当然のことであるが，法律

上の概念を用いると，どのように説明されるか。

　そして，その相手が代金を支払ってくれないときに，代金を支払え，と促すと，代金債権の消滅時効の完成が猶予される。ここで，支払え，と述べることは，意思表示であるか。

51　意思表示とは何か

　権利義務に関する人の意思を表現する行為であって，法令の定めるところに従い，その意思に即して権利義務に関する法的効果を生じさせるものが，**意思表示**である。

　ひらたく簡単に述べると，言い表わしたとおりになる表現行為が，意思表示である。もっとも，それは，ヒトコトで手っ取り早く述べると，ということであり，よく考えると，それほど簡単ではない。だから，やはり，難しいけれど，上に提示した定義につきあっていただきたい。すこし丁寧に考察しておきたいから，この定義の各部分に番号を添えることとしよう。

> 　権利義務に関する人の意思を表現する行為である。＝①
> 　その意思に即した法的効果が生じるかどうかは，法令の定めるところに従う。＝②
> 　法令の定めるところに従うならば，その意思に即して権利義務に関する法的効果が生じる。＝③
> 　　──そのようなものが，意思表示である。

　まず，意思表示は，**法律上の権利義務に関する意思の表現**でなければならない（①）。思って欲することは，一般の言葉の用い方では何であれ意思であるが，ここで問題とするものは，そのようなものではない。ピカソの絵は評価に価しない，と叫び，自分はピカソの展覧会を訪ねることはしない，と周囲の人に告げることは，ふつうの感覚では意思表示であるかもしれないが，そこでは，なんらの法的効果も生じず，権利や義務が発生したり消滅したりすることがないから，ここでいう意思表示ではない。これに対し，自分はマグリットの絵が好きだから，それを所有している貴方に，100万円で売って欲しい，と告げる，

というものは，意思表示である。それは，売買の申込みの意思表示であり，売買契約を成立させるという法的効果を生ぜしめ，売主に絵の所有権を移転させる義務を生じさせるとともに，代金債権という権利を取得させる，というところへ向けての行為であるから。

　もっとも，ここでとどまる限り，それは，あくまで“向けて”の行為であるにすぎない。まだ売買契約は成立しない。相手方が，よしその条件で売ろう，という承諾の意思表示をすると，売買契約が成立する。申込みが意思表示であるのにもかかわらず，それのみで直ちに契約の成立という法的効果が生じないのは，なぜであるか。それは，その意思のとおりに意思表示が法的効果の発生を導くためには，**法令が定める状況が調うことを要する**からである（②）。申込みに対応する承諾があると契約の成立が認められるとする法律の規定（522条）に従って，契約の成立が認められる。ここでわかるように，意思表示は，意思のとおりに何かを実現するものであるが，意思のみでは十分でなく，それが法的効果を生じるためには，法令の定めるところに導かれる，という契機が加わる。

52　どこが意思の通知と異なるか

　ひとしく意思を表現する行為であっても，**表現された意思とそれを表現する行為により発生する法的効果とが符合している**ということ（③）がなければ，それは意思表示ではない。このように，意思表示でなく，意思の表現に対し，その意思の内容とは別の法的効果が結びつけられるものは，意思表示と区別され，**意思の通知**とよばれる（次述53で取り上げる観念の通知とともに，準法律行為の概念に含まれる。☞◆**意思表示の規定の意思表示でないものへの準用**）。マグリットの絵の売買が成立したけれども，買主が代金を支払わないとしよう。売主は，代金を支払って欲しい，という欲求を抱き，そのように買主に対し告げたとしよう。これは，意思の表現行為であるが，その意思，つまり買主が代金を支払う，という結果に直ちに結びつくことはない。むしろ，法律は，それとは別な法的効果を与え，代金債権の消滅時効の完成が，一時的に猶予される（150条1項）。けっして売主は，時効を停めるぞ，と告げたものではないから，ここでは，求めたことと起こったこととの間に齟齬がある。そこで，これは，意思表示でな

く，意思の通知として理解される。

53　どこが観念の通知と異なるか

　人の表現行為にはさまざまのものがあり，いつも表現されるものが意思であるとは限らない。道で出会った知人に「今日は雪ですね」と告げることは表現行為であるが，なにか意思に当たるものが含まれているものではない。降雪があるという事実の認識が述べられていると受け止めることができる。もちろん，雪になるくらいだから寒くて困る，という感情とか，雪なのだから授業は中止にして欲しいという要請が背後にあったりすることもあるかもしれないが，「今日は雪ですね」の部分のみを切り取って観察するならば，事実認識の言明である。

　そのような事実認識の表現は，法的な事象についてもみられる。「自分が債務を負担することは知っています」という言明は，背後に，だから辛い，という感情や，しばらくの取立ての猶予の要請という欲求をはらんでいたりするかもしれないが，言明の対象そのものは，事実認識であり，このようなものは**観念の通知**とよばれる。そして，法令が観念の通知に一定の法的効果を付与する場合は，その法的効果が認められる。この例においては，債務の承認により，その債務の消滅時効が更新される（152条1項）。

◆意思表示の規定の意思表示でないものへの準用

　意思の通知や観念の通知が，意思表示や意思表示で構成される法律行為と異なるとしても，人の思考の外部的表現である点で共通しており，これらを「準法律行為」の概念で受け止めるという概念整理は，あってよい。同じ理由から，準法律行為には，性質に反しない限り意思表示の規定が類推される，という理論も成り立ちうる。

　ただし，もともと観念の通知には意思なるものが存在せず，意思の通知も，通知に表われている意思それ自体が意味をもつものではないから，意思の不存在に着眼する意思表示の規定の類推ということを実際に論ずべき場面は，意外に多くない。たしかに，たとえば，意思の通知や観念の通知が効果を生

ずるのは，相手方への到達の時であると考えられるし（97 条 1 項の類推解釈），また，債務者を強迫して債務を承認させたときに債務者はその承認を取り消すことができることでよいと考えられる（96 条 1 項）から，そうした解決が必要になる際に適切な思考操作をする用意として，原則として意思表示の規定が類推されるという考え方を用意しておくことは，まったく無意味ではない。とはいえ，わざわざ債務者に害悪を告げて承認を求め，その際に強迫があったのではないか，などという厄介な問題を招来するよりも，債権者は端的に催告をし，または催告を経ないでいきなり訴えを提起するなどすればよいことであるから，96 条 1 項の類推解釈のようなものを考えなければならない場面は，そうそう現実に起こるものでもないと想像される。河上227 頁，山本 106 頁，参照。

54　意思表示の構造／一個の意思表示を解剖してみると

　意思表示をする者を**表意者**という。表意者が意思表示をする前提としては，表意者において，意思表示の内容となる**意思**が形成されなければならない。この意思は，その段階では，表意者の内心にとどまるから，そのことを強調して**内心的効果意思**とよばれることもあるし，また，法文が**真意**とよぶもの（93 条1 項）も，この内心的効果意思に相当する。内心的効果意思は，やがて，それを外部に表現しようとする意思，つまり**表示意思**に導かれて，実際に表示される**表示行為**がされることにより完結する。つまり，意思表示は，意思（内心的効果意思，真意）→表示意思→表示行為，という構造をもつ。

　売買の申込みと承諾を題材にして観察すると，何よりも重要な位置を占めるのは，A が「売ろう」という意思を抱き，B が「買おう」という意思を抱くことである。これが，意思（内心的効果意思）にほかならない。時間的な順序として，まず契約の一方当事者が，内心的効果意思を形成する過程（たとえば「まとまった現金が欲しい。この絵を売ればお金になる」と思うこと）を経て，内心的効果意思を確定させ（「この絵を売ることにする」），そして，内心的効果意思の外部的表現（表示意思と表示行為。「絵を買わないか」と言うことを決め，そして，実際にそのように言うこと）をすることにより申込みの意思表示が成立する。

これが，意思表示の正常な成立過程である。

そして，正常な成立過程を辿らなかった場合についても，それを解決するうえで，この意思表示の構造理解が役立つ。まず，表示に対応する内心的効果意思を欠くことは，**意思の不存在**とよばれ（101条1項），次節から後に取り上げるもののうち，意思不存在の錯誤，虚偽表示，そして心裡留保が，これに当たる。また，詐欺または強迫による意思表示は，内心的効果意思が欠けているものではないが，その形成過程が不正常であり，他人の違法な干渉を受けたという経緯があるものである。こちらは，**瑕疵ある意思表示**とよばれ，消費者契約法に基づく取消しも，これに準じて理解される。

民法などの意思表示の規定は，このような理解を前提に用意されており，意思の不存在や瑕疵ある意思表示の効果は，ある場合には意思表示が無効とされ，ある場合には意思表示を取り消すことができる。それらを図表に整理すると，つぎのようなものになる。

		基本的効果	第三者に対する主張
意思の不存在	心裡留保（☞第2節）	原則として有効である（93条1項）。	例外として無効である場合において，無効であることを善意の第三者に対抗することができない（93条2項）。
	虚偽表示（☞第3節）	無効である（94条1項）。	無効であることを善意の第三者に対抗することができない（94条2項）。
	意思不存在の錯誤（☞第4節）	原則として，取り消すことができる（95条1項1号）。	取消しを善意無過失の第三者に対抗することができない（95条4項）。
瑕疵ある意思表示	基礎事情の錯誤（☞第4節）	原則として，取り消すことができる（95条1項2号）。	取消しを善意無過失の第三者に対抗することができない（95条4項）。
	詐欺・強迫（☞第5節）	取り消すことができる（96条1項）。	詐欺による取消しは，善意無過失の第三者に対抗することができない（96条3項）。
	消費者契約法に基づく取消し（☞第6節）	原則として，取り消すことができる（消費者契約法4条1項～4項）。	取消しを善意無過失の第三者に対抗することができない（消費者契約法4条6項）。

◆意思表示の概念とその機能

意思表示は，当事者が表示した意思に基づき，その意思の内容に即した法

的効果の発生を認める法律要件である。人の意思こそが法律関係の変動において重要な意義を有する，という思想を端的に支える概念が，意思表示にほかならない。

　意思表示の概念が私法の理論と思想において占める重要な位置を十分に承認したうえで，しかし，いくつかの留保も添えておくことが望まれる。

　まず，思ったことが何でもそのとおりになるものではない。人が外部的に表現する意思が法的効果を産むためには，法令の規定に導かれることを要する。「売りたい」と表明したからといって売買が直ちに成立することはなく，相手方の承諾があり，それらの内容が一致して初めて契約の成立を認める，という法律の定め（522 条 1 項）に導かれて初めて売買を欲する意思は達せられる。また，自分の愛した人が自分と婚姻をしていないが相続人にしたいと遺言で述べても，その欲したとおりにはならない。何が遺言事項であるかは，法が定める。そして，相続人は，法律の規定で定まるものであって，遺言事項とすることは許されない。その愛した人に財産を与えたいと考えるならば，遺贈をすることは許されるという法律の規定（964 条）に従い，その目的を追求することを考えるべきである。

　また，思ったことが実現する，というときの，その "思ったこと" は，それそのものを外部から認識することは不可能である。思ったことが何であるかを表示されたところに即して理解するべきであるかどうか，ということを問題とする契機において，意思表示とそれにより組成される法律行為の解釈の在り方が問われる（☞第 6 章 46）。

　またさらに，思ったとおりに法的効果が生ずる，ということが認められるとしても，反対に，およそ権利義務が生ずるのは専ら人の意思による，などと言うことはできない。占有が継続するという客観的な事実により権利が取得されることがあり（162 条），交通事故のように客観的な事象により損害賠償請求権が発生する（709 条）。

　くわえて，意思表示により成立する契約の場合にも，「甲土地を 1000 万円で売りたい」という申込みがされ，それに即応する承諾がされて契約が成立しても，その代金の 1000 万円は，いつ，どこで支払うか。契約当事者は「ごく基本的な事項について自らの意思決定を行うにとどまる」ものであり

（磯村保「法律行為論の課題――当事者意思の観点から」民法研究2号〔2000年〕6頁），それ以外の事項は，契約の構造を探求して定まるところに従い当然に（代金は売買契約の成立を主張立証することにより，とくに弁済期の到来というようなことを主張立証しなくても請求することができ，533条の抗弁などが適切に提出されるのでない限り，その請求が認められると考えられるが，その根拠は究極においては冒頭規定である555条に求められる），または民法などの任意規定を参照して定まる（売主が目的物の引渡しをすべき期限を定める附款の存在が主張立証されるならば，その期限に代金を支払い，それは引渡しの場所で支払うものとされる。573条・574条）。また，定型取引において，定型約款の定型取引合意がされることにより，その定型約款の具体の内容に意思が及んでいなくても，その内容が契約の内容になること（548条の2第1項）も，類似の観点から観察することができる。これら任意規定や定型約款が働くのでない局面においては，当事者が別段の意思表示をしなかった事項について，特段の法的効果は，生じない。石川博康『「契約の本性」の法理論』（2010年）40-47頁も参照。

55　意思表示の効力否定と第三者の保護

意思の不存在や意思表示の瑕疵を理由に契約が無効となったり，取り消されたりすると，第三者が不利益を受けることがあり，第三者の保護を講じなければならない。たとえばAがBに甲土地を売る旨の契約が成立し，これを前提にCがBから土地を買い受けた場合において，A・B間の契約が，真実は売買をするつもりがないのにA・Bが通謀してされたものであるときは，どのように考えられるか。A・B間においては売買が無効であって（94条1項の虚偽表示）所有権が移転していないとしても，不実の外形を作り出した当人であるAが善意のCの所有権取得を否定することができる帰結は，妥当でない。

そこで94条2項は，Cが虚偽表示の事実を知らなかった場合は，Aは，Cに対し虚偽表示による無効を主張することができないとする。

同様の第三者の保護は，他にも観察される。概して，第三者が保護されるためには，善意であることを要するとされるか，善意であるのみでは足りず，過

失なくして善意であることを要するとされるか，いずれかが考えられる。いずれとするかは，表意者の行態と関連させて，表意者と第三者のいずれに傾いて保護を与えるか，という問題になる。具体的には，わざわざ表意者が問題のある意思表示をするに及んだとみられる心裡留保（93条2項）および虚偽表示（94条2項）の場合は第三者が善意でありさえすればよいとされ，それら以外の場合（95条4項・96条3項，消費者契約法4条6項）は第三者の善意無過失が求められる。

◆意思表示の無効の転得者に対する主張

意思表示は，一定の場合においては，第三者に主張することができないとされる。一定の要件とは，ある場合には第三者の善意であり，ある場合には第三者の善意無過失であるが，いずれにしても，そうした主観的要件は，それ自体としては，一人ひとりについて見定められる。第三者とされる者が一人である場合は，単純に当該第三者の主観的容態を問うことでよい。

では，第三者に当たる者が複数あり，主観的容態が区々に異なる場合の処理は，どうしたらよいか。虚偽表示の無効を第三者に対抗することができない場合（94条2項）を例に取って考察してみることにしよう。

まず，AがBに甲土地を売る旨の契約が虚偽表示に当たる場合において，Bから甲土地を買ったCが悪意であるときに，Aは，Cに対し，甲土地の返還を請求することができる。しかし，Aが返還請求を実現しないでいるうちに，Cから土地を買ったDが出現し，そしてDが善意であるならば，Dは，94条2項による保護を受けることができる。

つぎに，Cが善意で買い受け，悪意であるDに売った場合は，いったん善意者のCが出現したからには転得者のDが悪意であっても，Aは，Dに対し返還請求をすることができないと解すべきである（この考え方を絶対的構成とよぶ）。これとは異なる考え方として，個別の第三者ごとの主観的容態に基準を求め，悪意の転得者は保護されない（D自身が悪意であれば，Cの状況にかかわりなくDは保護されない）とするものも，ありうる（相対的構成）。前主として善意のCが介在するようにB・Dが仕組み，いわばCをワ

ラ人形であるように介在させる場合のＤが保護される帰結を招くことが，一定程度において絶対的構成の難点である。一定程度というのは，この事情をＡが主張立証することができるときには，信義に照らしＤは返還を拒むことができないと解すべきであるが，その主張が必ずしも常に容易であるとは限らない，ということである。相対的構成においては，ＡがＤに対し甲土地の返還請求をすることが可能となり，そうすると，Ａ・Ｂ間の契約が虚偽表示であることが報道などにより広く世上に知れた場合において，Ｃからの譲受人が現れにくくなる（悪意者として扱われることを覚悟のうえで譲り受ける者はいない）という問題がある。Ｃからの譲受人が現れにくいということは，自らは善意であるが，随意の処分を妨げられる不利益をＣが被ることを意味する。この難点は，かなり深刻であると評価しなければならない。幾代通「善意転得者保護制度における絶対的構成と相対的構成」同『民法研究ノート』（法学教室選書，1986 年）。

課題の考察

「私が所有する甲土地を 1200 万円で売りたい」という意思の表現行為は，売買の申込みであり，意思表示である。売買は契約であり，契約は，申込みのみで成立するものではなく，申込みと承諾があって初めて成立する（522 条 1 項）。申込みがあったのみで，買主になってもらおうとする者に対し代金を請求することはできないし，この申込みをした者も，それのみで甲土地を引き渡す義務を負うことはない。

このことを裏返すならば，「私が所有する甲土地を 1200 万円で売りたい」と述べ，相手が「いいでしょう」と述べると，申込みと承諾が合致して契約が成立するから，契約に基づく権利義務が発生する。

これらとは異なり，成立した売買に基づき代金を支払うべきである買主が支払をしない場合において支払を催告すると 6 か月間，代金債権の消滅時効の完成が猶予される。この催告は，意思表示でなく，意思の通知である。この区別がわかりにくく，理解に困難を感ずる際は，つぎのテストをしてみるとよい。意思表示にせよ意思の通知にせよ，それらにより何らかの法的効果が生じる。その法的効果が何であるかが，意思表示の内容そのものから導くことができる

か（それであれば意思表示である），そうでなく意思表示の外部に存在するともいうべき法令を参照して初めて明らかになるか（そうであるならばそれは意思の通知のほうになる）を検討してみよう。「甲土地を買ってくれませんか」という申込みが意思表示であるのは，そのとおりに買う（売る）という効果が生じるからであるのに対し，催告の効果は，いくら催告という字を眺めても判明せず，150条1項の法文を参照するところから得られる情報を注入して初めて明らかになる。この後者のようなものは，意思に即して法的効果が生じるということではないから，このようなものを意思表示とよぶことはできない。

第2節　心裡留保

心裡って，心理のまちがいではないの？

課題の設定

　ある姫君の歓心を得ようとして，山賊と海賊が争った。姫君が山賊に対し，真珠が欲しい，と述べたことから，山賊は，真珠を入手する方法を知らないのに，真珠をあげる，と言い，姫は，うれしい，と応えた。これを見た海賊は，そのつもりがないにもかかわらず，山賊の倍の大きさの真珠を贈りたい，と述べ，これにも姫は，うれしいと応えた。二つの真珠の贈与契約は，有効に成立したと考えてよいか。

56　心裡留保の意義

　心裡留保は心裡留保であり，これで正しい。心裡と言う言葉は，たしかに用いられることが少ないが，言葉として存在する。「裡」は，外からはわからない内側（または裏側）というほどの意味である。意思表示の構造に即して述べるならば，内心の状態であり，内心にある真意が外からはわからないようになっている。つまり，真意が隠されていて，表示の内容と一致しない。しかも，その不一致は，留保するという表意者の意図に基づいてされている。

　このようなことであるから，あらためて意義を確かめるならば，表示と真意との間に不一致があり，そして，その不一致があることを表意者が知って意思

表示をすることが，心裡留保にほかならない。

　真意と表示が一致しないことを知ってした，という点で，ひとしく不一致があるとしても錯誤と異なる。むしろ，不一致を知ったうえでしているところは，虚偽表示と似る。そこで，心裡留保と虚偽表示との区別がよくわからない，という感覚は，わからないでもない。

　虚偽表示は，相手方と「通じて」されるものである（94条1項）。手許にある真珠が債権者の目に入ると困ると考えた者が，贈与をするつもりがないのに受贈者となる者と相談して贈与をし，真珠を受贈者の手許に移す場合において，相談を受けた受贈者は，よく事情を知っているから，同人を保護する必要はない。この贈与の当事者間において，端的に贈与は「無効」とすることでよい（同項）。保護をする必要がある者があるとするならば，贈与者でも受贈者でもない者であり，たとえば受贈者の債権者は，善意であれば，受贈者の手許にある真珠を差し押さえ，有効に換価の手続を進めることが許されてよい（同条2項）。

　これに対し，心裡留保には，相手方との通謀という契機がない。真珠を贈るつもりがなくても，真珠を贈ると告げられるならば，それを相手方が信じた場合において，相手方は保護されるべきであり，このようにして成立した贈与は，有効であるとされなければならない。いま，相手方が信じた場合において，と述べたが，もっと言うならば，むしろ，信ずることが普通ではないか。ここに気づくならば，信じた場合は保護される，というよりも，心裡留保の意思表示の相手方は，意思表示が有効であるとして保護されることが原則であり，保護されるべき信頼が欠けているという事情が明らかになる場合に限り，効力が否定されるべきである。

　このようにして，相手方を保護する必要があるから，「意思表示は，表意者がその真意ではないことを知ってしたときであっても，そのためにその効力を妨げられない」（93条1項本文）。このように，自ら真意ではないことを知ってする意思表示をすることが，心裡留保にほかならない。相手方に100万円をプレゼントするつもりなどないのにプレゼントをする，と申し向けることは，心裡留保に当たる。

57　心裡留保の当事者間における効果

　心裡留保に当たる意思表示は，「効力を妨げられない」ものであり，したがって，有効であることが原則である（93条1項本文）。ただし，その意思表示が表意者の「真意ではないこと」について相手方が悪意または有過失であったときは，相手方を保護する必要がないから，その意思表示が無効であるとされる（同項ただし書）。注意すべきこととして，悪意有過失の内容は，「真意ではないこと」でよい。積極に真意の内容を知る必要はない。100万円をプレゼントするつもりがないことを知っているか，知ることができたということであるならば，その意思表示は無効である。本当は10万円であればプレゼントするつもりがあった，とか，いや，やはりそれでもなく1円たりとも贈る考えはなかったものであるか，とかいうことを詮索する必要はなく，真意の内容まで知っていなくても，無効とされることがある。

　また，心裡留保の意思表示が無効であるときにも，表意者が，その意思表示を追認することはできる。100万円あげるつもりがないのにそのように述べた者が，後日に，無効であるなどと主張することをためらい，100万円を現実に贈った場合には，特別の事情がない限り，無効行為の黙示の追認があったものとみて，その段階で「新たな行為」（119条ただし書）としての贈与の申込みがされたものとみられる。

◆**心裡留保に関する現行規定の起草の際の論議**

　民法の債権関係の規定の見直しに先立つ準備の研究においては，ドイツの立法例などを参考として，相手方を誤信させる目的でした真意でない意思表示は，相手方が真意でないことについて悪意であるならばともかく，有過失であるにとどまる場合には，表意者による無効主張を許すべきでないとする提言がされた。民法（債権法）改正検討委員会「債権法改正の基本方針」【1.5.11】〈1〉〈イ〉ただし書。この提言は，93条の文言上は実現していないが，**課題の考察**でみるとおり，1条2項が定める信義則の運用としては，その提言の趣旨が活かされてよい。

58　心裡留保の第三者に対する効果主張

　また，心裡留保による意思表示の無効は，善意の第三者に対抗することができない（93条2項）。有効であるとみられるような意思表示の外形をすすんで作出した表意者と，その外形を信頼して取引に入った第三者との利益を考量して，第三者に過失がある場合であっても，善意でありさえするならば，表意者が無効を対抗することができないとする趣旨である。真意では売るつもりがないのに甲土地を売ったAは，これを買ったBが，Aの真意でないことに気づいていたのに甲土地をCに売った場合において，この事情をCが知らなければ，Aは，Cに対し，A・B間の売買の無効を主張して甲土地の返還を請求することができない。

◆心裡留保と労働事件の実務

　心裡留保は，真意でないことを表に現わして述べることであり，ふつう人は，そのようなことをしない。そのようなことをするのは，なにか差し迫った事情があるときである。たとえば私たちの社会の職場というものの現実を考えてみよう。93条が用いられるのは，初めて聞く人は意外に感ずるかもしれないが，めだつのは，労働事件の領域である。総則編をはじめとする民法のルールが，労働者が向き合う現実において活用されている例は，意外に多い。同条は，その典型の一つである。

　仕事に過誤があった社員を営業部長が叱った。社員は謝罪を口にしたが，営業部長は反省が足りないと叱責を続け，本当に反省しているなら，反省の気持ちを表わすため退職願を出せ，と求めた。社員は，退職するつもりがなかったが，言われるとおり退職願を作成し，人事部に提出した。この社員は，職を失うことになるか。

　この場合に社員を救うことができるかどうかを考えるにあたり悩ましいことは，法人としての会社が悪意または有過失であった，とみることができるかどうか，ということにほかならない。営業部長が悪意であったこと，ひかえめに見ても有過失であったことは，疑いがない。しかし，辞職願は，ふつう人事部長などと称される人事管理の部門に提出されるし，所掌の権限を有

する部署の主観的容態を法人の主観的容態として捉えるという通常の理論を用いるならば，人事部長などが経過を認識する可能性があったことを主張立証しなければならない。

　　しかし，このような一種の機械的な論理操作のみでこの種の事案に向き合うことには問題もありそうである。営業部長という，会社が使用し，当該労働者との関係において監督権限を有する立場にある者が辞表提出を唆したという経緯を重く見て，労働契約という継続的契約の関係にある者らを支配する信義の要請に立脚して有過失の実質的判断をする，という方向での問題処理が確立されなければならない。裁判例として，前橋地判平成23年9月7日判タ1371号207頁などがみられる。

課題の考察

　　姫君の歓心を得ようとした山賊の贈与の意思表示は，これを無効とする事情は特に見当たらないようにみえる。真珠を入手する方法を知らないということは，履行されない可能性も大きいが，それは，債務不履行の問題として処理すれば足りる。

　　問題は，真意を欠くにもかかわらず贈与の意思表示をした海賊のほうであるにちがいない。心裡留保に当たることは，明らかである。そこで，それを有効とみるかどうかは，姫君が海賊の真意に気づくことができたかどうか，に関わる。そして，それは，かなり微妙である。男女の問題に対する姫君の成熟の度合いに依存する側面すらあるかもしれない。どうです，この話，おもしろくなってきたでしょう。

　　海賊が申し出てきたタイミング，そして，わざわざライバルと比べて倍，という言い方をするあたり，これは専ら山賊と自分との進展を挫折させることに主目的があり，どこまで本気であるか，わかったものではないわ，と疑うことは，むしろ賢い女性であったならば，おおいにありうることではないか。とはいえ，賢い人であればあるほど，海賊の側から見て93条1項ただし書の有過失を立証しやすくなる，ということになるとすると，これも，おかしくはないか。

　　この海賊は，姫君を誤信させることを積極的に意図して贈与の申込みをしており，そのような行態に出る者が，93条1項ただし書に基づき無効を主張す

ることは，信義に照らし許されるべきではない（1条2項）。

だいたいが海賊は，思ってもいない贈与申込みをしてライバルを排除しようとする仕方で恋の冒険に乗り出したのです。あとになって，心裡留保である，とかゴタゴタ述べることは，潔くありませんね。では真珠をください，と姫君から求められたならば，すがすがしく履行をすべきではありませんか。皆さん，このあたり，どう考えます？

第3節　虚偽表示

登記をする合意なるものの怪

> **課題の設定**
>
> 虚偽表示とは，真意でないことを表意者が知っていて，相手方と通じてする意思表示であり，さらに分析すると，ある意思表示と，その意思表示に法的な効果を与えることはしない旨の相手方との合意とによって，成り立つ。
>
> どうして，そんな面倒なことをするのか。
>
> そこには，なにか隠された意図があるからにちがいない。
>
> すこし具体例で考えてみよう。
>
> 南北酒造が所有する甲土地について，東西銀行のために抵当権を設定する旨の法律行為がされた。が，これは，じつは虚偽表示であった。なぜ行なわれたものであるか，いろいろ理由を想像してみよう。
>
> 勘所は，南北酒造と東西銀行の両方にメリットがなければならない，ということである。なぜならば，虚偽表示とは，「相手方と通じて」される（94条1項）ものであるから。

59　虚偽表示の概念

相手方と通じてする虚偽の意思表示が，虚偽表示である（94条1項）。そして，その効果は，無効とされる（同項）。

(1)　理論的に述べると

虚偽の意思表示であるから，表示されたことに対応する意思が存在しない。しかも，そのことを表意者が知って，そのような意思表示をしている。ここま

で，心裡留保と異ならない。では，どこが心裡留保と異なるか。相手方も意思の不存在を知っている，というところに特徴があるとも考えられるが，心裡留保の場合も，相手方が気づいていることはある（93 条 1 項ただし書参照）。

　じつは，虚偽表示を特徴づけるものは，相手方と通じてした，というところにある。意思表示を虚偽のものとする合意が存在するのであり，相手方は，単に知っていたというにとどまらず，意思表示の効果を生じないものとする合意の当事者にほかならない。

　虚偽表示はまた，意思表示の不存在とも異なる。

　よく大学の試験問題などで，甲土地を所有する A が B に対し甲土地を売ったことにした，という事例を示し，それをもって虚偽表示を論じさせようとすることがあるが，無理がないか。"売ったことにした"ということは，売ったこととは異なる。売るという法律行為がないのに，それについて無効であるということを論ずることは，背理である。また，A は，B との間で，売買を原因とする所有権の移転の登記をする合意をした，というものも困る。単に登記を移転する合意は，合意として意味がない。また，この事実摘示では，売買がされたことも示されていない。それなのに売買が無効である，ということを論ずることには，やはり無理がある。

(2) 整理すれば

　虚偽表示は，二つの意思表示が複合する事象である。まず，「意思表示」（94 条 1 項）がなければならない。そのうえで，それを「虚偽」とすることを「相手方と通じ」ることを要し（同項），この後半の部分は，表意者と相手方との合意である。この合意のほうは，効果不発生の合意とか，意思表示を虚偽とする反対約束などとよばれる。虚偽表示とされるものが契約である例を挙げると，甲土地を目的として A・B が売買契約をし，併せて A・B が売買の効力を発生させないものとする合意をする。単独行為であれば，債権者が債務者に対し債務を免除する意思表示をし，併せて債権者と債務者が免除の効果を発生させないものとする合意をする。

　売買の例で法律関係の展開を描くと，こうなる。甲土地について A・B が通じて虚偽の売買契約をし，A から B に対し，所有権の移転の登記をした。A は，B に対し，この登記の抹消を請求する訴訟を提起し，A が過去に所有権を

有していたことを請求原因として主張する。B は，この事実を自白したうえで，しかし，A から B への売買がされて A が所有権を失ったことを主張する。この売買の成立が認定される場合において，A は，再反論として，この売買の効果不発生の合意があったことを主張立証する。これが，虚偽表示の構造にほかならない。"売ったことにした"というヒトコトで述べられると，なんとなくわかった気持ちになるけれども，じつは正確な理解がされていなくて，分析するならば，"売ったことにした"とは，"売った"という合意と，"売ったことは否定する"という合意の組み合わせにほかならない（このことを理解するうえで，**課題の設定**の事例も，役立つと思われる）。

(3)　実際には

　もっとも，では，"売ったことにした"という表現で虚偽表示をイメージすることが，そんなにいけないことか，というと，そうでもない。一般の意識を考えるならば，"売ったことにして，登記を移転した"という出来事があった人々に対し，それは，売っていないが登記をした，ということか，それとも，売ったけれど売らないことにする約束をして登記を移転した，ということか，ということを問い詰めても，よくはわからない，ということが，実際である。

　ただし，そうは言っても，法律を扱う専門家は，そのあたり微妙ですよね，で済ますことは許されないはずである。同じ事象であっても現実には濃淡があり，結局は売買による所有権の移転が起こらない，ということの積極的な説明を売った（ことになっている）側に求めることが適当であると認められる事例と，そこまでではない事例との区別をして実際の問題を処理しなければならない。

　この二つの区別されるべき推移のうちの前者の事例に当たるということの理論的な説明のために，虚偽表示の概念が用意される。

売買による所有権の移転の登記がされた（間接事実）
↓
登記は当事者が共同でした（間接事実）
↓
登記の原因である売買がされた（主要事実）

という推認を重ね，最後の↓に至るまでに登場した二つの間接事実から，売買がされた，という主要事実が認定される場合において，それでも所有権の移転が生じないとする売主に対し，反対約束の主張立証を求める場面で虚偽表示の概念が登場する。

　これに対し，事例によっては，ここに登場する二つの↓のいずれかが経験則上推認することに困難があると判断され，推認が途上で進まなくなる場合は，売買が否認され，所有権の移転が生じないことは，当然である。

　ここまでのことに思いが至るならば，訴訟で虚偽表示が問題とされる場合において，それのみが問題とされることも少ないし，また，それが初めから問題とされることも少ないということに気づくことができるのではないか。Aは，まず売買がなかったと陳述し，たとえそうでなかったとしても，その売買は虚偽であって効力がない，という仕方で攻撃防御に臨むはずであり，それは自然なことでもある。

60　虚偽表示の効果

　虚偽表示に当たる法律行為は，無効である（94条1項）。

(1)　当事者間における効果

　したがって，履行されていない義務は，履行を請求することができない。すでに履行されている義務については，履行を受けた者が相手方を原状に復する義務を負う（121条の2第1項）。

(2)　第三者に対する効果

　ただし，虚偽表示において効果不発生の合意をした当事者は，そのような仕方で積極的に実体に符合しない法律関係を形成したものであるから，虚偽表示の無効を善意の第三者に対抗することはできない（94条2項）。

　(a)　**第三者とされるための要件**　　ここにいう第三者は，「虚偽の意思表示の当事者またはその一般承継人以外の者であって，その表示の目的につき法律上利害関係を有するに至った者」である（最判昭和45年7月24日民集24巻7号1116頁）。不動産の売買が虚偽表示に当たる場合において，買主から所有権を譲り受けた者が，典型であるが，買主から地上権の設定を受けた者や，不動産を差し押さえる買主の債権者（最判昭和48年6月28日民集27巻6号724頁）など

も第三者である。抵当権の設定が虚偽表示に当たる場合において，その抵当権の順位の譲渡を受けた者や，その抵当権を目的とする転抵当権の設定を受けた者（最判昭和55年9月11日民集34巻5号683頁）も，第三者に当たる。

　A・B間の売買が虚偽表示に当たる場合において，AがPに代金債権を譲渡した場合において，Pも，94条2項の第三者に当たり，善意であるならば，Bに対し代金の支払を請求することができる。これに対し，Bが，債権譲渡の債務者対抗要件が具備される前から売買が無効であったという事由（468条1項参照）を言い立てて弁済を拒むことはできない。Aと通じて虚偽表示をしたBが，善意のPに不利益を及ぼしつつ虚偽表示無効の効果に浴することは適当でないと考えられる。

　第三者は，虚偽表示の目的について法律上利害関係を有するに「至った者」でなければならない。QがRに土地を賃貸し，そこにRが所有する建物およびその従たる賃借権についてRがSとの間で虚偽表示に当たる売買をしたという場合において，Qが，賃借権の無断譲渡を理由としてRに対し建物収去土地明渡しを請求するにあたり，この虚偽表示を知らなかったと主張しようとしても，そもそもQは，賃借権の譲渡を前提として利害関係を新しく有するに至ったという関係になく，賃借権の譲渡が虚偽であるということになるならば，この請求は，棄却されなければならない（最判昭和38年11月28日民集17巻11号1446頁）。これは，第三者に当たらないとされる例である。

　第三者として保護されるための要件を考えるうえで，さらに留意すべき事項として，虚偽表示が，通謀という当事者の積極的な関与によりされるものである，ということが忘れられてはならない。当事者の関与に端を発する場面の法律関係の処理ということを強調するところから，第三者が保護されるための要件を過度に重いものとすることは適当でないと考えられる。第三者は善意であることでよく，文理上も，94条2項は，第三者の過失を求めない。また，第三者が取得した権利について，登記などの公示方法を具備する必要はない（最判昭和44年5月27日民集23巻6号998頁参照）。

　(b)　**対抗することができないということの意義**　　虚偽表示の無効を対抗することができない，とは，第三者との間において，無効であることを前提とする効果が認められない，ということを意味する。

　甲土地を所有するＡがＢに対し甲土地を売り，しかし，この売買が虚偽表示である，という場合において，ＡからＢへ所有権が移転しないから，甲土地をＢから買ったＣも所有権を取得することができないはずである。しかし，Ｃが善意であるならば，Ｃとの関係において，ＡからＢへの所有権移転がないことを前提とする効果は認められない。では，どのような効果が認められるか。94条2項が与える法定の効果として，Ａ→Ｃの権利変動が生ずるものと擬制する，という法的構成が適当であると考えられる。この権利変動が生ずることにより，Ｂ・Ｃ間の売買においてＢがＣに対し負う所有権移転義務は，履行されたものと考えられる。また，Ａ・Ｂ間の売買が虚偽表示により無効であることに変わりはなく，ただし，Ｂは，Ａに対し甲土地を返還して原状を回復することが実際上できないから，価額を償還しなければならない。

　例を改め，甲土地を所有するＡがＢに対し甲土地を売り，しかし，この売買が虚偽表示である，という場合において，ＢがＤのために地上権を設定してその旨の登記をし，その後にＢがＥに甲土地を売ったときに，Ｄ・Ｅのいずれもが善意であるならば，Ｄは，地上権を保持し，また，Ｅは，地上権の負担のある（したがって，円満でない）所有権の取得が認められる。また，Ｄが善意ではないのに対し，Ｅが地上権の負担がある前提で有効に所有権を取得したと信じていたと認められるときは，Ｅは，所有権の取得が保護されるべきであるが，円満な所有権の取得が認められることは適当でない。Ａは，地上権を覆滅することができる点について，Ｅに対し，虚偽表示無効を対抗することができ，その無効の原状回復の一つの形態として，地上権に相当する価額の償還をＥに対し請求することができると解すべきである。

61　虚偽表示でない虚偽の容態／民法94条2項の類推解釈の考察

　甲土地を所有するＡがＢに対し甲土地を売り，しかし，この売買が虚偽表示である，という場合において，にもかかわらずＡからＢへ所有権の移転の登記がされ，この登記からＡ→Ｂの権利変動があったものと認識して，甲土地をＢから買ったＣは，通常は善意であり，94条2項により保護される。では，ＡからＢへ所有権の移転の登記がされた，ということがあったが，Ａ・Ｂ間において売買がされず，したがってまた，その虚偽表示の反対約束がされた事実

も認められない，という場合は，どうか。どうもならない。これが，原則である。Bが所有権の登記をしたことから，A→Bの権利変動があったことを信じたCは，保護されないことが原則であり，Bに対し所有権移転義務の不履行に基づく契約責任を追及し，また，B・C間の売買の成立に尽力して媒介をした宅地建物取引業者に対し，その尽力に至らない点があったことを理由として，やはり契約責任を問うことなどをもって瞑するべきである。

　ただし，A→Bの所有権の移転の登記が，Aの意思によりされた場合は，例外的な解決が与えられなければならない。一般に，①**真正な権利者の意思による関与**があり（この例では登記手続をAの意思でしたこと），その関与がもたらす②**外部的表現と真正な権利状態との齟齬**が認められ（所有者でないBを登記名義人とする登記），その外部的表現への③**第三者の正当な信頼**（Cが善意であること）を保護する必要がある場合においては，その第三者を保護するための法理が構築されなければならない。その法理は，この事態が，真正な権利者の意思による関与がある点で94条2項の適用場面との間に本質的類似性があると考えられることから，**民法94条2項の類推解釈**により導かれるべきである。

			典型例	講述の場所
94条2項の適用			A・B間の不動産の売買を効力がないものとする合意がA・B間にある場合において，CがBから売買目的不動産を譲り受ける。	上述 **60**(2)
94条2項の類推解釈	いわゆる外形意思対応型	相手方との共働を伴う場合	A・Bが協力してA→Bの所有権の移転の登記がされ，そしてCがBから当該不動産を譲り受ける。	次述 **61**(1)
		相手方との共働を欠く場合	Aが所有する不動産についてBが所有権の登記をして，それをAが明示または黙示に承認し，そしてCがBから当該不動産を譲り受ける。	後述 **61**(2)
	いわゆる外形意思非対応型（94条2項・110条の類推解釈，両条の「法意」の斟酌）		A・Bが協力してA→Bの所有権の移転の仮登記がされ，これに基づく本登記をBがし，そしてCがBから当該不動産を譲り受ける。	後述 **61**(3)
94条2項（および110条）の類推解釈の限界事例			所有権の移転の登記をするのに必要な情報をAがBに託し，これを用いてBがA→Bの登記をした後，CがBから当該不動産を譲り受ける。	後述 **61**(4)

　①の要件は，他人との共働でされることがありうる（後述(1)）が，必ずしも共働を伴う必要はなく（後述(2)），また，事後的な関与であってもよい。②の要件は，真正な権利者の意思による関与から通常生ずる外部的表現であること（いわゆる外形意思対応型）が普通であるが，その関与の射程を超えるものである場合は，③の要件を厳格なものにする規範操作を加えたうえで第三者の保護を是認する余地が開かれる（いわゆる外形意思対応型。後述(3)）。

(1)　他人との共働がある場合

　虚偽の意思表示はないとしても，Aにおいて何らかの虚偽の容態（容態とは人の精神作用に基づく行動や態度）がみられる場合は，個別に考察して，それぞれの法律関係に即して検討すべき問題がある。

　典型的には，A・Bが共同して，売買を原因とする所有権の移転の登記を申請し，これが実現した（しかし，登記原因である売買の存在は認められない）という場合である。この場合には，売買があったものとみられてもやむをえない公示を作り出すことについてAの意思による関与がある。この場合の法律関係は，まずA→Bの権利変動は，起こらない。したがって，Bから買ったCのために，B→Cの権利変動も，起こらないことが原則である。しかし，Aには，虚偽表示はないとしても，これと本質的類似性をもつ虚偽の容態があるから，そこに類推の基礎を見出し，94条2項の類推解釈として，Cが善意である場合について，A→Cの権利変動が生ずることが是認されてよい。

　これと構図を同じくする事案として，Aが築いて所有権を取得した建物の所有権の保存の登記がBを登記名義人としてされ，この登記の手続が，Bの承諾を得て事実上Aがした，という場合において，Aが，Bを起点とする建物の善意の譲受人に対し所有権を主張することは，94条2項の類推解釈により許されない（最判昭和41年3月18日民集20巻3号451頁）。

　これらにあって，所有権がBにあるようにみえる外形とそれを容認したAの意思があることから，この場面を**外形意思対応型**というニックネームでよぶことがされてきた。これは，注意をして用いなければならない呼称である。意思といっても，意思表示における意思はない。そこが曖昧に理解されると，94条2項の適用の場面と類推解釈のそれとの区別がわからなくなる。また，外形といっても，単に外形でなく，真正な権利者であるAの容態がもたらす外部

的な表現にほかならない。ここが曖昧であることもまた，94 条 2 項の類推解釈をもって，単純な外観保護の考え方であるという誤解を与えてきたものではないか。よく大学の試験などで学生が，実体と一致しない外観がある場面で安易に 94 条 2 項の類推解釈を持ち出す解答をすることも，このような学問上の整理に遠因がなかったとは断じがたいと感ずる。

(2) 他人との共働がない場合

前記①の真正な権利者の意思による関与は，必ずしも権利者とだれかとの共働を伴ってされる必要はない。共働を伴っていなくても，権利者本人の関与があれば，同人に帰責することが妨げられない。94 条 2 項の本来の適用の場面において「通謀」という仕方で表意者と他人との共働が求められることと大きく異なる。

判例上，「不実の所有権移転登記の経由が所有者の不知の間に他人の専断によってされた場合でも，所有者が右不実の登記のされていることを知りながら，これを存続せしめることを明示または黙示に承認していたときは，右 94 条 2 項を類推適用し，所有者は，前記の場合と同じく，その後当該不動産について法律上利害関係を有するに至った善意の第三者に対して，登記名義人が所有権を取得していないことをもって対抗することをえない」とされ，その理由として「不実の登記が真実の所有者の承認のもとに存続せしめられている以上，右承認が登記経由の事前に与えられたか事後に与えられたかによって，登記による所有権帰属の外形に信頼した第三者の保護に差等を設けるべき理由はない」とされることが，これに相当する（最判昭和 45 年 9 月 22 日民集 24 巻 10 号 1424 頁）。

ここで，不実の登記を「専断」でした他人と，事後の承認をした真正な権利者とは別個に行動・態度をとるものであり，共働という関係にない。もっとも，「明示または黙示に承認していた」かどうかは，具体の事案に即して慎重に判断されなければならない。この判例の事案が，不実の登記の存在に気づいて 4 年余にわたりそれを放置していたことをもって事後的承認があったとするところは，参考になる。

同様の事案として，「未登記の建物所有者が他人に右建物の所有権を移転する意思がないのにその他人の承諾をえて右建物につきその他人名義の所有権保

存登記を経由したときは，建物所有者は，民法 94 条 2 項の類推適用により，登記名義人がその所有権を取得しなかったことをもって，善意の第三者に対抗することができない」（最判昭和 45 年 4 月 16 日民集 24 巻 4 号 266 頁）とされる。ここで登記名義人になる者の承諾を経るという契機を強調すると，あまり事態は(1)と異ならないこととなる。むしろ，その承諾の有無にかかわらず，真正な所有者が積極的に加功したことが問題とされるべきである。

　そして，そのように考えるならば，不実の「登記について登記名義人の承諾のない場合においても，不実の登記の存在が真実の所有者の意思に基づくものである以上……94 条 2 項……を類推適用」すること（最判昭和 45 年 7 月 24 日前掲）も，正当であると考えられる。

(3)　いわゆる外形意思非対応型

　もっとも，ここまでは，真正な権利者がその容態において是認していた限度において，その結果として第三者が出現した場合について，その第三者の善意を要件として，これを保護するものである。これに対し，A・B に売買をする意思がなく，また，売買の予約をする意思がないにもかかわらず，甲土地を所有する A が B に売ることを予定する旨の売買の予約をし，この予約を原因とする A から B への所有権の移転の仮登記がされた後に B が，登記の申請をするための不実の情報を作成し，この仮登記に基づく本登記をした，という場合において，これを前提として，B・C が，甲土地を B が C に売る旨の売買契約をし，この売買を原因とする B から C への所有権の移転の登記がされた，ということになると，どのように考えるべきであるか。

　判例は，「外観上の仮登記権利者がこのような仮登記があるのを奇貨として，ほしいままに売買を原因とする所有権移転の本登記手続をしたとしても，この外観上の仮登記義務者は，その本登記の無効をもって善意無過失の第三者に対抗できない」とし，その法的構成として，「仮登記の外観を仮装した者がその外観に基づいてされた本登記を信頼した善意無過失の第三者に対して，責に任ずべきことは，民法 94 条 2 項，同法 110 条の法意に照らし，外観尊重および取引保護の要請というべきだからである」とする（最判昭和 43 年 10 月 17 日民集 22 巻 10 号 2188 頁）。

　これは，一方において利益考量としては，A が容認していた外観の限度を

超えて権利を取得した第三者の保護が問題となっていること（前記②の要件が問われており，この場面は**外形意思非対応型**ともよばれる）に鑑み，その第三者を保護する要件の水準を厳しくし，善意のみならず無過失をも求めるものとし（前記③の要件の厳格な運用），また他方において，その法的構成における支えとして，94 条 2 項のみならず，110 条をも加えて根拠を考えようとするところに特色が観察される。登記上の仮登記権利者であるが実体は仮登記に照応する権利すら存在しないところの第三者保護は 94 条 2 項で捉え，それを超えて本登記をしたところは代理人の権限踰越の行為と類比して 110 条を持ち出す論理操作であるとみられる。94 条 2 項と 110 条という二つの法条の総合による操作であり，このような類推解釈の手法を法類推とよぶこともある。また，ここで行なわれている解釈操作は，法条が用いる概念の本質的類似性に着目するものであることを超え，法条の全体的趣旨を踏まえた新しい規範の創出になっている。判例が「法意に照らし」という表現を用いることは，この点に注意を促すものであるとみられる。こうした注意を添えてであるならば，ここまでに取り上げた解釈は，ありうる解決として是認してよいと考えられる。

(4) 附説／民法 94 条 2 項の類推解釈の限界

　とはいえ，どこまで 94 条 2 項の類推解釈による外観信頼の保護を推し進めることがよいか，は悩ましい問題である。

　判例に現われたものには，つぎのような事例もみられる。「A は，B に対し，本件不動産の賃貸に係る事務及び 7371 番 4 の土地についての所有権移転登記等の手続を任せていたのであるが，そのために必要であるとは考えられない本件不動産の登記済証を合理的な理由もないのに B に預けて数か月間にわたってこれを放置し，B から 7371 番 4 の土地の登記手続に必要と言われて 2 回にわたって印鑑登録証明書 4 通を B に交付し，本件不動産を売却する意思がないのに B の言うままに本件売買契約書に署名押印するなど，B によって本件不動産がほしいままに処分されかねない状況を生じさせていたにもかかわらず，これを顧みることなく，さらに，本件登記がされた平成 12 年 2 月 1 日には，B の言うままに実印を渡し，B が A の面前でこれを本件不動産の登記申請書に押捺したのに，その内容を確認したり使途を問いただしたりすることもなく漫然とこれを見ていたというのである。そうすると，B が本件不動産の登記済

証，A の印鑑登録証明書及び A を申請者とする登記申請書を用いて本件登記手続〔A→B の移転の登記の手続〕をすることができたのは，上記のような A の余りにも不注意な行為によるものであり，B によって虚偽の外観（不実の登記）が作出されたことについての A の帰責性の程度は，自ら外観の作出に積極的に関与した場合やこれを知りながらあえて放置した場合と同視し得るほど重いものというべきである」と判示された事例である（最判平成 18 年 2 月 23 日民集 60 巻 2 号 546 頁。当事者の符牒について加筆をしてある。このあとのこの判決の引用も同じ）。

　ここで，「A の帰責性の程度は……外観……を知りながらあえて放置した場合と同視し得る」とされ，「外観……を知りながらあえて放置した場合」そのものであるとみることができないのは，C の出現が平成 12 年 3 月 23 日と時間の間隔が短く，知りながら放置したということそのものであるという評価がなりたちにくいからである。そこで，その外観を B が作り出す可能性がある状態を重大な不注意で放置したことをもって，外観の放置に近づけて理解しようとするものが，この判決にほかならない。すなわち，「前記確定事実によれば，C は，B が所有者であるとの外観を信じ，また，そのように信ずることについて過失がなかったというのであるから，民法 94 条 2 項，110 条の類推適用により，A は，B が本件不動産の所有権を取得していないことを C に対し主張することができないものと解するのが相当である」とされる。

　たしかに，このような軽率な行動に出る A を真正な権利者として保護しなければならない要請は，乏しいであろう。利益考量の感覚は，理解することができないでもない。この事案とは異なり，B が，いったんは B を登記名義人とする登記をするという手順を経ないで，A の代理人として A→C の所有権移転の法律行為をしたという場合の C が表見代理のいずれかの類型で保護される余地があることとの権衡を考えても，C を何らかの表見法理の手法で保護しようと考えることは，理解可能である。

　しかし，虚偽表示と類似する容態であるとみるためには，たとえば売買を原因とする登記に加功したから，売買はされていないものの売買の虚偽表示に準じてみることができる，という関係が認められることを要する。いろいろな（！）登記をすることができる可能性のある書類を渡していて，所有権の移転

の登記に限っても売買を原因とするかもしれないし，贈与を原因とするものかもしれない，はたまた抵当権の設定の登記がされるかもしれない，という局面において，結果としてされた登記の原因について，遡って，それに準ずる虚偽の容態があったという物語にすることは，やや粗い論理の運びである。

　この事例において，所有権を取得することができないとされるならば，Cが，Aに対し，不法行為に基づく損害の賠償を請求することはできるし，その賠償請求権を保全するために問題の不動産を差し押さえることも，手順を経るならば（関係する登記の抹消や保全のための仮差押えなど）考えられないではない。不動産の登記に絶対の効果を認めないとする日本の法制のもとでは，そもそも登記があるからといって権利取得そのものの安泰を確保しようとすることに限界があるということが，あらためて想起されるべきであろう。ある場合に94条2項（ないし加えて110条）の類推解釈を働かせると，つぎは似た場合も，という思考を重ねる際限のない拡張が進んでいくことについて，省察が要請されている。

◆民法94条2項の類推解釈

　94条2項の類推解釈に関する平成18年の判例について，佐久間毅「民法94条2項および民法110条の類推適用による不動産登記名義に対する正当な信頼の保護」NBL 834号（2006年）。磯村保・民法判例百選I総則・物権（第7版，2015年）は，同項の類推解釈に関する判例形成の全般を理解するにあたり，役立つ。同じ問題について，さらに，多田利隆『信頼保護における帰責の理論』（1996年），中山布紗「民法94条2項および同110条の重畳類推適用の『限界』を超える事例における真正権利者の帰責根拠——最一小判平18・2・23民集60巻2号546頁の位置づけ」池田恒男＝高橋眞（編著）『現代市民法学と民法典』（2012年）。なお，笹倉秀夫『法解釈講義』（2009年）123-25頁・146-48頁は，判例が用いる類推解釈の概念について，精密な整理を求める。

課題の考察

　南北酒造が所有する甲土地について，東西銀行のために抵当権を設定する旨の法律行為がされた。が，これは，じつは虚偽表示であった。それは，なぜ行なわれたものであるか。

　まず，東西銀行にとってのメリットは，わかりやすい。本来は有していないはずの権利（抵当権）があるように装うことに何か（その何かは，いろいろであろうけれども）利便がある，ということは容易に想像することができる。

　半面，南北酒造にとってのメリットも，いろいろありそうである。大別すると，一方において，直接の特段の利益はないが，その件で東西銀行に協力をして歓心を得ておくと，別の機会に何か便宜を恵んでもらうことができることを期待して，ということがあるかもしれない。他方において，南北酒造にとっても，抵当権の負担を受けている格好にしておくことで，たとえば甲土地を差し押さえようと考えていた別の債権者に対し，それが無益である印象を与えて断念させる，といったことがある。

　もちろん，いずれにしても，あまり推奨されることではない。

　東京地判平成8年9月20日判タ957号215頁の事案は，金融監督当局による検査でAのBに対する貸付について適切に担保を得ていないことを指摘されることを避けるため，Cが所有する不動産にAが抵当権の設定を受け，これをすることによりCがAとの取引の円滑を期待するという構図のものであった。

◆虚偽表示の構造の可視的な観察

　課題の考察に登場する南北酒造と東西銀行の物語において，もし南北酒造が抵当権の設定の登記の抹消手続を請求するということになると，その訴訟における攻撃防御は，つぎのようになる。

　1　請求原因
　(1)　原告（南北酒造）は，甲土地を所有している。
　(2)　被告（東西銀行）は，甲土地について，抵当権の設定の登記をしている。

（3）　よって，原告は，被告に対し，所有権に基づき，上記（2）の抵当権
　　の設定の登記の抹消手続を請求する。

2　請求原因に対する認否
請求原因 1 （1）・（2）は，いずれも認める。

3　抗弁（登記保持権原／抵当権）
（1）　被告は，平成 25 年 5 月 8 日，弁済期を平成 28 年 5 月 8 日と定め，
　　南北酒造に対し，3000 万円を貸し渡した。
（2）　原告は，同日当時，甲土地を所有していた。
（3）　原告は，同日，上記の貸金債権を担保するため，被告のために，甲
　　土地について抵当権を設定した。
（4）　請求原因 1 （2）の抵当権の設定の登記は，上記の抵当権設定に基づ
　　く。

4　抗弁に対する認否
抗弁 3 （1）・（4）は，知らない。抗弁 3 （2）・（3）は，認める。〔抗弁 3
（3）を否認する，という原告の対応も想像することができる。〕

5　再抗弁（虚偽表示）
原被告は，平成 25 年 5 月 8 日，抗弁の抵当権設定の法的効果を生じさせ
ないことの合意（**課題の考察**で紹介する裁判例の表現を借りると，「抵当権設定
契約書を作成するだけであると認識していたのであるから，双方とも意思表示の
表示上の法律効果を発生させる意思がない点で〔の〕合意」）をした。

6　再抗弁に対する認否
再抗弁は，否認する。

第**4**節　錯　誤

　　　　　　　　　　　　　　　二つの種類の錯誤を学ぶ

┌─ 課題の設定 ─┐

　これから買おうと考えているマンションは，小高い丘にあり，海を遠望することができる。自分が住み始めても，この景色は変わらないであろう（と，あなたが思いこんでいるにすぎないのではありませんか）。だから，買う。それに，近くに高い建物は作られないと聞いている（だれから聞いたのですか，噂にすぎないかもしれませんよ）。それも，良い。だから，買う。この考え方は，まちがっていますか（まちがっていない，と直ちに言ってあげることが難しいとも感じますね）。

62　錯誤の意義

　意思表示をするうえでの認識について表意者に過誤があり，その過誤を表意者が知らないで意思表示がされることが，**錯誤**である。その効果は，表意者が意思表示を取り消すことができることである。

　錯誤には，二つの種類のものがある。

　第一に，正常な意思表示は，表意者が，表示している内容を正確に認識してされなければならない（前述 54 の正常な意思表示の成立の描写を参照）。正確に認識するならば，それが，自分が考えていること，つまり内心的効果意思の内容と一致しているかどうか，を知ることができる。反対に，表示しようとしている内容，つまり権利義務に関し意思表示の内容にしようとしているものを正確に把握していないとき，そこに錯誤がある。これが，**意思不存在の錯誤である。**代金を 100 ユーロとする売買契約の申込みをしようと考えている者が，申込みを表示する書面に 100 ドルと理解される記載をしていることに気づかないまま書面を提出することが，これに当たる。この場合において，相手方がした承諾の意思表示もまた 100 ドルの意味で理解されるときに，申込みと承諾が一致するから契約は成立する（522 条 1 項）けれども，申込みをした者が錯誤を理由とする取消しをして契約の効力を否定することに途が開かれる（☞第 6 章 46）。

　第二に，法律行為の基礎としようとした事情についての事実が真実に反する

ことを認識しないで意思表示をすることが**基礎事情の錯誤**である。『民法総則』
という表題の特定の書物を書店で手に取って買おうとする者が，この本には，
物権や債権，さらに親族や相続の話を含め，民法のすべてが述べられていると
考えて売買の申込みをした場合において，しかし，その本では，民法の第1編
の総則のところしか解説されてない，というときには，その本を買おうと考え
てその本を買ったものであるから，ふつう，意思不存在の錯誤は考えにくい。
そうではなく，その売買の基礎にしようとした事情についての認識の過誤があ
る。

　ひらたく述べるならば錯誤は "かんちがい" である。しかし，考えてみると，
人生は "かんちがい" ばかりである。あなたの家の隣の建物の屋根の色をおぼ
えているでしょうか。青い屋根であると思い込んでいたが茶であった，とか，
今朝の通勤の電車で隣にすわった男性は長髪であると思っていたが，じつは刈
り上げであった，とか，そんなことはよくあります。取引をする場面も同じで
あり，契約書にサインをした日は晴天であると思い込んでいたが，あとで気象
台に問い合わせたところ曇りであったところから，この取引は取り消す，とか，
そんなバカな話がありえないことは，簡単に理解することができる。

　要するに，錯誤を理由とする取消しは，あってよい制度であるが，取り消す
ことができる要件は，十分にコントロールされなければならない。だいたいが，
ドルとユーロの話は，これら通貨をとりちがえることは，状況にもよるが，一
般には，かなり迂闊であったと難ぜられても仕方がない。これで取消しを認め
ることでよいか。また，『民法総則』という本の話は，買い手が勝手に中味を
かんちがいしていたにすぎないともみえる。

　これらの場合に取消しを認めてよいかどうか，ここを仔細にコントロールす
ることが，錯誤の要件論の中心課題である。だれにでも "かんちがい" はある
けれど，相手方が気づくことができないことがあるし，いつも "かんちがい"
を理由に取り消されるということになると，相手方の利益も害される。そこで
民法は，まず，意思不存在の錯誤と基礎事情の錯誤の要件を絞り，取消しを望
むことが無理もないと考えることができる場合を明確にする。くわえて，それ
らの要件を充足する場合においても，表意者の不注意でした度合いが大きい場
合には錯誤取消しを認めないという基本的態度をとり，表意者に重大な過失が

あるとして取消しが認められない場合と，表意者に重大な過失があっても相手方の行態を考慮し，なお錯誤取消しを認めてよい場合とを細かく定める。

ここからは，まず意思不存在の錯誤（次述63）と基礎事情の錯誤（後述64）の要件を概観したのちに，取消しの阻却事由としての重大な過失の問題を扱い（後述65），そして，取消しの効果（後述66）を考察することとする。

63 意思不存在の錯誤

「意思表示に対応する意思を欠く」意思表示であって，表意者が，意思とは異なる表示をしていることを知らないでするものが，意思不存在の錯誤のある意思表示である（95条1項1号）。これを取り消すことができるためには，表意者のほうで積極的に主張立証することが求められる積極要件と，取消しを否定しようとする側が主張立証して錯誤取消しを阻むことを求められる消極要件がある。

積極要件は，その「錯誤が法律行為の目的及び取引上の社会通念に照らして重要なものである」ことである（同項柱書）。これを充たすかどうかは，当事者がした契約の性質，契約をした目的，契約締結に至る経緯などの事情に基づき，取引の通念を考慮して定まる。個別の契約をした経緯が意味をもつ側面もあるから，その錯誤がなければ表意者は意思表示をしていなかったこと（**主観的因果性**）を要する。しかし，そのことが無理もないと取引の通念上も考えられることも必要であるから，その錯誤が意思表示をするか否かの判断に"通常"影響を及ぼすべきものであるという性質（**客観的重要性**）を備えることも求められる。

実際の判断においては，客観的重要性を充足するかどうかは，まさに客観的に判断されるから，訴訟の攻防において争点とすることに親しむし，客観的重要性が充足されるならば，主観的因果性をそれとして独立に問題としなければならない場合は，そう多くない。そして，どのような場合に客観的重要性を充足するか，を判断するうえでの一般的な考え方は，つぎのようなものである。

まず，**意思表示の不可欠の内容をなすと認められる事項**は，客観的重要性を充たすと考えられる。不可欠であるとは，意思表示により契約が成立する場合には，その種類の契約にとって不可欠である事項という意味であり，売買契約に

における**代金**と**目的物**，賃貸借契約における**賃料**の定めと目的物などである。い
くらで売るか，何を買うか，ということについて理解の齟齬があることは，錯
誤となる。これに対し，**契約の当事者がだれであるかは**一般にはさまざまであ
るというほかない。日用品を販売する商人が，買主となる者の属性を誤って認
識しても，錯誤とはなりにくい。「そこの奥さん，大根を安くしておくよ」と
声をかけて売った客が実際には長髪の男性であったとか未婚の女性であったと
かいう場合において，錯誤を言い立てても，ふつう，客観的重要性に欠けると
判断される。もっとも，この例は，「そこの奥さん」というのが単なるよびか
けであって，そもそも当事者の属性が契約の内容になっていないとみることも
できよう。これに対し，冗談で済まない話として，戦前の軍が軍用地として用
いる土地にするから，と申し向けられ，買主は国であると考えて売買契約をし
たが，買主は，軍が関係する財団法人であった，という場合について，錯誤が
認められた（最判昭和 29 年 2 月 12 日民集 8 巻 2 号 465 頁）。買主の属性そのもの
ではなく，買主が代金を弁済するつもりが初めからなかった，という場合にお
いて，この事情に関する誤解を理由に錯誤が認められたこともある（大判大正
11 年 3 月 22 日民集 1 巻 115 頁）。現実売買であればともかく，代金の額が多く，
契約締結とは別の機会に決済がされる不動産の売買契約においては，買主の属
性や弁済意思ないし弁済能力についての錯誤を是認することは，おおいに考え
られる。さらに，金銭の消費貸借において，借主の属性や返済意志・返済能力
は，いっそう，このことが妥当すると思われる。もっとも，買主になろうとす
る者が国であるという内心の意思と齟齬して，財団法人に対し売買の意思を表
示することは，意思不存在の錯誤の客観的重要性が認められ，売主に重大な過
失がない限り錯誤取消しが認められてよいが，弁済の意志・能力となると，む
しろ基礎事情の錯誤として扱うことが考えられるし，いずれにしても表意者の
重大な過失が問題となる可能性がある。

　意思表示の不可欠の内容をなすと認められる事項として，どの範囲のものを
考えるかは，それぞれの法律行為の形態に即して見定めることになるが，基本
となる指標として，それぞれの法律行為について民法が与える概念規定，つま
り，いわゆる冒頭規定において表現されている要素たる事項は，原則として，
これに当たると考えるべきである。ここまでに登場してきた売買における代金

の額や目的物の同一性，賃貸借における賃料の額や目的物の同一性など，すべてそうである。冒頭規定の内容をなすものでないものとしては，**保証や担保権の設定行為**に注意を要する。これらは，成立における附従性が実体上前提とされており，「保証契約は，特定の主債務を保証する契約であるから，主債務がいかなるものであるかは，保証契約の重要な内容である」し（最判平成 14 年 7 月 11 日判時 1805 号 56 頁），物上保証人による担保権の設定についても，被担保債権の内容に関する錯誤は，一般に錯誤取消しの原因となる。たとえば法人の代表者である個人が負う債務を保証すると表示していても，保証人の内心の意思は法人が負う債務を保証するものであった，という場合は，保証人に重大な過失がない限り，その保証契約を取り消すことができる。また，保証人となろうとする者の内心の意思が，立替払契約に基づく代金の立替払の債務を保証する意思で，主たる債務者となる者が債権者との間においてする立替払契約に基づく債務を保証する意思を表示した場合において，代金の立替払に当たる支払はされず，そこにいう立替払の債務とは，債権者が主たる債務者に対し代金に相当する金銭を貸し渡し，主たる債務者が代金の名目で借入金を支払う債務を負っていたものであるというときには，意思に対応する表示がされたとは考えられず，保証人は，この保証契約を取り消すことができる（最判平成 14 年 7 月 11 日前掲。これと性質を大きく異にする問題として，主たる債務者の属性に関する錯誤は，基礎事情の錯誤の問題である。最判平成 28 年 1 月 12 日民集 70 巻 1 号 1 頁）。

64　基礎事情の錯誤

　表意者が法律行為の基礎とした事情があり，その事情が法律行為の基礎とされることが表示されていた場合において，この事情についての認識が真実に反しており，この錯誤が，契約などの法律行為の目的と取引上の社会通念に照らして重要なものであるときに，表意者は，その意思表示を取り消すことができるものとされる（95 条 1 項 2 号）。

　問題となる認識は，真実に反するかどうかが意思表示の時に定まるものでなければならない。将来の事実に係らしめるものは，条件または期限の概念で理解され，132 条のように「条件を付した」，135 条 1 項のように「始期を付した」，また，同条 2 項のように「終期を付した」とそれぞれ表現される。

「君が試験に合格したら御馳走をしてあげよう」というものは，条件を付した意思表示であるのに対し，「君が試験に合格したことの御褒美に御馳走をしてあげよう」（しかし現実には，合格していなかった）という意思の表示は，かつて動機の錯誤で理解されてきたものであり，上述の「……基礎とした」という規律表現に当たるものである。

なお，「君が試験に合格したら御馳走をしてあげよう」という取引は，たとえすでに試験の合格発表がされている場合であっても，そのことを当事者が意識せず，あくまでも試験の合否を将来の不確定の事実として扱ったときには，条件付法律行為であり，基礎事情の錯誤とは区別される。

ある事情が**法律行為の基礎とされていることが表示されていた**とみられるかどうかは，事実認定の問題である。それは，「条件を付した」とみられるかどうかがそうであることと異ならない。「表示されていた」・「付した」が明示の意思表示としてされる場合は，その明示の意思表示の存在が一個の主要事実として主張立証される。「これから東北に旅をするが，昨日の降雪で歩きにくいから雪靴を買うのであって，もし雪が降っていないときは返品する」という趣旨が明瞭に約されている（そして，前日に降雪があったとするのは誤報である）という場合は，この意思表示があったことの主張立証をもって，客の側に重大な過失が認められない限り，錯誤取消しが可能となる。同じように，「これから東北に旅をするが，明日の降雪で歩きにくいであろうから雪靴を買うのであって，もし雪が降らないときは返品する」という趣旨が明瞭に約されている場合は，停止条件付の法律行為であるとみることになる。

これに対し，明示の意思表示を認定することができない場合は，黙示の意思表示の基礎づけ事実を認定することになり，そして，ふつうは複数の基礎づけ事実の総合判断により，意思表示の存否が認定判断される。雪靴を買おうとする客が，「これから東北に旅をするけれど，昨日の降雪で歩きにくいことが心配でね」と話し，店員が「お客さん，それは難儀ですね，気をつけて行ってらしてくださいね」という会話がされたのみでは，降雪の事実の存在が基礎とされたとみることはできず，これに加えて，その事実が前提とされたという意味づけを強める他の基礎づけ事実とあいまち，初めて黙示の意思表示により当該事実が前提とされたものと認められることになる。

　取引の前提事情という際の取引は，事業裡のものに限られず，市民に身近な事象もみられる。離婚をするときには，当事者のあいだで財産分与の協議がなされる（768 条 1 項）ところ，ある夫婦が離婚をすることになり，その際の財産分与の協議で，夫が妻に不動産を与えることになったとしよう。このような場合には，一定の要件のもとで夫に対し譲渡所得課税がされる。夫が，このことを知らず，協議の席上，不動産を取得することになる妻に対し課税がされることを心配する発言をしていたという事案において，自身への課税はないであろうという動機で成立したこの財産分与協議について夫は，錯誤を理由として財産分与協議を取り消すことができるか，という問題について，妻への課税を案ずる発言が，自分への課税がないとの認識の"黙示の"表明であると構成した判例がある（最判平成元年 9 月 14 日家月 41 巻 11 号 75 頁。特定の遺産分割方法を指定する遺言の存在を知らないでされた遺産分割の協議が錯誤により効力を否定される可能性があるとする最判平成 5 年 12 月 16 日家月 46 巻 8 号 47 頁も，類似の観点から理解される）。

　法律行為の目的と取引上の社会通念に照らして重要なものであるという要件は，問題となる法律行為が契約である場合において，その充足が双方の当事者に認められるとは限らない。雪靴の売り手にとって，客が旅先で現実に雪で難儀するかどうかは，どうでもよいことである。これに対し，客にとっては，まさに降雪の有無について誤認をしなければ雪靴を買わなかったと考えられる。そこで，意思表示を取り消すことができる表意者は，客のほうである。判例上問題になったものを拾ってゆくと，まず，**目的物の性質**に関する事実認識の誤りは，一般に錯誤取消しの問題となりうる。購入しようとする土地の接道状況（道路に面していなかった。最判昭和 37 年 11 月 27 日判時 321 号 17 頁），建物を購入する際の敷地の所有関係（敷地も建物所有者が所有しているものと考えていた。最判昭和 38 年 3 月 26 日判時 331 号 21 頁のとくに個別意見）など，いずれもこれらの事項が契約の内容になっているものであるならば，錯誤取消しが認められてよい。

　これらに比べ難しい問題を提供するものは，**取引の前提をなす事情**に関する事実認識の誤りである。ことに，物的担保や人的担保の存否に関する誤解をめぐる紛争は多い。他にも保証人がいると誤解してした保証は，原則として，錯誤取消しを認めないとすることが判例の態度であるとみられる（最判昭和 38 年

2月1日判タ141号53頁）。準消費貸借の締結とそれに基づく貸金返還請求権を担保する抵当権設定の行為がされた場合において，準消費貸借契約が無効であるとするならば，抵当権は，成立における附従性が働いて効力が否定されるのに対し，抵当権設定のほうが無効であるとしても，準消費貸借は，抵当権の設定を前提にしたものと認められる特別の事情がない限り，錯誤の問題を生じない（最判昭和45年5月29日判時598号55頁）。

　取引の前提をなす事情に関する事実認識の誤りのなかでも，問題となる取引が和解である場合には，696条の規定があり，それとの関係を明らかにしなければならないことから，さらに考察を要する。例を挙げよう。スキー場でスポーツを楽しんでいた者が，近傍で危険なスキー・プレーをしていた者にぶつかって負傷したとみられる，という出来事があったという場面である。負傷した被害者は，加害者に対し，この負傷が衝突によるものであり，衝突が生じたことについての過失の割合は，被害者が2割であって，加害者が8割であると主張して，100万円の損害のうち80万円を請求した。交渉がされ，加害者が被害者に対し50万円を支払うことにして，この争いを止めることを約したとしよう。その後，この事故の過失の割合は，被害者が7割であって加害者が3割であることが判明したとすると，加害者は，被害者に対し，30万円のみを支払うと主張することができるか。負傷が衝突によるものであるという場合は，それにより生じた紛争を互譲により解決したものが，この和解にほかならず，そこでの過失の割合は，解決が要請される紛争の目的そのものであるから，これについての事実認識の齟齬を理由に和解が錯誤取消しとなることはない（696条は，このような解決を指示するものであると考えられる）。これに対し，そもそも負傷は，ぶつかる前に被害者が自らのスキーの運用の過誤で木の切り株にぶつかって生じたものであることが判明した場合は，どうか。これは，和解の前提事項に係る錯誤であり，696条の適用はなく，95条により和解は取消し可能である（最判昭和33年6月14日民集12巻9号1492頁，最判昭和43年7月9日判時529号54頁）。もっとも，和解の目的である事項と和解の前提事項との識別は，ときに微妙である。典型の事例について述べるならば，上記のようになる。

◆**基礎事情の錯誤**

　加藤雅信＝加藤新太郎＝磯村保（鼎談）「法律行為論と錯誤」加藤雅信＝
加藤新太郎（編著）『現代民法学と実務　上巻』（2008年），また，磯村・前掲
「法律行為論の課題」16頁以下。山本敬三「『動機の錯誤』に関する判例の
状況と民法改正の方向」NBL 1024号・1025号（2014年）。

　相手方のした指図など，相手側からの働きかけにより事実を誤って認識し，
意思を表示した者が，その誤った認識がなければ通常その意思表示をしなか
ったと認められる場合の法律関係は，どのように考えるべきであるか。相手
方による不実表示という仕方での不適切な働きかけがあった場合であるが，
もちろん，その誤った指図を相手方が故意にし，それにより表意者が錯誤に
陥って意思表示をした場合は，錯誤というよりも，詐欺により意思表示を取
り消すことができる。また，欺罔の故意がなくても，この意思表示によりさ
れるものが消費者契約であって，不実表示をした者が事業者のほうであると
きには，消費者契約法4条1項1号に基づき取消しをすることもできる。

　靴屋を訪れた客に対し，「お客さん，東北に旅されるんですって，昨日は
雪がひどく降ったから，今日あたり，ひどく積もっていますよ」と述べ，そ
れを受け客が雪靴を買った，という場合は，ふつう客が消費者であり，靴屋
の騙す故意が立証されなくても，消費者契約法の同号の不実表示を理由に売
買を取り消すことができる。しかし，いつも客が消費者であるとは限らず，
東北でする法律相談に赴く弁護士である場合のように消費者性（消費者契約
法2条1項参照）に疑義が生ずる場合には，適用に困難がある事例もないで
はない。

　この種の事例の解決は，悩みがあるものの，想定可能な解決の方策として
は，まず，この弁護士を事業者とみることを考え直す，というアプローチが
ありうることであろう。法律相談に赴くという契機が契約の文脈に表われず，
単に東北に赴く用務がある，ということであるならば，そのような思考操作
も可能であり，個人については事業者と消費者の識別を柔軟に考えて問題処
理をすることは考えられてよい。また，靴屋の申し向けを“受け”客が雪靴

を買った，という契機を弾力的に理解するというアプローチもある。"受け"
といっても，まったく受け身で，無言のまま聞き置いて雪靴を買う，という
ことは珍しいはずであり，そこでの何らかの挙動について，前日の降雪を売
買の基礎事情とする意思を表示したとみることができるならば，基礎事情の
錯誤の問題として錯誤取消しを考えることもできる。

65　錯誤取消しの阻却事由／重大な過失

　ここまでにおいて概観した意思不存在の錯誤と基礎事情の錯誤のいずれかが
認められる場合において，それらの要件を主張立証して，表意者は，法律行為
を取り消すことができる。これが，原則である。ただし，相手方は，これに対
し，**表意者の重大な過失**を問題とする主張立証をして，取消しを阻むことが認
められる（95条3項）。パリへ向かう航空便の手配を依頼したいと考える客が，
バリ島の風景が描かれた格安航空券のパンフレットを指さして，これの手配を
お願いする，と述べた場合において，バリとパリの区別を知らないことは，か
なり迂闊であるし，二つの風景はまるで異なる（凱旋門とかエッフェル塔が描
かれていないことを不思議に感じなかったものであろうか）から，表意者に重大な過
失があったと考えざるをえず，この手配契約を錯誤で取り消すことはできない。

　もっとも，①相手方が表意者に錯誤があることを知り，または知らなかった
ことについて**相手方にも重大な過失**があるとき（同項1号），また，②相手方が
表意者と同一の錯誤に陥っていたとき，つまり**共通の錯誤**があるとき（同項2
号）は，表意者の重大な過失を問題とすることなく，錯誤取消しが認められる。

　バリ島のパンフレットを示す手振りの客が「でも，私，ボンジュールぐらい
しかわからないから，すこし不安だけど」と呟くのを聴いた場合は，客が誤解
をしていないか質すべきであったろうから，①の相手方の重大な過失があった
場合に当たる可能性があり，相手方に重大な過失があったと認められる場合は，
表意者は，錯誤取消しをすることができる。これは，①のルールの適用である。
なお，①のルールの相手方悪意の部分（「相手方が，表意者に錯誤があることを知
り」）は，意思不存在の錯誤については，実際に適用される場面を考えにくい。
相手方もまた，客は身振りではバリを申し込んでいるが真意はパリであると知

っている場合は，むしろ契約解釈（誤表は害さない）としてパリを内容とする契約の成立を是認すべき場合が，ほとんどであると思われる。

また，客が「滋賀県の県庁所在地を訪ねてみたいから，彦根に行く電車を手配して欲しい」と申し向け，相手方のほうも同県の県庁所在地が彦根であると誤解していたという場合は②の共通錯誤に当たり，取消しが認められる（しかし，安政の大獄の憾みから維新政府が彦根にするのを避けた，っていう噂は本当の話でしょうか）。

66　錯誤の効果

意思不存在の錯誤または基礎事情の錯誤があり，重大な過失を理由とする阻却事由がない限り，表意者は，法律行為を取り消すことができる。ただし，この取消しは，善意無過失の第三者に対抗することができない（95条4項）。

すなわち，当事者間に関する限り，取消しの効果は，留保なく生ずる。Aが所有する土地を目的として，AがBに売る旨の契約が成立した場合において，たとえばBに代金額の錯誤があるときに，Bは，売買契約を取り消すことができる。反対に，Aに錯誤があった場合において，Aは，売買契約を取り消し，もし所有権の移転の登記をしていた場合は，その抹消手続を請求することができる。

これに対し，BがCに土地を売り，または贈与するなどの契約をしていた場合において，Cが善意無過失である場合は，AがCに対し取消しの効果を主張することができず，たとえばCのためにされた登記の抹消手続を請求することはできない。

取消しの効果は，いわゆる一部取消しとして考えるべき場合もあるといわれる。金額1500万円の手形を金額150万円の手形と誤信して裏書した場合において，この手形行為の全部が錯誤で取り消されるものではなく，「150万円以下の部分については」手形債務を負うという解決（最判昭和54年9月6日民集33巻5号630頁）が，この文脈で例示される。しかし，この例を用いた過度な強調をすることは適切でないと考えられる。これは，たまたま一方的債務負担行為であったから，この解決が妥当視されるにとどまる。たしかに，似た話として，150万円を贈る意思で，1500万円を贈ろう，という贈与の意思を表示し

た者は，150万円の限度で贈与債務を負う，ということは是認されてよい。しかし，Aが所有する土地を目的として，代金を1500万円としてAがBに売る旨の契約が成立した場合において，Bの意思が150万円であったときに，Bは，売買契約を取り消して，150万円で買う，という効果を主張することができるか，というと，それは，おかしい。やや揶揄してこの話を扱うならば，そうなるのであれば今度はAのほうが，150万円が代金になるということについて錯誤があった，ということを言い出すであろう。所詮，この話は代金額の交渉に実質的に成功しなかった場面であり，全部の取消しを認めて，取引をゼロリセットすることがよい。

■課題の考察■

暮らしのなかには，さまざまな思い違いがある。また，人生には，思うように進まないことが山ほどある。それらのすべてが民法の錯誤になるものではない。

民法を学び始める人たちに，とかく見られる事象の一つとして，とにかく錯誤の問題にしたがる傾向がある。学校の先生も好んで錯誤の問題を出す傾向があるから，なにか錯誤に引き寄せて答案を書くとなんとかなるのではないか，と思い込む部分があるのかもしれない。

しかし，日常の言葉でいう錯誤はともかく，民法の錯誤は，法律行為を取り消すことができる，という法的な効果を導くことが相当であるか，という観点を忘れないで考察しなければならない。法律行為のなかでも，契約の場合には，他方の当事者という者がいる。その人との間において，ある情報が不正確であるという不幸な出来事からもたらされるかもしれない危険を共有してよい，という場合が錯誤の取消しを認めてよい場合である。勝手に心のなかで，眺望が遮られることがないマンションだから素敵，と信じ込んでいて，それが裏切られたから錯誤であるということにはならない。

もう一つ。不正確な情報がもたらす危険というとき，その情報は現在の情報でなければならない。近くに高い建物を作る話が現在は（！）ないという認識を基礎として契約をしたのに，真実は建設のプランが進められていたという場合が錯誤の問題である。2筆の土地をもっている者が，一方にマンションを建て，他方は畑として用いるから高い建物を作るつもりはない，と言っていたのに数年したら気が変わり，建物を作った，という話は，まったく別の話である。

ここがわかりにくい，という際は，つぎのようなテストをすればよい。真実を知ったならば，すぐに契約を取り消すことができる，という状況にあるときは，錯誤の問題とする可能性がある。これに対し，契約後の事実の経過があって，それによりトラブルが起こるということでは，その間，取消権があったかなかったか，その取消権の消滅時効が進むか，など論理が矛盾する問題ばかり生ずる。

第5節　詐欺および強迫

詐欺と強迫の同じ点と異なるところ

課題の設定

　あるヨーロッパの都市に駐在し，日本政府機関の要員として働いていたとき，私は，その国との交渉に携わっていました。その際に同国と日本政府とのあいだに成立した協定には，世間に明らかにすることができない密約があります。その密約は，文書にして両国の関係者が保持することにしました。やがて私の勤務が終わることになり，私は，シャンゼリゼの画廊で，気に入ったヒロ・ヤマガタの絵を買って日本に帰任しました。その頃，日本では，政権交代が起こるかもしれないという政治情勢になっており，まずいと感じた私は，上司と相談のうえ上記密約に関係する文書を廃棄しました。政府の文書保存規程に照らし，そのような廃棄をしてはいけないことを知っていましたが，残しておいてメディアに漏れた場合に厄介なことになりますから，やむをえないと考えたものです。ところが，どこからかこのことを聞きつけた新聞記者のXが，このことを記事にして欲しくなかったら，その絵画を売れ，と迫ってきました。やむなく絵画を売ることにしましたが，この経緯には未だに納得することができません。たしかに売った値段が特に安いというものではありませんが，安い高いという問題でなく，そもそも私は，この絵画を手放したくありませんでした。

67　瑕疵ある意思表示

　表意者が意思を有するに至るに際し，その意思に基づいて表示がされた結果との関連において，意思表示の効果を与えることが相当でないと認められる意

思表示のうち，意思の不存在の場合に当たらないものが，**瑕疵ある意思表示**である（120条2項など参照）。内心的効果意思の形成過程に正常でない経過があり，そのために意思表示の効果をそのまま是認することができない場合がみられる。広い意味における瑕疵ある意思表示のなかには，その正常でない経過が他人の違法な干渉によりもたらされる場合もみられる。

　意思の存在そのものが否定されない場合において，その意思の形成過程を問題視して，意思表示の効力を否定することが，ここでの課題である。意思の存在そのものを肯定することができない場合との区別に注意したい。海水浴をしたいという欲求が意思形成の動機となり，神奈川県に旅行をする申込みをしようと考えているのに，申込書には埼玉県に旅行をしたいと記すことは，内心の意思と表示内容が離齬しており，意思の不存在に当たる。意思形成過程にある海水浴の欲求が実現しないことから，瑕疵ある意思表示の問題であるとすることは，誤りである。

　これに対し，埼玉県は海に面しているという認識のもと，そこへの旅行を望む意思表示は，意思と表示は離齬していないから意思の不存在ではなく，瑕疵ある意思表示に当たる。そして，この誤解が表意者の思い込みによるものである場合は，専ら基礎事情の錯誤の問題として扱われる（95条1項2号・2項）のに対し，埼玉県には海があると他人に告げられ，それを信じたという場合は，**詐欺**または不実表示の問題となり（96条1項，消費者契約法4条1項1号），また，旅行は神奈川県でなく埼玉県にせよ，と他人に脅かされてした意思表示は，**強迫**によるものである（96条1項）。

68　強迫による意思表示

　他人から害悪を告知され，そのために畏怖をしたことによりした意思表示が強迫による意思表示であり，表意者は，これを取り消すことができる（96条1項）。売るという意思表示をしなければ殴られるのではないか，という恐怖を感じてした売買を取り消すことができる，というような設例を考えると，わかりやすい。判例においても，多数で取り囲み，暴力的で異様な雰囲気のなかで交渉が進められ，表意者が「危険の身に及ぶは避け難い状勢」でした売買の予約を取り消すことができるとされた（最判昭和33年7月1日民集12巻11号1601

頁，引用は原判決の事実認定）。もっとも，害悪の告知は，このような物理的有形力による威嚇の場合に限るものではなく，表意者にとって害悪となることを告げることでよいから，浮気を配偶者に告げると脅かしたり，職場における不正行為を上司に告げる，というようなことを申し向けたりして贈与をさせるというような場合にも，強迫による取消しが問題となりうる。

　強迫の要件を精密に観察すると，故意をもって（強迫の故意）→害悪を告知して（強迫行為）→意思の自由を制約し（表意者の畏怖）→その畏怖による意思表示（畏怖と因果関係がある意思表示）がされた場合において，表意者は，その意思表示を取り消すことができる。

　強迫の故意は，わざと害悪となる事項を告知することの故意と，それによる畏怖により意思表示がされることの予見とからなり，これらの二つを要する。これらの故意をもって強迫行為をする者は，意思表示の相手方に限られない。買主となる者に脅されてした売買契約を売主が取り消すことができるのみならず，買主となろうとする者でない者に脅されてした売買契約も取り消すことができる。その文理上の根拠は，96条1項が「強迫による」とのみ述べ，何人による強迫であるか，を限定しないからである（同じ結論は，96条2項の反対解釈であると説明されることが多いが，この説明は，96条1項の「詐欺」・「強迫」に暗黙に相手方によるそれらに限る意味を読み込むものである）。また，実質的な理由としては，害悪の告知という不正な干渉によって意思の自由を制約される事態は，表意者の落ち度を非難してよい要素を欠くか，またはそれが著しく乏しいから，それによりした意思表示に拘束されないという表意者の利益が相手方などの利益に勝ると考えられるからである。したがって，相手方が強迫の経緯を知らなくても，表意者は意思表示を取り消すことができる。

　その強迫行為，つまり害悪を告知する行為は，通常は違法な行為である。違法性を阻却する例外的な事情を相手方において主張立証する場合は，取消権発生の原因とすることができる違法な強迫行為はなかったものとされる。職場における不正行為を発見した同僚が，このまま続けるのであるならば上司に告げる，というようなことを申し向けて反省を促し，今後はしない旨の誓いを内容とする契約を成立させた場合は，上司への報告という事態を予想して畏怖を感ずるであろうが，正当な行為であり，表意者は，この契約を取り消すことはで

きない。しかし，違法性を阻却するかどうかは，害悪を告知してさせる意思表示の内容と関連させて判断されるべきであり，不正を上司に告げられたくなければ食事を御馳走せよ，と迫ることは，違法性を阻却しない。そして，この種の判断は，究極においては社会通念に照らしてしなければならず，ときに難しい。公務員に対し不正を公表されたくなければ，その所属する官庁の内部文書を渡せ，と迫り，それを授受する契約をすることは，国民に官庁の不正を知らせることにより得られる利益を十分に考慮しつつ，記者の倫理を踏まえ判断される。また，債権者が債務の履行を債務者に迫り，債務者を畏怖させる行為も，どこまで債権の行使として許容されるか，という問題になる。

　意思の自由が制約されて表意者が抱く畏怖は，そのとおり意思の自由を"制約"するにとどまるものでなければならず，完全に意思の自由を奪ってしまうことは，96 条の問題とならない。表意者とされる者を殴って気絶させ，その間に運筆を強いて署名させる場合は，そもそもその人の意思表示が存在しないと考えるべきである。また，拳銃を頭に突きつけ，すぐに殺害されることが可能である恐怖のもとで，土地を売る，と告げたとしても，外形的に表示行為はあるものの，表示に対応する意思を有する可能性がまったく欠けている状態でされるものであり，3 条の 2 の類推解釈に基づき，この意思表示は，無効であると考えられる。判例も，「完全に意思の自由を失った場合はむしろその意思表示は当然無効であり，民法 96 条適用の余地はない」という解釈を提示する（最判昭和 33 年 7 月 1 日前掲）。

69　詐欺による意思表示

　他人から騙されて錯誤に陥ってした意思表示が，「詐欺に……よる意思表示」（96 条 1 項）である。騙すことをする他人は，必ずしも相手方であるとは限らない。第三者が騙すことをした場合には，その事実を相手方が知っており，または過失により知らなかったときに限り，表意者は，その意思表示を取り消すことができる（同条 2 項）。

(1)　詐欺による意思表示の意義

　騙された，とみることができるためには，故意に騙す違法な行為（**欺罔**とよばれる）があり，それにより表意者が錯誤に陥り，その錯誤に起因して意思表

示をすることを要する。

　欺罔は，まず，真実でない事実を告げて表意者に錯誤を惹き起こす，という態様をとることが考えられる。また，表意者がすでに錯誤に陥っている場合において，信義に照らし真実を告げるべきであるにもかかわらず，それを告げないということ（沈黙による詐欺）も欺罔に当たる。海を遠望することができる建物を購入して別荘にしたいと考えている表意者に対し，その建物の眺望に海が含まれていないにもかかわらず，海が見えると告げ，そのように信じさせることは前者に当たる。なお，表意者の錯誤は，必ずしも意思表示の表示に対応する事項（その建物を買う）に限られない。というよりもむしろ，意思表示において法律行為の基礎とされた事項（海が見えるから買う）に関する錯誤が問題とされることが多いと想像される。取引当事者の支払能力の有無なども，それについての錯誤に陥らせることは，詐欺となる（最判昭和49年9月26日民集28巻6号1213頁の事案）。

　詐欺取消しができるためには，この表意者の錯誤と意思表示の間には，**因果関係**がなければならない。欺罔によって陥った錯誤によりされた意思表示が，詐欺による意思表示である。海が見えると誤信したとしても，そのことを重視して意思表示をしたということではなく，海のことにかかわらず，その建物が気に入ったから買った，という場合は，詐欺による意思表示ではない。

　欺罔は，**故意**によりされなければならない。表意者の認識が真実でなく，言い換えると錯誤に陥っており，そして，その錯誤により意思表示がされるという因果経過を知っていながら，表意者が意思表示をすることを認容した，ということを要し，かつ，それで足りる。海が見えると告げられた→海が見えると誤解した→海が見えるから買うことにした，という因果経過のうち，最初の告知の行為は欺罔をする者の意識的所作であり，まさに欺罔の故意の一翼をなすが，その後の誤解の惹起と意思表示の動因となった点は，欺罔をした者が知っていて，かつ，表意者が意思表示をするがままにさせたということが認められるならば，欺罔の故意が成立する。しかし，これらの全部について取消権を行使する側が積極的・具体的に主張立証する必要はない。人は告げられたことを信ずるか信じないか，と問うならば，信ずるほうが自然な行動であり，告げられながら海のことを信じはしなかった，という推移は例外であるし，また，

通常，海の眺望は人を心地良くさせるものであるから，それが意思表示の動因にならなかったことがあるとすれば，それも特殊な場合である。したがって，詐欺取消しを主張する表意者は，欺罔をする者が，海が見えないことを知っていたことと，海が見えると告げたこととを主張立証することで十分であり，経験則上，それにより欺罔の故意が立証されるものと扱ってよい。

　その余の因果経過を遮断する特殊な事情がある場合には，そのことの指摘があった場合に限り，その点の事実関係を明らかにすることでよいと考えられる。たとえば，湖の風景に個人の記憶として好ましくない想い出を抱く者が，「この別荘から湖は見えますか」と尋ね，売主となる者が，湖が眺望に含まれることを知っていたもの，湖の名称を失念していて，それを述べることができないことを煩わしく感じ，「残念ながら湖は見えません」と応え，そのあと表意者が購入の決断をしたという場合は，湖が見えないと思っているから意思表示をした，という経過（海の例の説明における2番めの→）について売主に認識がない。売主が欺罔の故意を否認し，この事情を理由として挙げる場合は，経験に照らし，特別の事情がない限り，欺罔の故意を欠くものと考えられることになる。

　欺罔は，**違法**であることを要する。もっとも，取消権を行使する側において欺罔行為の違法性を積極的に主張立証する必要はない。上述までに整理した要件が充足する場合は，ふつう違法性が認められる。むしろ，違法性を阻却する特別な事情がある場合において，そのことを指摘する者が，すすんで主張立証をしなければならない。このことに関連して，商取引においては，実際上，さまざまの駆け引きがされるが，どこからの甘言を違法な欺罔とみるか，取引上の社会通念に照らして判断されるということも，指摘されてきた。しかし，このことをあまり強調するべきでないであろう。職業的に投機的な取引を反復してするような特殊な場面において，そのようなことがあるかもしれないが，一般には，個別の事例における関係者による情報提供の在り方が信義に反するものであるかどうか，を検討するということに尽きると考えるべきである。

　これらの要件を充足するならば，詐欺を理由とする意思表示の取消しが認められる。その意思表示により成立した法律行為に無効原因があったり，その意思表示により成立した契約が解除することができるものであったりする場合に

おいても，取消権を阻却することはなく，意思表示を取り消すことができる。

(2)　詐欺による意思表示の効果

「詐欺に……よる意思表示は，取り消すことができる」(96条1項)。これが原則である。ただし，欺罔行為をした者が相手方でなく，第三者である場合においては，その欺罔行為があった事実について相手方が悪意または有過失であったときに限り，取消権が認められる(同条2項)。ここからは，詐欺をした者への倫理的非難とそれに基づく制裁としての側面が詐欺取消しにあることを窺うことができる。欺罔されて意思表示をした表意者の保護もさることながら，自ら欺罔行為をせず，また，第三者のした欺罔行為について善意無過失の相手方は非難することができず，それに対し取消しをすることはできない，という考え方による。

(3)　第三者の保護

詐欺による意思表示の取消しは，善意無過失の第三者に対抗することができない(96条3項)。ここにいう第三者は，詐欺により成立した法律行為に基づいて取得した権利について，詐欺による取消しの意思表示がされるよりも前に，新しく法律関係を有するに至る者である。A・B間において成立した不動産の売買契約がBのAに対する欺罔があったことを理由にAが取り消したが，この取消しの意思表示がされるよりも前にB・C間に売買が成立していれば，善意無過失のCは，Aの取消しによりA・B間の売買が無効になったという法的効果に影響されることなく，その不動産の所有権取得をAに対し主張することができる。この主張をするのにCが登記をしている必要はない。

新しく法律関係に入ってきたものであることを要するから，Xが所有する不動産に順位一番でYが，順位二番でZが抵当権の設定を受けていた場合において，XのYに対する詐欺によりYが抵当権を放棄し，その後にYがこの放棄を取り消したときに，Zの抵当権の順位に変動は起こらない。善意のZがYの放棄を信じ，順位一番の抵当権を有するに至ったということにはならない。

◆欺罔の故意

　山城一真「沈黙による詐欺と情報収集義務(2)——フランス法の展開を題材として」早稲田法学 92 巻 1 号（2016 年）154-61 頁。詐欺の成立のためには，表意者を「欺罔して錯誤におとしいれることについての故意」と，「この錯誤に基づいて一定の意思表示をさせようということについての故意」とが必要であると説かれてきた（幾代 280 頁）。そして，これを二段の故意とよぶことも行なわれ，この表現が強い印象を与えることも手伝って，であろうか，あまり吟味されることもなく，この理解が一般となっている（内田 77 頁は，やや懐疑的であるかもしれない）。前者の故意があれば十分であり，後者は因果関係の問題として受け止めることにすべきである，という批判（四宮＝能見 267 頁）に対し十分な応接がされているとは言いがたい。また，詐欺の機能範囲が比較法的に見て狭すぎるのではないか，という問題意識も留意に価する（後藤巻則『消費者契約の法理論』〔2002 年〕3-4 頁・228 頁参照）。

　二段の故意を強調する考え方には，いくつかの問題がある。結論として二段の故意といわれてきたものを要件とする考え方の基調は支持されてよいと考えられるが，それは，つぎのような留保を添えたうえのことである。

　まず，錯誤に陥れる，とか，意思表示をさせる，とかする表現は，欺罔の故意の意味を行為者の意欲を要する趣旨に理解している疑いがあり，すくなくとも，そのように理解されて運用されるおそれを産む。沈黙の詐欺の場合において，表意者の錯誤を利用して，という言い方も同じ問題を含む。贋作の絵を本物であると偽って自分が所蔵することを自慢する，という例をもって，後段の故意がないとする説明（幾代 281 頁注 1）は，おそらく意欲の意味に理解しているものではないか。しかし，たとえ自慢するという目的であったにせよ，「そんなに御自慢になるのであれば，いくら高くても，おっしゃる値で買いましょう」と申し入れた者に対し，あえて売る，という行為を詐欺でない，とする感覚は，人々の共有するところであろうか。欺罔の故意とは，自らの情報提供（不作為を含む）の結果として意思表示がされることを認容することをいうと考えるべきである。

　また，いうところの二つの故意をこのとおりに主要事実として表意者の側がつねに具体的に主張立証しなければならないか，も悩ましい。そのような主張立証の在り方は，現実に即しないと考えられる。取消しの相手方が争う場合のみ，細密な立証を求められると考えるべきである。真実でないということを知っていることと，その真実でない事実を告げた，ということを立証するならば，爾余の経過は，通常，経験に照らし推認されるし，そのようなものとして概括的な主張立証が許されてよい。

　なお，とくに後段の故意を明確に認めることができない場合であっても，消費者被害が問題となるような領域において，前段の故意があるときには，表意者が錯誤に陥って意思表示をしていることについて「重大な過失」（95条3項1号）があることが，ほとんどではないか。そうすると，いわゆる二段の故意を要請する解釈の実質的意義は，表意者が，それらの故意を立証して詐欺取消しをするか，それとも，錯誤についての基礎事情の錯誤の要件（同条2項）などを主張立証しなければならないとしても，自らの重大な過失（同条3項参照）は問題とされなくて済むという前提で錯誤取消しをするか，いずれかを選択して攻撃防御をする道筋を用意しているということになる。

　強迫の場合にも二段の故意に当たるものが考えられているが，多くの事例において二つの故意の両方が容易に認められるものであると想像されるのに対し，詐欺の場合は，要するに，表意者に対する情報提供をめぐるコミュニケーションの失敗が問題となっており，それだけに詐欺のみを孤立させて観察するのではなく，錯誤取消しや，さらに消費者契約法4条に基づく取消しなどとの機能分担を視野において考察をすることが望まれる。

課題の考察

　法律行為を取り消すことができるには，詐欺や強迫が違法にされたものであることを要する，と一般に考えられている。それは，誤りではないが，実際に何を違法とみるかは，丁寧に検討することが望まれる。政府の不法な行為を暴いて世に知らせるため，不正を公表して欲しくなかったならば隠している文書

を提供せよ，と迫り，その提供の約束をさせる。これは，よい。よい，というのは，ここで不正を公表するという害悪を告知することは，違法でないと評価することができ，提供を約束した者がこの契約を取り消すことはできない。

しかし，不正を公表して欲しくなかったならば絵を売れ，ということは，害悪を告知する行為と契約の内容との間に関連がない。こちらの契約は，強迫を理由に取り消すことができる。政府の文書保存規程を守らなかった公務員は，非難されなければならないが，だから絵を売らなければならない，という話は，滑稽である。

第6節　消費者契約法に基づく取消し

なぜ詐欺・強迫では足りないか？

課題の設定

隣地には高い建物ができることはなく，ずっと良い眺めを楽しむことができる，と思ってマンションを買った。だって，売主から，そう言われたから（ここが，錯誤を話題にした第4節の課題の設定と異なる）。でも，あとで聞いたところでは，隣に高層建物ができるらしい。マンションを買うことはやめた，と言いたい。

70　消費者契約法に基づく取消し

広い意味において瑕疵ある意思表示の性質をもつと考えられるもののなかには，民法の詐欺や強迫を理由とする取消しの要件を充たさないけれども，情報と交渉力の格差がある状況に置かれる消費者の状況を考慮して，なお契約の拘束力を排除することが適当であると認められる場合がある。**消費者契約**（☞第1章4）について，この問題への対処を用意するものが，消費者契約法4条に基づく取消しにほかならない。

同条に基づく取消しの原因には，次述71・72・73のものがあり，いずれも，契約をした時から5年以内に取消しをしなければならない（消費者契約法7条1項後段）。また，取り消さないで追認することもできるが，追認が可能にな

った時（たとえば誤認により契約をしたことを消費者が知った時）から1年が経過すると，追認をしなくても，取消権が消滅する（同項前段）。

　消費者契約である場合に認められる取消しであるから，事業者が消費者を誤認させる行動に出たような場合に取消しがされることが典型であるが，事業者から契約締結に向けて媒介を委託された者がする不実表示などの場合も，消費者に取消権が認められる（同法5条1項）。また，事業者の代理人がする不実表示などは事業者本人のそれと同視されるし，また，消費者の代理人に生ずる誤認などは消費者本人のものと同視される（同条2項）。

　なお，消費者契約法に基づく取消しは，善意無過失の第三者に対抗することができないとされる（同法4条6項）。その趣旨および具体の帰結は，詐欺取消しについての96条3項（前述69(3)）についてと異ならない。

◆消費者契約法に基づく取消し

　実態は，消費者庁『消費者契約法の運用状況に関する検討会報告書』（2014年10月）にくわしい。後藤巻則『消費者契約と民法改正』（消費者契約の法理論第2巻，2013年）205頁〔193〕が「誤認類型や困惑類型の強化といった方法とは別個」の救済法理の必要を説いていたところに部分的にもせよ対応しようとするものが，平成28年法律第61号による消費者契約法の改正である。その後，同法は，平成30年法律第54号による改正も経た。消費者契約法4条に基づく取消しは，消費者が適切に情報を与えられて，それに基づき合理的な選択の行動をすることに仕える。これに本質的に応えるべきものが事業者の情報提供義務であるが，すくなくとも現在の実定法上，それが具体の法律効果をもつものとしては定められていない（同法3条1項2号，「努めなければならない」）状況のもと，消費者の保護を可及的に実現しようとするものが，同法4条の取消しである。吉田克己「消費者の権利をめぐって」消費者法研究創刊1号（2016年）32-33頁・35頁参照。

71　誤認による取消し

　消費者契約法4条に基づく取消しは，まず，消費者に誤認を惹起したことによる取消しがある。それは，つぎのようなものであり，いずれも，欺罔の故意などの別な事実の主張立証ができるならば，詐欺による取消しが可能である局面を扱う。その欺罔の故意の立証などが困難であることが少なくないという実状，さらに消費者に対し不適切な情報を提供して誤認を惹起した事業者は，消費者が情報の面で格差があることを考慮するならば，たとえ欺罔の故意などがなくても消費者が契約の効力を否定することが是認されるべきであることを趣旨として，これらの類型における取消しが認められる。

(1)　重要事項についての不実告知による誤認の惹起

　事業者が消費者契約の締結について勧誘をするに際し，消費者に対し重要事項について事実と異なることを告げ，これにより消費者が，告げられた内容が事実であるとの誤認をし，それによって消費者契約の申込みまたはその承諾の意思表示をしたときは，これらを取り消すことができる（消費者契約法4条1項1号）。重要事項とは，物品，権利，役務など消費者契約の目的となるものの質，用途などの内容，それから対価など取引条件であって，消費者が契約を締結するか否かについての判断に通常影響を及ぼすべきものをいう（同条5項）。使用が開始されている自動車がすでに走行した距離の総数が，この重要事項の例であり（東京簡判平成20年1月17日判例集未登載〔平成19年(ハ)第5644号〕），これについて事実と異なることを告げられて消費者がした売買の申込みまたは承諾は，取り消すことができる。

　また，契約の目的物そのものの質などについては問題がないとしても，その目的物が消費者の生命・身体・財産など重要な利益についての損害や危険を回避するために通常必要であると判断される事情も，不実告知に関しては，重要事項であるとされる（消費者契約法4条5項3号）から，ある物を買って備えおかないとケガをしたり物が壊れたりしますよ，という誘いに乗ってした契約に係る意思表示も取り消すことができる。

(2)　故意による不利益事実の不告知による誤認の惹起

　重要事項そのものについてすすんで不実を告知するということがなくても，先行して別な事実が強調され，その半面において，その別な事実から連想しや

すいなどの関連する事項について不利益な事実を告げないという不作為があり，しかも，その不作為がわざとされた，という場合も，消費者の保護が求められる。すなわち，事業者が消費者契約の締結について勧誘をするに際し，消費者に対し，ある重要事項またはそれに関連する事項について消費者の利益となる旨を告げ（先行行為の要件），かつ，その告知によりその重要事項について存在しないと通常は消費者が考える不利益な事実を告げず（不告知要件），しかも，その不告知が故意による（故意要件）という場合において，その告げなかったことにより消費者が不利益な事実が存在しないとの誤認をし，それによって契約の申込みまたは承諾の意思表示をしたときに，消費者は，事業者が消費者に対し不利益事実を告げようとしたにもかかわらず消費者がこれを拒んだときを除き，申込みまたは承諾の意思表示を取り消すことができる（消費者契約法4条2項）。なお，不利益事実の不告知は，故意はないものの，重大な過失によりされた場合も，故意がある場合と同様に扱われる。

　自然環境が良いということを強調して告げておきながら，近辺に産業廃棄物を処分する施設を建設する計画が存在することを知って告げなかった場合において，この地域に所在する別荘を購入する契約の申込みまたは承諾をした消費者は，これらの意思表示を取り消すことができる（東京地判平成20年10月15日判例集未登載〔平成19年（ワ）第34594号〕）。

(3)　断定的判断の提供による誤認の惹起

　ここまでの誤認惹起は，いずれも，ある事実があるという誤認，または，ある事実がないとする誤認であり，すなわち，現在の事実の有無に係る誤認である。これとは別に将来のある事実が確実であるかどうか，ということに関する誤認も，それによりされた消費者契約における消費者の保護が課題となる。すなわち，事業者が消費者契約の締結について勧誘をするに際し，消費者に対し，物品，権利，役務など消費者契約の目的となるものに関し，将来における価額や消費者が受け取るべき金額など将来における変動が不確実な事項につき断定的判断を提供し，その提供された断定的判断の内容が確実であると消費者が誤認したときは，それによって消費者契約の申込みまたは承諾の意思表示をした場合において，消費者は，これらを取り消すことができる（消費者契約法4条1項2号）。この規定は，その趣旨および文言から，数値にして示される財産上

の利得に係る事項についての断定的な判断の提供が契機となる場合に適用される。公開されていない株式で一つの株が 28 万円であるものの上場が近く，上場されるならば 40 万円を下ることはないとして株式を購入させるような行為が，これに当たる（東京地判平成 22 年 12 月 15 日判例集未登載〔平成 20 年（ワ）第37803 号〕）。志望する学校に必ず合格する，というようなことは，ここにいう断定的な判断の提供に当たらない（東京地判平成 21 年 6 月 15 日判例集未登載〔平成 21 年（レ）第 134 号〕）。

72　困惑による取消し

興味がなく，取引をするつもりがないと告げているにもかかわらず，営業所から辞去することをさせてくれない（東京簡判平成 15 年 5 月 14 日判例集未登載〔平成 14 年（ハ）第 85680 号〕）とか，反対に自宅を訪れた販売員が一時間以上も帰らない（東京簡判平成 19 年 7 月 26 日判例集未登載〔平成 17 年（ハ）第 21542 号〕）という場合において，帰らせない，あるいは帰らない，ということを明確に告げれば，害悪を告げて契約をさせたものと，強迫を理由として取消しをすることができるが，そのような言辞がない場合であっても，消費者が困惑をして契約をしたときは，交渉力の格差のある消費者を保護する必要がある。そこで，まず，消費者が，事業者が契約の勧誘をしている場所から退去する旨の意思を示したにもかかわらず，その場所から退去させないことで困惑し，それによって契約の申込みまたはその承諾の意思表示をした場合（**退去妨害による困惑の惹起**）において，消費者は，これを取り消すことができる（消費者契約法 4 条 3 項2 号）。また，消費者の住居またはその業務を行なっている場所から退去すべき旨の意思を示したにもかかわらず，事業者の側が退去しないことで同様の経過を辿る場合（**不退去による困惑の惹起**）も，同様の取消権が認められる（同項 1号）。

73　諸種の不当な勧誘による取消し

これらのほか，消費者契約法 4 条は，さまざまな不当な勧誘により締結された消費者契約を取り消す可能性を定める。

(1)　過量な内容の契約の取消し

　消費者の生活の状況や契約の内容などを考えると，契約の目的となる物品・権利・役務などの分量・回数・期間などが，その消費者にとっての通常の程度を著しく超えるものであるということがありうる。それでも，消費者が契約をしてしまうということが起こる。たとえば，事業者の勧誘により，無職である消費者が約20か月の間に776回の取引をし，合わせて約314億円の金融商品の取引をさせられるなどの例がある（大阪地判平成9年8月29日判時1646号113頁）。事業者が，このように**過量な内容の契約**であることを知っているのに勧誘をした場合において，その勧誘により成立した消費者契約は，消費者において，それに係る意思表示を取り消すことができる（消費者契約法4条4項前段）。消費者がすでに同種の取引をしていて，さらに新しい取引をして合算すると過量になることを事業者が知って勧誘をしたときも，同様である（同項後段）。

(2)　その他の諸種の取消事由

　社会生活上の経験の不足から，願望の実現について抱く過大な不安や恋愛感情，また，加齢や心身の故障による判断力の低下などの消費者の状況に乗じ（この講座を受講しなければ就職活動には成功する見込みがない，この本を買ってくれなければもうデートはしない，お金に心配のない老後を過ごすのにはこの金融商品を買わなければならない，などと告げ）消費者契約法4条3項の3号・4号・5号が定める態様の勧誘をして締結された消費者契約は，消費者において，同人がした申込みまたは承諾の意思表示を取り消すことができる。また，霊感など合理的な実証が困難な知見を示して（うちで販売している壺を家に備えていないから御先祖の霊がこのあたりを彷徨っている，などと告げ）不安を煽るなど同項6号が定める態様でした勧誘により締結された消費者契約も，同様である。さらに，契約が締結されていないにもかかわらず，事業者の側がそれに基づく義務の内容を一部でも実施して原状回復を困難にしたり（あなたの身体に合うように採寸を済ませたジャケットを仕立てて持参しましたから，うちとしては買ってもらわなければ困る，などという話の流れを作り），あるいは，事業者が物品を調達するなど契約締結をめざした事業活動をし，それが消費者のために特に実施したものであって，その損失の補償を同人に請求する意向（あなたの要望に応えるため特別に旅のプランを作って印刷して持参しましたから，もし契約を締結していただけないのであれば印刷

代は償ってもらわないと困ります，など）を告げたりして，同項7号・8号が定める勧誘により締結された消費者契約も，消費者において取消権を行使することができる。

課題の考察

　ずっと良い眺めを楽しむことができる，そう言われた，という話であるが，言ったのはだれであろうか。

　売主が述べたのであれば，詐欺による取消しができるかもしれない。この取消しができるのは，マンションの売買の時点で隣地における建築の計画が存在しており，そしてそのことを売主が知っていたとき，である。これらのことを買主であるあなたが立証することができるならば，取り消すことができる（96条1項）。しかし，とくに計画を知っていたことの立証は，一般には，かなりハードルが高い。

　なお，売主でない者が告げた場合において，そのことを売主が知り，または過失により知らなかったときも，詐欺取消しができる（同条2項）が，これも，このことの立証が容易ではない。

　つぎに，売主が事業者であるときに，その売主本人またはその委託を受け代理もしくは媒介をする者が述べた場合であって，かつ買主であるあなたが消費者であるならば，消費者契約法の不実告知を理由として，取り消すことができる（同法4条1項1号・5条）。この場合は，客観的に不実を告げたことが明らかになればよい。売主が不実を自覚している必要はない。

　ここまで，隣地における建設の計画が取引の時点ですでに存在していることが前提である。

　後日に計画が持ち上がったときは，話がちがう。後日に計画が持ち上がるようなこともありうるのに売主が軽率な予想を述べたことが，適切に情報を提供する義務に反したものとして損害の賠償を請求することができることはあるかもしれない。

　不確実なことを断定して述べて勧誘したのが事業者であるとすると，まったく感心しないことではあるが，数値に示して説明する事項ではないから，断定的判断の提供を理由とする取消し（同法4条1項2号）に親しまないことは，本文に説明したとおりである。

第**7**節　意思表示の到達

子どもに託した手紙，子どもが受け取った手紙

　博文君は，いまでも納得することができないでいることがある。佳織さんが，その大切にしている本を皆さんにも読んで欲しいと考え，余部があるから，差し上げたい，と述べていることを知り，その本を欲しいという申込みをしたのに，佳織さんからはなんの返事もない。しばらくしたら，その本は，別の人にあげた，と言うし，なんだか怒っているようにもみえる。

　しかし，佳織さんにも言い分がある。せっかく呼びかけをし，親しくしていた博文君であれば何か反応してくれるのではないか，と期待したのに，なんの音沙汰もなく，ずいぶんしてから，あの本の話はどうなっているか，なんて尋ねてきた。なんか，バカにしてない？

　二人の不幸な行き違いが，つぎのいずれかの物語で博文君の申込みを佳織さんが了知しなかったことによるとすると，それぞれ申込みは，佳織さんに到達していた，と考えるべきであるか。

　①　博文君の姉に託して申込みの手紙を届けようとしたのに，その姉が届けることを忘れた。

　②　佳織さんの弟が申込みの手紙を受け取ったのに，佳織さんに渡すことを忘れた。

　③　佳織さんが毎朝ジョギングする道に貼り紙をして申込みを伝えようとした。

　④　書留郵便で申込みの手紙を送ったが，佳織さんが留守にしており，しかも，その頃，博文君と喧嘩をしていた佳織さんは，受取りを拒み，郵便局にも受取りに行かなかった。

　⑤　佳織さんは，その時，8歳であった。

　⑥　佳織さんが転居をして，新しい住所がわからず，電子メールも不着になった。

74　意思表示の効力発生時期

意思表示は，「その通知が相手方に到達した時からその効力を生ずる」（97条

1 項）。すなわち，まず，意思表示は，到達しなければ効力が生じない。効力が生じない，とは，その意思表示がされなかったものとして扱われることを意味する。つぎに，到達が認められる場合には，その到達があった時に意思表示が効力を生ずる（**到達主義**）。

　なお，意思表示は通知が到達しなければ効力が生じないとする原則に対しては，まず法律が特例を設けることがある（仮登記担保契約に関する法律 5 条 3 項がその例）。また，到達しなくても意思表示があり，効力が生ずるものとする取扱いをあらかじめ特約で定めることも，一般論として許されてよい。ただし，消費者への通知が届かなくても効力が生ずる旨の消費者契約の定めは，消費者契約法 10 条により効力が否定されることがあるし，そのような定めを定型約款に入れる場合において，不当条項であると評価するべき場合もありうる。くわえて，そのような特約が，当事者間のみならず，第三者に対しても効力を有するか，ということは，一般論としては否定されるべきである。

（1）　到達の意義

　到達により意思表示が効力を生ずるとされる際の**到達**とは，何であるか。意思表示を外部的に表現して伝送する手段（これを上記のように法文は通知とよぶ）が相手方の支配の下に届き，これにより相手方が意思表示を了知することができる状態になることをいう。通知が相手方に対する発言であり，直ちに相手方に到達する場合は，**対話者**に対する意思表示とよばれ，意思表示は，直ちに相手方の支配の下に置かれて了知可能となる。電話による会話でされる場合も，対話者に対する意思表示である。これに対し，相手方の挙動を直ちに表意者が知ることができない場合は，**隔地者**に対する意思表示であり，ときに通知が到達したかどうか，微妙である。

　判例も，「到達とは，相手方によって直接受領され，または了知されることを要するものではなく，意思表示……を記載した書面が，それらの者のいわゆる支配圏内におかれることをもって足りる」という基準を提示し（最判昭和 43 年 12 月 17 日民集 22 巻 13 号 2998 頁），また，これに先立つ判例は，「受領され或は了知されることを要するの謂ではなく，それらの者にとって了知可能の状態におかれたことを意味するものと解すべく，換言すれば意思表示の書面がそれらの者のいわゆる勢力範囲（支配圏）内におかれることを以て足る」（最判昭和

36 年 4 月 20 日民集 15 巻 4 号 774 頁）とする。後者の判例が「換言すれば」と述べるところに注目して考えると，了知可能とは，単に認識することができないものではない，ということでなく，相手方の支配圏に達し，適切に確認することをしようとすればそれができる，という状態になった，ということを意味する。その状態になったかどうかは，社会通念に照らし判断される。相手方の親族に告げれば必ず相手方に達したということはない（ほら，皆さんの親戚にも，仲が悪く，もうずいぶん会っていないという人，いませんか）が，同居する親族に通知が届くならば，特別の事情がない限り到達があったものとしてよい（住所に居住する者が受領した場合を扱う最判昭和 43 年 12 月 17 日前掲も参照）。

(2)　到達を効力発生要件とすることに対する例外

通知が到達しなければ意思表示の効力が生じないことが原則であるが，これには例外が伴う。「相手方が正当な理由なく意思表示の通知が到達することを妨げたときは，その通知は，通常到達すべきであった時に到達したものとみな」される（97 条 2 項）。狡猾な相手方が，内容証明郵便が来ている旨の案内を受けたにもかかわらず，内容が容易に想像されるところから，郵便局に受領に赴かず郵便を不着に帰せしめたという場合は，正当な理由なく妨げた場合に当たると考えられる（最判平成 10 年 6 月 11 日民集 52 巻 4 号 1034 頁参照。遺留分減殺請求の通知であることを察して受取りをしなかった事案）。しかし，郵便の受取りの拒絶が常に正当な理由がないとされるものではないことは注意を要する。通知の内容が想定可能である度合いなど，当事者間の経緯を信義則に照らし全体的に判断して正当な理由の有無が定まる。

(3)　表意者の権利能力・意思能力・行為能力の喪失

また，意思表示は，表意者が生存して権利能力を有する状態でされたとしても，到達との間に時間の間隔があると，その点などについて変遷が起こりうる。その場合の原則的な解決は，「意思表示は，表意者が通知を発した後に死亡し，意思能力を喪失し，又は行為能力の制限を受けたときであっても，そのためにその効力を妨げられない」（97 条 3 項）とされる。したがって，通知を発した後に表意者が死亡した契約の承諾を受け取った申込者は，この承諾が依然として有効であることを前提として，表意者の相続人との間で法律関係を処理することになる（申込みの意思表示については，526 条において別異のルールが用意され

る）。

◆到達主義

　到達主義の運用も信義則（1条2項）に服する。到達を妨げる〈了知回避行動〉が相手方に存する場合の扱いは，その信義則を具体化する規定が設けられている（97条2項）。半面において，〈了知障害事由〉が相手方にあること（たとえば刑事事件で相手方が勾留されている〔東京高判昭和39年10月27日高民集17巻6号463頁〕）を知っていながら意思表示をした表意者に97条1項を単純に適用して意思表示の効力発生を認めてよいか，という問題がある（小林一俊『意思表示了知・到達の研究』〔2002年〕96-97頁）。

　到達主義の特約による修正については，みなし到達といわれるものの効力を是認してよい限度が問われる。相殺の意思表示が現実には到達していないにもかかわらず，あらかじめ到達したものとみなす特約を相殺の相手方としておくと，受働債権を差し押さえた第三者に対しても相殺による債権消滅を主張することができるか，といった仕方で問題となる（東京高判昭和58年1月25日判時1069号75頁参照）。

75　公示による意思表示

　表意者が相手方を知ることができない場合，また，相手方を知っていてもその所在を知ることができない場合は，通常の方法で意思表示を到達させることができない。これらの場合の解決として，98条の**公示による意思表示**の制度を用いることができる。

　相手方であった者が死亡して，その法律的な地位を承継する相続人として，その者に子らがいることを知っていたものの，子らの氏名を知らない場合は，表意者が相手方を知ることができない場合に当たる。また，相手方の住所を知らない場合は，特別の事情がない限り，その所在を知ることができない場合に当たるとしてよい。現代生活においては，しばしば，ある人のメール・アドレスは知っているが住んでいる場所は知らない，ということがみられる。それで

も日常の交際において大きな不都合はないが，法律的に重要な事項については証拠を確保しながら意思表示をすることが実際上要請されるから，住所を知らないことが障害になることは容易に想像される。

　公示による意思表示を用いることができる場合（98条1項）に関するこれらの要件を充足する場合において，表意者となる者の申立てにより，意思表示が公示される。この公示は，公示送達に関する民事訴訟法の規定に従い，裁判所の掲示場に掲示し，かつ，その掲示があったことを官報に少なくとも1回掲載してすることが原則である（同条2項）。ただし，裁判所は，相当と認めるときは，官報への掲載に代え，市役所・区役所・町村役場などの施設の掲示場に掲示すべきことを命ずることもできる。

　公示による意思表示は，最後に官報に掲載した日，またはその掲載に代わる掲示を始めた日から2週間を経過した時に，相手方に到達したものとみなされる（同条3項）。ただし，表意者が相手方を知らないこと，または，その所在を知らないことについて過失があったときは，到達の効力を生じない。

76　意思表示の受領能力

　意思表示は，相手方の了知可能を要件として効力を生じるものであり，このことは前提として，相手方が意思表示の内容を理解することができる知的能力を具備することを要請する。ただし，知的能力といっても，状況に応じそれとして要請される水準は，さまざまである。また，相手方が知的能力がないという理由で表意者の側がその都合で意思表示の効力を恣意的に否定することができるという場面が生じることも，おかしい。

　そこで，意思表示の相手方がその意思表示を受けた時に意思能力を有しなかったとき，また，未成年者または成年被後見人であったときに，表意者は，意思表示が効力を生じたことを主張することができない（98条の2本文）。しかし，相手方の法定代理人が意思表示を知った後，または本人が意思能力を回復し，もしくは行為能力を有するに至ってから意思表示を知った後は，意思表示の効力が認められ，相手方において意思表示の効力を否定することができない（同条ただし書）。

課題の考察

　本を欲しいという博文君の手紙を託された①の姉は，使者である。その使者が役割を果たさず，相手方である佳織さんに届いていない。判例が示す基準概念で言うと，佳織さんの支配圏に入り，彼女が了知することができる状態になっていないから，この申込みは，効力を有しない。反対に②は，佳織さんの弟が彼女と同居しているのであるならば，支配圏に入ったものであり，到達が認められる。

　③は，佳織さんが毎朝ジョギングする道に貼り紙をして申込みを伝えようとしたものであり，佳織さんが，気づくことができる状態にはあった。しかし，これは，社会通念に照らし，佳織さんの手許に達したとみることができないから，到達は，否定されるべきである。ここのところの概念整理は，こうなる。了知可能という概念の評価的な要素として，支配圏に入っていないと考えるならば，そもそも了知可能になっていないと考えることになる。この考え方においては，単に気づくことができるという物理的な状態を了知可能とするのではなく，手許に来たものを見て確認しようとすればすることができるところまでいって初めて了知可能であるとみる。

　書留郵便が不着になった④は，タイミングから見て本を欲しいという話であろうということがわかる状況であるならば，「相手方が正当な理由なく意思表示の通知が到達することを妨げたとき」に当たり，申込みは，「通常到達すべきであった時に到達したものとみな」される（97条2項）。

　8歳であった⑤の佳織さんは，その時は申込みが届いていない，と主張することができた。ただし，成人して，その話を知った時は，その時点で博文君の申込みの効力が認められる（98条の2第2号）。もっとも，時日が経過し，ずいぶんと事情も変わっているはずであり，承諾に適する期間が経っているという別な理由から申込みが効力を失うとみるべき場合は多いことであろう（525条1項参照）。

　佳織さんが転居をして，新しい住所がわからず，電子メールも不着になった⑥は，到達が認められない。どうしても申込みをしたいのであれば，公示による意思表示をすることになる。

第**8**章

無効および取消し

不成立，無効，取消し，そして撤回，みんな同じにみえるけれど……

> **課題の設定**
>
> 　時価 100 万円の動産甲を目的とし，代金を 100 万円として売り渡す旨の契約がされた場合において，売主が買主に動産甲を引き渡し，買主が売主に代金として 100 万円を支払った，ということがあった後で，売主は，錯誤を理由として契約を取り消すことを考えている。もし取り消すことができるとする場合において，買主が引渡しを受けた後に動産甲が災害により損傷して 70 万円の価値しかない物となったときに，当事者間の法律関係は，どうなるか。

77　無効および取消しの意義

　法律行為または意思表示の効力がない，ということ。それが，**無効**である。無効であるとされるものを民法は「法律行為」としたり（90 条），「意思表示」としたり（94 条）あるいは単に「行為」（119 条）とする。いずれであっても，これからみてゆく無効の考え方が当てはまる。取消しについても，異ならない。

　無効は，法律行為の効力がない，ということが認められるために，効力が否定されることを望む人の何かのアクションがなければならない，ということはない。無効は，だれかの意思表示がされることを待って，そのようになるものではなく，だれかが無効を主張する意思表示をすることを要しないで，法律行為の効力が否定される。このことは，ある法律行為が当然に効力を有しない，とも表現される。"当然に"とは，当事者の意思表示や裁判所における手続などを経ないでも，効力を有しない，という扱いがなされる，ということである。"自動的に"と言い換えてもよい。

231

　また，無効であることを主張するのに，時間の制限もない。契約成立ののち無効を主張しないまま数年が経過すると，無効であったものが有効になる，ということはない。また，無効であることは，例外もあるが，だれからでも主張することができることが原則である。例を一つ示すならば，殺人を請け負う契約は公序良俗（90 条）に反し無効であり，このことは当事者の両方および第三者など，何人からでも主張することができる。

　これらの点において，無効は，法律行為を取り消すことができる，ということと区別される。**取消し**とは，法律行為を取り消す旨の意思表示により，その法律行為を無効にすることである（121 条参照）。取り消す旨の意思表示がされるまで法律行為は有効であり，また，取り消す旨の意思表示がされなければ，法律行為は効力を保つ。取り消す旨の意思表示をする権利（＝取消権）を有する者は，法律の規定により限定されており（120 条），また，法律が定める一定の期間内（126 条）にのみ，取り消す旨の意思表示をすることができる。例を一つ示すならば，強迫を受けて意思表示をした者は，その意思表示を取り消すことができ（96 条 1 項・120 条 2 項），これによりその意思表示は初めから効力を有しないものとなる。反対に，その意思表示をした者が取消しをしなければ，契約は効力を保つ。強迫によりされたものであるとはいえ，表意者が意思表示をしたことがたしかであるから，その効力を否定するかどうかを表意者の自律的な選択判断に委ねる趣旨にほかならない。

　無効や取消しは，それを問題とする前提として，その法律行為が成立している場面において論じられる。法律行為の例として契約を取り上げると，申込みと承諾があるならば，法律行為が成立し，そして，その次の段階において，その法律行為が無効とされたり，取り消されたりする。殺人の仕事を注文する申込みを受けた者がそれを拒むときに，それは，契約が**不成立**である事態であり，公序良俗違反で無効になる，という思考をする必要はない。注文を受けた者が承諾をするならば，契約が成立し，しかし，その契約は無効であるとされる。強迫により承諾をした場合でも，承諾があるからには，契約が成立し，ただし，承諾をした者が取消しの意思表示をするならば，契約の効力が否定される。これに対し，申込みをした者が相手方を殴って気絶させ，気絶している相手方の手を取って運筆し，契約書に署名をさせたという場合は，強迫ではなく，そも

そも承諾の意思表示がなく，契約は成立しない。

◆**法律行為の成立と無効の関係**

　無効とは，法律行為の成立が立証された場合において，その法律行為の効果を否定しようとする側が，その原因を主張立証して，法律行為の効果の発現を阻むものである。すなわち，法律行為の成立→無効かどうかの判定，という論理の順路を辿る。「不成立は，有効・無効の問題以前の事柄」であり（河上412頁），「甲土地を2000万円で売りたい」という契約の申込みがされたが，相手方が無言でいて承諾がされていない場合において，契約に基づく債務の履行を請求する者は，そもそも契約の成立を主張立証することができない。これについて債務の履行請求を受けた側が契約の無効を主張することは，背理である（もっとも，仮に成立していたとするならば，無効を主張する，という仮定的な抗弁をすることは考えられる）。まして，承諾がないから契約が無効である，などという言明は，無効の法律学的な意義を理解しない幼稚な思考からもたらされる。日常の言葉で無効は，ききめがないことと受け止められるかもしれないが，法律学的な言説として，法律行為の効果が認められない理由が，法律行為が成立していないからであるか，それとも成立はしたが無効であるからであるか，は厳密な考察を要する。

◆**内容の不確定は無効原因であるか**

　ところが，民法学の学術研究においてすら，従来，ときに，無効の概念の素朴日常的な理解がされてきた問題がみられる。「値段はともかく，甲土地を売りたい」，「はい，買うことにします」という問答がされた場合において，申込みと承諾があるから契約の成立が認められるけれども，代金という重要な事項が不確定であるから，この売買契約は無効である，などと，ときに説かれる。その背景にある一般論として，内容不確定は法律行為の無効原因であると説明されてきた。

　しかし，この議論は，おかしい。成立はしたが無効であるとみられる当該契約に基づき買主が売主に対し甲土地の引渡しを請求する訴訟を起こすと，売主が売買契約の成立を自白したうえで，権利障害事実として契約内容が不確定であることを抗弁として言い立てることになる，と考えているとするならば，それは，誤りである。契約の申込みは，「契約の内容を示して」しなければならず（522条1項），「値段はともかく……」では申込みとして認められない。そもそも契約は成立しておらず，権利根拠事実が調っていないと考えられる。これを無効事由と考えてきたのは，訴訟の攻撃防御における冒頭規定の意義が十分に認識されていなかった時代の思考である（山本252頁注1が問題を的確に指摘する）。

78　無効の原因

　法律行為が無効であるとされる場面は，いろいろある。大きく分けて，まず，法律行為を組成する要素である意思表示について，表示に対応する意思が存在しないことにより無効であるとされる**意思の不存在**の場合がある。心裡留保が例外として無効とされる93条1項ただし書の場合のほか，虚偽表示（94条1項），婚姻の意思不存在（742条1号），縁組の意思不存在（802条1号）の各場合が，これに当たる。意思の不存在とは異なり，厳密に言うと，意思を問題とする前提に欠けるとみるべきであるが，3条の2が定める意思能力を欠くことを理由とする無効も，これと隣接した事象として観察することができる。なお，意思不存在の錯誤（95条1項1号）は，表示に対応する意思を欠く場合の一つであるが，基礎事情の錯誤（同項2号）との統一した扱いをする見地から，無効事由でなく，取消原因として扱われる（☞第7章63・64）。

　これに対し，成立した法律行為の内容に対する評価に基づいて，法律行為が無効であるとされることもある。90条の公序良俗違反が典型であるが，132条が定める不法条件も同じ趣旨による。また，消費者契約法の不当条項に当たること（同法8条〜10条）による無効も，**法律行為の内容的不当**による無効である。

　内容の不当でないが，131条が定める既成条件や133条の不能条件は，それらの条件を付することに意義が認められないことによる無効を定めるものであ

り，随意条件を付した法律行為が134条で無効であるとされることも，**法律行為の無意義な内容**による無効であると考えられる。太陽が西から昇ることがあったならば，その日の昼食を御馳走しよう，という約束は，昼食を御馳走することはしないと述べているに等しいから，その効力を認めない，ということである（133条1項）。ただし，このことと区別されなければならないこととして，債務の履行そのものが不能であるとみられる場合は，注意を要する。不能であるかどうか，微妙な判断が求められる事例があるし，また，不能であることがはっきりしている場合も，履行を請求することはできない（412条の2第1項）としても，債務不履行の損害賠償（同条2項）を根拠づけるものとして契約は，有効であるとされる余地がある。

　これらとは性格を異にするものとして，他人によりされた法律行為の効果を本人に帰属させることが適当でないと考えられる場面もある。113条1項のいわゆる**無権代理無効**が典型であり，共同親権行使に関する825条ただし書にも併せて注意しておきたい。不在者財産管理人が103条の定める範囲を超えてする法律行為の効果が本人に帰属しないことも，無権代理無効である（28条）。また，法人の代表者が代表権限を踰越してする法律行為の効果が法人に帰属しないことは，とくに**無権代表**とよばれる。無権代理無効は，無効といっても，このように特殊な扱いを受けることが多いから，次述 **79** からあとの考察においては，視野から外すこととしよう。これについては，第9章「代理」において別途考察することとする。

　また，ここまでに概観したものは，いずれも，権利能力を有する本人に効果が帰属しないとされる場合であるのに対し，たとえば胎児の代理人を称してされた法律行為の効果が本人に帰属されないとされる場合（3条1項参照），権利能力を制限された外国人や外国法人が制限を超えてする法律行為（同条2項・35条2項参照）や，法人が定款で定める目的を超えてした法律行為（34条参照）は，法的効果を有しないと考えられるが，無効という概念で整理することがよいか，必ずしも一般の概念の用い方は，安定していない。また，法人が定款で定める目的を超えてした法律行為は，34条の文理のとおり権利能力の問題として扱うことでよいか，ということ自体が論じられる（☞第4章35）。そのほか，失踪宣告を受けた者が生存していてした法律行為が，本人が去った住所に

おける法律関係との関係において無効であるかどうか，といった問題も，その局面の法律関係の内容的規律そのものの考察を通じて検討されなければならない（32条参照。☞第2章15）。

なお，以上とは別に，法文は，要式行為に方式違反がある場合を無効という概念で扱うことがみられる。届出を履践しない婚姻や縁組の場合である（742条2号・802条2号）。

79 無効の効果

成立が認められる法律行為は，通常，その効果が存在する。しかし，例外もある。それが，無効にほかならない。無効とは，成立した法律行為の効果が存在しない，という事態である。

(1) **基本的効果**

成立した法律行為に無効原因がある場合には，その効果が認められないから，まず，法律行為が未だ履行されていない場合は，その履行をする義務が存在せず，義務を負うとみられる者は，履行を拒むことができる。また，すでに履行がされている場合には，給付を受けた者が，相手方を原状に復する義務を負う（121条の2第1項）。これが無効な行為の当事者が負う**原状回復**の義務にほかならない。

(2) **原状回復**

法律行為が無効である場合において，その法律行為に基づいて義務が生ずることはない。したがって，すでに履行がされている場合には，「無効な行為に基づく債務の履行として給付を受けた者は，相手方を原状に復させる義務を負う」（121条の2第1項）。

   (a) **不当利得の一般規定との関係**　　この原状回復の義務の履行を請求する権利は，不当利得返還請求権の一つの類型であると考えてよいが，どのような類型であるか，を問うならば，給付利得（☞『民法概論4債権各論』）の一つの場合であると考えられる。無効であるとはいえ，成立したと認められる法律行為に基づいて給付がされた場合の法律関係を矯正するものであるからである。

したがって，不当利得の概括的な一般規定である703条が単純に適用されるものではない。121条の2の規定が置かれるのは，この趣旨による。703条を

単純に適用すると，利得をした者の悪意が立証されない限り，「利益の存する限度」において返還する，というルールがつねに妥当するようにみえる。

(b) **無効な有償行為の場合の原状回復**　　しかし，無効であるとされる法律行為が有償契約である場合においては，その有償契約がもともと考慮していた対価的な均衡が無効の場合の法律関係にあっても顧慮されなければならない。そこで，契約の当事者は，「相手方を原状に復させる義務を負う」（121条の2第1項）。これは，703条に対する特例であり，したがって，当事者が，利得が消滅したことを理由として「利益の存する限度」においてのみ返還義務を負うと主張することは許されない（☞**課題の考察**参照）。

(c) **無効な無償行為の場合の原状回復**　　これに対し，無償行為の場合の原状回復は，これと異なる扱いがされる。無効な無償行為に基づく債務の履行として給付を受けた者は，給付を受けた当時その行為が無効であることを知らなかったときは，その行為によって現に利益を受けている限度において，返還の義務を負う（121条の2第2項）。

(d) **意思無能力でした無効な行為の特例**　　また，法律行為をした時に意思能力を有しなかった者は，その法律行為が有償行為であったとしても，現に利益を受けている限度において，返還の義務を負う（121条の2第3項前段）。意思無能力者を保護して，苛酷な原状回復の負担をさせない趣旨に基づく。行為能力の制限を受けている事項に関してした法律行為について，制限行為能力者が負う返還の義務も同様である（同項後段）。

(3)　無効とされる事項の範囲

無効であるとされることにより効力が否定される事項の範囲は，意思無能力により意思表示が無効とされるような場合を考えるならば，その意思表示の全部が無効である。一部についてのみ無効とされ，裏返してみるならば，一部については効力を保つ，という解決は，考えにくい。

これに対し，公序良俗違反や消費者契約法による無効は，当事者が望まない外在的な要請により効力が否定されるものであり，その効力の否定される範囲が問われる。この問題の解決の考え方は，第一の段階において，効力を否定しなければ公益的要請を果たすことができないと考えられる事項については，効力を否定しなければならない。第二の段階として，そのようにして効力が否定

されたあとの当事者間の法律関係は，補充的な意思解釈を施して，その無効とされる範囲の事項が効力を否定されることが理解されていたならば，どのような法律行為の効果を当事者らが欲したものであろうか，ということを忖度して法律関係が見定められる。このような考え方の具体の運用は，局面ごとに法律が規定を設けている場合について言えば，それら法律の規定の定めるところに従う。たとえば永小作権の存続期間についての278条1項前段の上限規制に対する違反による無効の効果は，それを定める同項後段の規定による。そうした規定がない場合には，法律行為の解釈としての側面をもつ思考操作により個別の局面について，法律関係が定まる。このような事態は，法律行為の全部の効力が否定されることにならない点に着目し，**一部無効**とよばれることもある。

　ある職場で，男性は60歳まで働くことができるのに対し，女性は55歳で退職しなければならないという契約条項がある場合を例に取ると，その女性の雇用契約は，全体が無効になるとは考えられない。55歳で退職する旨の契約条項が無効であると考えられるが，その効力が否定される際に，では，定年の定めがない雇用契約になるか，というと，それは不合理であり，当事者の意思として忖度されるところを考えるならば，定年を60歳とする契約条項があるものとする補充的な解釈操作がされることが，ふさわしい。

　なお，ここまでに取り上げた問題とは性質を異にするが，数個の法律行為が密接に関連づけられていて，そのうちの一つの効力を否定するのみでは，法律行為を無効とすることによる公益的な要請を達成することができない場合には，その要請を達成する観点から必要な範囲おいて，他の契約も違法性を帯び，無効とされなければならない。これは，無効とされる範囲が拡張されるという意味において，一部無効の反対事象であるとみることもできる。たとえば，娘が酌婦として稼働することにより与えられる報酬をもって弁済することを約する金銭消費貸借がされる場合において，娘の稼働契約は，人身の不当な拘束であって，公序良俗に反して無効であるとされなければならないが，そこのみ無効としても消費貸借が有効であって，金銭の返還義務が残るとすると，事実上，娘が雇用契約の無効を主張することに障害がある。そこで，消費貸借も無効とされるべきであり，かつ，貸し渡した金銭は，708条に基づき，貸主とされた者の返還請求が否定されなければならない（最判昭和30年10月7日民集9巻11

号 1616 頁)。

⑷ 無効を主張することができる者

法律行為が無効であることは，だれからでも主張することができる。これが，原則である。これに対しては例外もあり，表意者の保護のために認められる無効は，表意者の側からのみ主張することができるものとされる。具体的には，意思無能力を理由とする無効（3条の2）が，それに当たる（☞第2章17）。

⑸ 無効を主張することができる相手方

無効は，だれに対しても主張することができる。このことを絶対的無効であるとか，無効の絶対効などと表現することもあるが，無効は，もともと世人のすべてに対して主張することができるものであるから，絶対的無効とよぶ際の“絶対的”は，この無効の性質を強調するための修辞であるにとどまる。

このような無効の性質に対する例外もあるが，例外は，適度に強調されることが望まれる。

Aを売主とし，Bを買主とする売買契約が虚偽表示（94条1項）により無効であるという場合において，目的物をBがCに贈与し，Cが善意であるならば，Aは，Bとの間の契約の無効を「対抗することができない」（同条2項）から，Aは，Cに対し返還請求をすることができない。この事態は，この売買契約がA・B間では無効であるのに対し，A・C間においては有効であると映り，無効の効果が相対的であるとも感じられる。しかし，この事態を捉え，相対的無効であるという表現を用意することは，いささか大袈裟であり，誤解を招く。あくまで無効は，すべての者に主張することができる，ということを原則としながら，相手方によっては無効を主張することができない例外が認められるということである。

この場合において，Cが善意である場合には，AがCに対しA・B間の売買契約の無効を主張することができないことの帰結として，Cが所有権を取得し，したがって，CがDに目的物を売った場合において，Dは，所有権を取得することができる。Dが，A・B間の売買契約が虚偽表示によるものであることを知っていたかどうか，により，この帰結は，左右されない（この構成を特徴づけて**絶対的構成**とよぶことがある）。

この場合の解決については，異なる考え方があり，A対Cの法律関係はC

の善意悪意の区別に応じて処されるとしても，それとはまったく独立してＡ対Ｄの法律関係はＤが善意であるかどうかに着目して定まる（対比してよぶならば相対的構成）という考え方もありうる。しかし，善意のＣが目的物を保持する状態において，報道などによりＡ・Ｂ間の売買契約の虚偽表示無効が世上に伝えられる場合においては，Ｃから目的物を購入しようとする者が現れにくくなり，かくしてはＣの処分可能性を実際上制約し，94条２項が善意の第三者を保護しようとした趣旨目的が没却されることになるが，それは，不当であると考えられる。

⑹　無効を主張することができる期間

　無効は，いつまででも主張することができる。無効主張に期間の制限はない。無から有が生ずることはありえず，無効な行為が，無効が主張されないまま時間が経つと有効になる，ということはありえない。

　そのうえで，このことと区別をすべき事態があることには，注意を要する。法律行為それ自体が無効でありつづける，ということとは別な問題として，無効であることに基づき行使されるべき権利に関し，時効の影響が働くことはありうる。売買契約が無効であるならば，買主に引き渡された物を売主は取り戻すことができるはずであるが，買主が，20年にわたり平穏・公然と自主占有をし，これを援用するならば，買主が所有権を取得し，売主は所有権を喪失する（162条１項）。また，買主は，支払っていた代金の返還を請求することができるが，この返還請求権は，債権であり，債権の消滅時効が成立し，売主が援用するならば，もはや買主は返還請求をすることができない。

⑺　無効な行為の追認

　追認とは，無効である法律行為，または確定的に有効になっていない法律行為を有効なものとして確定させる趣旨の意思表示である。無効原因がある法律行為について追認がなされた場合の取扱いについて，民法は，「追認によって……効力を生じない」としたうえで，「当事者が……無効であることを知って追認をしたときは，新たな行為をしたもの」と扱うと定める（119条）。すなわち，その新たな行為をした時から将来に向かってしか法的効果が生じない。このことは，無効の行為を追認することができない，とか，無効の行為を追認したとしても遡及効は認められない，などと表現する。これが無効な行為のいわ

ゆる追認についての原則である。なお，このことについては，例外として，「さかのぼってその効力を生ずる」(116条) とされる無権代理行為の追認があることに注意を要する (☞第9章86)。

虚偽表示 (94条) である契約を両当事者が追認したときは，追認の時に，その契約をしたことになる。これに対し，殺人を委託する契約のように，公序良俗 (90条) に反するものは，追認をしたとしても，119条ただし書にいう「新たな行為」それ自体が公序良俗に反して無効であるから，追認をすることの実際上の意味は乏しい。もっとも，当初の行為の時に法令上取引が禁じられていた物の取引が後日に解禁されるような場合には，追認をすることに意義が認められる。

◆**いわゆる無効行為の転換**

無効行為の転換という概念が存在する。概念として存在することは，たしかであり，これについて従来は，「無効な法律行為であっても，他の法律行為として評価し直すこと」により，他の法律行為として効力が認められるときに，この後者の他の法律行為として効力を承認する，ということを指すと考えられてきた (河上422頁)。

(1) **従来の論議の状況**　無効行為の転換を認めるための要件としては，他の法律行為として効力を認めることが当事者の意思に反するものでないと理解されること，それから当該の他の法律行為の要件を充足することを要し，とくに後者の点について当該の法律行為が方式を必要とする行為である場合には，その方式が要求される趣旨を踏まえ，どこまで柔軟に解釈することが許されるか，を慎重に判断すべきことが強調されてきた (山本325-26頁など)。

具体の題材として挙げられるものは，法律の規定により認められたものとして，無効な秘密証書遺言を自筆証書遺言として認める971条の場合が，それに当たるとされる。また，判例に表われたものとしては，嫡出でない子について父が嫡出子としてした出生の届出は，それ自体として無効であるものの，父による認知の届出としての効力を有する，とされた例が挙げられる

（最判昭和53年2月24日民集32巻1号110頁）。これは，「出生した子が自己
の子であることを父として承認し，その旨申告する意思の表示が含まれて」
いると考えられることに加え，「届が戸籍事務管掌者によって受理され」た
という点で届出主義の本質の部分は充たされているとみられることによるも
のである（反対に無効行為の転換に当たるものを否定した例として，最判昭和
25年12月28日民集4巻13号701頁が挙げられ，自分の子でない者を自分の嫡
出子であるとして届け出ることは，出生の届出として無効であるのみならず，養
子縁組の届出としての効力も有しないとされた）。

　(2)　**批判的検証**　　従来の論議は，このようなものであるが，いくつかの
問題がある。

　第一に，概念の定義がうまくいっていないのではないか。無効な法律行為
であっても……というところですでに結論が得られており，ならば当該の法
律行為は，無効であり，それで話は終わる。また，他の法律行為として効力
が認められる場合において，そのようなものとして有効と認める，というの
であるならば，初めからその法律行為の要件を専ら問えばよく，他の法律行
為として評価し直すことは要らない。

　そう事を荒立てず，善解に努めるとするならば，成立したと認められる法
律行為が，当事者が意識の中心に置く趣旨としては無効である場合において，
他の法律行為として効力が認められるか，という主題が，無効行為の転換と
いう概念操作を舞台として展開されていると理解される。

　とはいえ，やはり問題は多く，第二に，題材として具体的に挙げられるも
のが，整理が尽くされておらず，また，偏っている。法律が規定を置く事象
と，裁判上の処理において話題になる場面を一緒に挙げることは，理論的に
おかしい。971条の場合は法律の規定でそうなっているから，と説明すれば
よいことであり，無効行為の転換という概念がないと説明することができな
い，というものではない。また，判例上話題になるもののほとんどは，戸籍
の届出の効果の解釈問題である。戸籍事務や人事の法律関係の安定を慮る見
地からは，いずれも本来は立法上解決が明示されてしかるべきものである。

　第三に，概念の機能がはっきりしない。無効行為の転換という概念を用い
ることにより何かが起こる，という場面を想像することはできず，それはほ

ぽ，起こった出来事を描いてみせる役割を果たしているにとどまる。地上権の設定を受けたと主張する者が設定の登記の手続を訴求する訴訟において，被告が，地上権の設定はなく使用貸借がされたにすぎない，と陳述するときに，裁判所は，地上権が無効で使用貸借に転換した，と述べる必要はなく，地上権の設定が認められないとして，請求を棄却すればよい。せいぜい，地上権設定契約書が書証として提出されたとしても，字句に縛られることなく証拠の解釈をする際に，地上権から使用貸借へ，という発想を思い描いて訴訟運営をすることが，関係者の思考の整理に役立つ，という程度の話である（地上権から賃貸借への“転換”を話題とする佐久間 222 頁の例も，同様の見地から観察することができる）。しかし，この役割は，解釈理論上の道具概念ということからは，ほど遠い（意思表示の理論として当事者の転換の意思が要件とされるものではない。末弘厳太郎「無効行為の転換について」同『民法雑考』〔1932 年〕184 頁参照）。同じように，所有者から土地の返還を請求された占有者が地上権の占有権原の抗弁を提出し，予備的に，と称して使用貸借の抗弁を添える際に，裁判所が，使用貸借の抗弁を取り上げて請求棄却の判決をすることは適法である。二つの抗弁は相互に独立した攻撃防御方法であり，まず地上権であるかどうかを審理して，それが否定されると使用貸借の判断に移る，というふうに連鎖している一個の抗弁ではない。

　無効行為の転換という事象が，いかにも実在するような錯覚に陥ることを避けるうえでは，このように，無効が主張される訴訟の攻撃防御の構造を丁寧に検討することが望まれる（意図はわからないものの，河上 422 頁は，不思議な疑問符を添えてこの概念を紹介する）。

80　取消しの原因

　無効とは異なり，法律行為の取消しは，取消しの意思表示がされて初めて，その法律行為が遡って効力がないものとされる。どのような場合において取消しの意思表示をすることができるかは，法律が定める。表意者が随意に取り消すことができるものではない。そこが，撤回とは異なる。

　取り消すことができる原因としては，まず，意思表示の成立過程において，

適切でない事象がみられ，適正に形成された意思表示でなく，**瑕疵のある意思表示**であると考えなければならないことから取消し可能であるとされる場合がある。基礎事情の錯誤（95 条 1 項 2 号）および詐欺・強迫（96 条 1 項・747 条・764 条・808 条・812 条）が，これに当たる。消費者契約法 4 条が定める不実表示その他の取消原因も，これらに準じて観察することができる。また，意思不存在の錯誤（95 条 1 項 1 号）は，意思表示に瑕疵があるというよりも，意思が存在しない場面であるが，基礎事情の錯誤と併せて取消原因であるとされる。

　これと似るが，適切に意思表示をする前提となる事理弁識能力の欠如または不十分による**行為能力制限**を理由とする法律行為の取消しがあり，5 条 2 項・9 条・13 条 4 項・17 条 4 項の各場合が，これに当たる。

　これらのほか，法律行為に変則的な事態が生ずる個別の場面について，それを取消し可能とすることにより解決が図られる場面がある。無権代理行為の相手方による取消しの 115 条，負担付遺贈の取消しに関する 1027 条，婚姻障害・縁組障害を原因とする婚姻・縁組の取消しを定める 743 条・803 条など各条の場面である。規定の意義や適用範囲について論議があるものの，夫婦間の契約の取消権の 754 条および認知の取消しの 785 条が問題とする場面も，これらに近い。

81　取消権の行使

　取消原因がある法律行為は，取消権を有する者が，その法律行為を取り消す旨の意思表示をすることにより無効となる。

(1)　取消しの意思表示

　法律行為を取り消す旨の意思表示は，意思表示の一般原則に従って行なわれる。その意思表示は，裁判上されることもあるし，裁判外ですることでもよい。法律行為が取り消されたことを主張する者は，取消しの意思表示があったことを一個の主要事実として主張立証しなければならない。ただし，その意思表示を裁判上，つまり弁論においてした場合は，この事実が裁判所に顕著であるから，証明することを要しない。

　取消しの意思表示は，取り消される法律行為の相手方（契約の場合は他方当事者）に対する意思表示によりしなければならない（123 条）。このように，取消

しは，相手方のある単独行為であり，相手方に到達しなければ効力を生じない。ただし，相手方が確定していない場合は，例外である（懸賞広告の撤回に関する530条も参照）。

(2) 取消権者

取消しの意思表示は，法律の規定において取消権を有すると定められている者がするときにのみ，効力が認められる。

行為能力の制限によって取り消すことができる行為は，制限行為能力者，その代理人，制限行為能力者の承継人，そして，制限行為能力者に同意をすることができる者（たとえば13条1項に掲げる行為についての保佐人）に限り，取り消すことができる（120条1項）。「承継人」は，包括承継人を含むことはもちろん，取消しが問題となる法律行為に係る地位を承継する者を含む。たとえば，取消原因のある売買契約の売主である地位を承継した者は，売買契約を取り消すことができる。

詐欺・強迫によって取り消すことができる行為は，その瑕疵ある意思表示をした者（つまり表意者），その代理人，表意者の承継人に限り，取り消すことができる（120条2項）。

消費者契約法に基づく取消し（消費者契約法4条）も，同様であると解される（120条2項の類推解釈。旧版の説明を改める）。

だれが取消権を有するかは，これらの法律の規定により明らかであるが，制限行為能力者が関係する場合の取消権者の見究めは，ときに錯綜するから，注意を要する。例を挙げると，ある高齢者が騙されて売買契約を締結した時に未だ後見開始審判をされておらず，その後に同審判を受けて成年後見人が選任され，その後にその高齢者が自分の判断で贈与契約をした，という場合において，成年後見人は，代理人である（859条1項）から，売買契約も贈与契約も取り消すことができる。売買契約は後見開始の前にされているが，成年後見人は120条2項の「代理人」に当たり，取消権を有する。

これに対し，売買契約と贈与契約の間にされたものが後見開始審判でなく補助開始審判であり，補助人には贈与による財産の処分に係る同意権が与えられたにとどまる（17条1項参照）という場合において，補助人は，当然のことながら贈与契約を取り消すことができる（120条1項の同意権者に当たる）が，代理

人ではない（15条3項も参照）から，売買契約のほうを取り消すことはできない。どうしても補助人が取消しをする実際上の必要が認められるときは，売買契約を取り消すことに係る代理権の付与（876条の9）を受けて，取消しをするほかない。

(3) 取消権の消滅時効

取消権を行使するか，それとも追認をするかは，取消権者の随意である。したがって，相手方は，いずれに法律関係の帰趨が決するか，について主導して法律関係の結着を講ずる機会がなく，安定しない状態に置かれる。この状態を可能な限り早期に収束するため，取消しか追認かの選択には，時間的な制約を設けることがよい。そこで民法は，追認可能時から5年間，また，その5年間が経過しなくても，取消しが問題となる法律行為の時から20年を経過したときに，取消権が時効により消滅するとする（126条）。20年のほうは，126条後段に「時効によって」という文言を欠くが，時効とみることを妨げる特段の理由は見出されず，これも取消権の消滅時効を定めるものと解すべきである。

取消権の消滅時効は，このように取消しか追認かの帰趨を早期に定めようとする趣旨である。取消しに伴って生ずる原状回復の請求権について，ことさら特別の時効期間を定めるものではない。126条が定める期間内にされた取消しに伴い生ずる原状回復の請求権は，取消権行使の時を起算点として，債権の消滅時効に関する通則（166条1項1号）に従う。

82　取消しの効果

「取り消された行為は，初めから無効であったもの」とみなされる（121条）。

(1) 基本的効果

したがって，取消権が行使された場合の法律関係は，無効についてのものとまったく異ならない。「初めから」無効であるから，有効であったと考えるべき時期があって，その後に無効になるということではない。このことを**取消しの遡及効**とよぶ。

取り消されたことにより無効となる範囲に関しては，無効について考察したところが妥当し，原則として法律行為の全部が無効となるが，一部にとどまると考えるべき場合，つまり一部取消しもありうる。また，効果として，未履行

の債務の履行を拒絶することができ，また，既履行の債務について，履行を受けた者の原状回復の義務が生ずる。

(2) 取消しの効果を主張することができる相手方

取消しの効果，つまり取り消されて無効になったことは，原則として，すべての者らに対し主張することができる。この原則に対する例外が認められるのは，その旨の規定を法律が設ける場合である。Aを売主とし，Bを買主とする売買契約が，BがAを欺罔したことにより成立した場合において，この売買契約をAが取り消すことができ（96条1項），取り消したときに，取消しの前に目的物をBがCに贈与し，Cが善意であるならば，Aは，Bとの間の契約の取消しをCに対抗することができない（同条3項）から，Aは，Cに対し返還請求をすることができない。同様のルールは，錯誤による取消しについても設けられている（95条4項）。

(3) 追認／意思表示による追認

取消し可能な法律行為の追認とは，取消権を放棄する意思表示にほかならない。したがって，取り消すことができる行為が追認されたときは，それ以後，これを取り消すことができない（122条）。追認は，相手方に対する意思表示によりされる（123条）。意思表示である追認が取消権の放棄であるからには，この意思表示をする取消権者は，取消権を有することを認識したうえで，それを放棄するのでなければならない。

追認をすることができる者の範囲は，取消権を行使することができる者のそれと一致する（122条）。

もっとも，この追認をすることができる時機には制限があり，また，これに関連して，だれが追認をするかに応じて，追認の可能な時機について，若干のルールが設けられる。

まず，原則として，追認は，取消しの原因となっていた状況が消滅し，かつ，取消権を有することを知った後でなければ，することができない（124条1項）。このルールに従って追認をすることができるとされる時期は，**追認可能時**とよばれる。騙されていたことに気づいていない者が，「自分のした契約は，どんなことがあっても取り消したりしない」と述べたとしても，有効な追認とはならない。

　例外として，行為能力の制限がある場合には，特別の考慮がされる。すなわち，法定代理人，保佐人または補助人が追認をするときは，取消しの原因となっていた状況が消滅した後にすることを要しない。成年被後見人が騙されたことを認識していない段階でも，成年後見人は，追認をすることができる。同様に，未成年者（成年後見人が付されている場合は除く），被保佐人または被補助人が法定代理人，保佐人または補助人の同意を得てする場合も，追認可能時を待たないで追認をすることができる（124条2項）。

(4)　法定追認

　取消権者による追認の意思表示がされていなくても，取消権者に取消権の行使を認めることが適切でない行為があった事実があるときは，取消権を失うと考えるべきである。これは，意思表示によりされる追認ではなく，法律が定める原因により取消権を喪失させるものであり，**法定追認**とよばれる。どのようなときにそれが生ずるかは，125条に掲げられている。

　たとえば，騙されて物を売った者が，騙されたことに気づいたにもかかわらず，買主に対し代金を請求するような場合（125条2号の履行請求）には，売主は，原則として，取消権を喪失する。この場合において，たしかに法定追認という考え方をしなくても，代金支払を請求する，という事実をもって，追認の意思表示を黙示にしたことの基礎づけ事実として扱うことにより，意思表示による追認があったものとして扱うことができる事例もありうる。しかし，いつも，この事実のみによって黙示の追認の意思表示があったと認めることができるとは限らず，また，仮に取消権者に追認をする意思がなかったとしても，代金支払という行動態度があるからには，信義に照らし取消権を喪失させることが妥当である。ここに，法定追認という概念を設ける意義が見出される。このような解決が是認されるのは，法定追認に係る行為をした取消権者は，取消権を行使する意思をもってしたかどうかにかかわらず，信義に照らし，もはや取消権の行使を認めるべきではないことに，その根拠が求められる。125条の柱書は，法定追認が生じうる時点として，単に「追認をすることができる時以後」とし，「前条の規定により追認をすることができる時以後」としないが，124条1項と同じく取消権の存在を自覚してされる125条所定の行為が法定追認になると解すべきである。行為能力を回復した者は，回復後に取消権の存在

を認識したうえで履行請求などをするときに法定追認になると解することが，制限行為能力者の保護に資する。

　また，取消権の存在を知ってする場合であっても，取消権者が異議をとどめたときは，法定追認は生じない（125条柱書ただし書）。ひとまず代金を支払って欲しいと考えますが，騙されたことには納得していませんから，取り消すかどうか，ひきつづき検討することにします，と告げたときは，法定追認が生じない。

　同条が掲げる法定追認の原因は，履行請求のほか，取消権者のほうがする履行，更改，担保の供与，取り消すことができる行為によって取得した権利の全部または一部の譲渡および強制執行をすることであり，いずれも取消権者のするこれらの行為により法定追認が生じる。

83　取消原因と無効原因または他の取消原因の重複

　どのような場合において法律行為を取り消すことができるか，ということを問うならば，法律行為が成立したことを前提として，取消原因が存在するならば，取消権を行使することができる。法律行為が"有効に"成立していることは，取消権行使の要件でない。成年被後見人がした法律行為を取り消そうとするときに，相手方が法律行為の当時に表意者が意思無能力であったことを言い立てて取消しを阻むことはできない。制限行為能力を理由とする取消しも，意思無能力を理由とする無効も，いずれも表意者を保護するための制度であって，いずれを選ぶか，は表意者の側に委ねられるべきである。実際上，表意者は，後見開始審判がされたことを立証することは容易であり，126条の期間が経過していなければ，無効の主張でなく取消権行使を考えることも多いであろう。

　似た問題として，他に取消原因があることも，取消権行使の妨げとはならない。事業者に騙されて取引をした消費者は，事業者の欺罔行為とその欺罔の故意を立証することができる場合において，詐欺を理由として取消権を行使することができることは，いうまでもない。しかし，欺罔の故意は，立証が困難であることもあろう。むしろ消費者契約であることと，事実でないことが告げられたという外形的な事実を立証して消費者契約法4条1項1号に基づく取消権行使を考えることもあってよい。同号に基づく取消権を行使する消費者に対し，

あなたは騙されていたものであるから，本来は詐欺取消しをすべきであり，消費者契約法に基づく取消しよりもふさわしい，と言い立てることは，いかにも滑稽であり，認められるべきでない。

◆撤　回

　対話をしている二人の人間がいるとしよう。一方が「ボクの持っているこの時計を買わないか」ともちかけ（売買契約の申込みである），他方が考え込んでいる段階で，「やはり売ることはやめにする」と述べることは，許されてよいのではないか。いちど売買の申込みを口にしたからといって，それに絶対に縛られるということにはならないであろう。申込みを受けた相手方が，「君がいちどは売りたいと述べたからには，それは一生涯，ひっこめることはできない」と言い張ることは，それこそおかしい。

　ここまでは，一種の常識論である。しかし，さらに進んで考えてみると，この「やめにする」ということが，どのような場合に許され，どのような場合に許されないか，を体系的に定める民法の規定はない。民法は，それができる要件を特定の契機において定め，また，それができないことを定める別の特定の場面もみられる。一般原則は，それらから推し量って考えるほかない。一般原則は，つぎのようなことであろう。

　まず，準備されるべき概念は，取消しや解除とは異なるものであり，しかも，法律行為の効力を消滅させるものである。民法は，これを**撤回**とよぶものとみられる（525条2項）。

　撤回は，以下に述べるルールに従う限り，特別の事由がなくてもすることができる。取消しが行為能力の制限や詐欺・強迫といった事由がないとすることができず，また，契約の解除は，ふつう，債務不履行があった場合にすることができることと異なる。撤回は，なぜするか，理由を告げないですることができる。

　そして，まず，契約は，撤回することができない。それこそが，契約の拘束力とよばれるものの意味にほかならない。522条に基づき成立した契約に当事者は拘束され，解除がされない限り，その効力を消滅させることはでき

ない，と説明することも許されるであろう。そして，この原則に対し，撤回に近い性質をもつ解除が定められる場合がある（550条本文・593条の2本文）。

つぎに，単独行為である法律行為は，それに基づき相手方または第三者について法律関係が形成されるまでは，表意者が撤回することができる（529条の3本文・1022条）。同じことを言い換えるならば，単独行為である法律行為は，それに基づき相手方または第三者について法律関係が形成された後は，撤回することができない（407条2項・540条2項・919条1項・989条1項）。これらが原則であるが，必ずしも法律関係が形成されていないにもかかわらず撤回ができないとされる例外がある（523条1項や525条1項を参照。相手方が承諾をする態勢に入ったかもしれない点で法律関係が形成の途上にある）。

課題の考察

時価100万円の動産甲を目的とし，代金を100万円として売り渡す旨の契約が成立したが，売主に錯誤があった場合において，売主は，この契約を取り消すことができる（95条1項）。錯誤の効果は，取消し可能であって，無効ではないから，気をつけよう。

売主が買主に動産甲を引き渡し，買主が売主に代金として100万円を支払い，その後に動産甲が損傷して70万円の価値しか有しないこととなったときに，取消権を行使した売主が100万円を返還しなければならないとされながら，買主は動産甲をそのまま返還すればよい，という帰結は，おかしい。

そこで，この場合においては，この売買契約が解除された場合（545条1項参照）と同じく，相手方を原状に復する義務を負うとすることが妥当である（121条の2第1項）。

121条の2の規定それ自体は，無効の規定であるが，取消しがされると法律行為は無効となる（121条）から，取消しの効果としての原状回復は，無効の場合と同じに考えればよい。

そして，121条の2第1項の解釈として，買主は，売主に対し，動産甲を返還するとともに，時価との差額である30万円を価額で償還する義務を負う

と解される。

　したがって，売主が 100 万円を返還する債務と買主が 30 万円を償還する債務とが相殺される場合において，売主は 70 万円の金銭債務を負う。その履行と，買主が動産甲を返還することは，同時履行の関係に立つと考えられる（最判昭和 47 年 9 月 7 日民集 26 巻 7 号 1327 頁参照）。

　もっとも，双務契約の当事者が負う原状回復義務は，その契約で定められた給付の負担を限度とするべきものであると考えられる。これは，121 条の 2 の規定において明確に指示されている規範ではないが，双務契約が当事者間における権利義務関係として定めたところを無効の場合について適正に反映させるため，解釈上認められなければならない。時価 100 万円の動産乙を目的とし，代金を 80 万円として売り渡す旨の契約が無効であるとされる場合において，売主が買主に動産乙を引き渡し，買主が売主に代金として 80 万円を支払い，その後に動産乙が損傷して 70 万円の価値しか有しないこととなったときには，売主が 80 万円を返還し，そして，買主は，契約で約した代金債務の限度において原状回復義務を負うと解されるから，80 万円の限度で原状回復義務を負う。買主は，この限度額とその後の時価である 70 万円との差額である 10 万円を償還するとともに，動産乙を返還する義務を負うことになる。

第 9 章

代 理

代理行為，代理権授与行為，代理権授与表示，
法律行為でないのはどれ？

　あなたが土地を所有しているとしよう。甲土地とよぶことにして，これを処分するという話が出ているとする。そう，甲土地を売るのでもよいし，だれかに貸すのでもよい。

　それをする者は，だれであるか。それは，売るにせよ貸すにせよ，あなた自身であるに決まっている。あなたが知らないうちに，あなたが甲土地が売ったり貸したりしたことになることは，原則として，あってよいはずがない。

　とはいえ，そのように威勢よく述べることができるのは，あなた自身にとくに支障がない場合の話である。

　①　想像してみよう。あなたは，仕事が立て込んでいて，きわめて忙しい。あるいは取引条件を細かく交渉することに慣れていなかったり，専門的な知識がなかったりすることもある。案外，売ることよりも貸すことのほうが，こまごました取りきめが必要な事項も多い。あるいはまた，あなたが内臓の病気で入院するとしたら……。これらの場合に甲土地を処分する取引は，だれがすることが考えられるか。

　②　あなたの配偶者が代わってする，ということは，どうか。

　③　あなたの子が代わってする，ということは，どうか。

　④　内臓の病気でなく，判断能力が衰える支障が生じて加療を要する状態となったときは，どうか。

　⑤　残念ながら，あなたもあなたの配偶者も，大きな災害に遭遇し，行方がわからなくなったとしたら，甲土地は，だれもどうすることもできないのか。

84　代理の意義

　法律行為は，人のする行為であり，それがされれば，法律効果が生ずる。行為をする者がだれであるか（行為の主体）という問題も，法律効果が生ずるのがだれであるか（帰属の主体）という問題も，いずれも答えは，自明であり，行為をする者は原則として効果が帰属する者であり，裏返して述べると，帰属する主体として予定される者が行為をする。どのような法律効果を自らに帰属させるか，をその人がその意思により定め，そして自ら行なう，ということこそ私的自治の原則にほかならない。

　したがって，行為の主体と帰属のそれとは必ず一致すべきである，ということは，論理の必然としてそのようになるのではなく，私的自治の原則という思想からの価値的要請である。

　そこで，人が，その活動の範囲を拡げるため，自らの意思の関与により他人の支援を受けようとする場面においては，例外が認められてよい。人には，身体が一つしかないし，与えられる時間は一日が 24 時間に限られる。自らに法律効果が帰属する法律行為は必ずその人がしなければならないとすると，その人の活動の範囲は限られる。だれか他人に頼み，その人がしてくれたことの効果を受ける，ということが許されるならば，便利である（**私的自治の拡張**）。

　また，私的自治ということを成り立たせるため，これを補充するのに他人の支援を受けなければならない場面もみられる（**私的自治の補充**）。幼児がする銀行預金を思い浮かべると，わかりやすい。預金の手続を銀行でするのは，幼児本人であるはずがない。親権を有する者などが，それをする。そして，その預金がだれのものであるか，と問うならば，それは，幼児その人であり，ここに行為と帰属の主体の齟齬が起こる。それは，幼児が自らはすることができないことを他人がして補充としているものである。

　これらの要請に応えるため，ある人に，その人のために他人がする法律行為の効果を帰属させる事象が**代理**にほかならず，これから説明される要件のもと，民法上，認められる（99 条参照）。

(1)　代理の類型／法定代理と委任による代理

　民法の法文は，代理に二つの形態があることを示唆する。そのことがよくわかるのは，復代理人を選任する手順ないし要件を定める規定の 104 条と 105 条

である。これらは，それぞれ「委任による代理人」と「法定代理人」を主題とする。これらを手がかりとして，学問上の概念整理として，**法定代理**と**任意代理**とよばれているものの対比が語られる。

　(a)　**法定代理**　　これらの二つのもののうち，法定代理は，代理権が発生する原因が法律行為でない。法律の定める要件に従い，代理権が生じる。このように，法定代理は，法律行為“でない”原因により代理権が生ずる，という消極概念である。法定代理が生ずる原因は，さまざまであり，まず，本人が未成年である場合において婚姻をしている父母には，当然に親権者が有する代理権が生ずる（818条・824条）。また，親権者を定め，または変更するという局面もあり，それらの場合において，父母の協議が調わなければ家庭裁判所の審判により親権者となる者が定められ，その者が代理権を有する（819条5項）。親権者を定める協議（819条1項・3項・4項）や，さらに遺言という法律行為により代理人となる可能性がある者が定まる場合であっても，代理人となる要件は，別に法律の定めるところによる（818条1項・839条・1006条）ということもみられる。しかし，何といっても多くみられるものは，裁判所が代理権を行使する者を選任する場合である（25条1項に基づき選任される不在者財産管理人。その権限は28条。同じように830条2項・4項・826条2項・860条・918条3項・936条・952条1項・953条・1010条・1012条1項など）。なお，婚姻をするという法律行為が基盤としてあるにしても，それがあると日常家事に関しては，個別の法律行為による授権が行なわれなくても夫婦が互いに代理権を取得すると解されている（761条参照）ことにも，留意しておきたい。

　そしてまた，何よりも法定代理の典型的な事象は，本人の行為能力が制限される場合に働くそれらにほかならない。すでに見た親権者の代理権のほか，これに当たるものは，後見人が有する代理権（859条），保佐人に付与される代理権（876条の4），補助人に付与される代理権（876条の9）などである。後見人の代理権は，後見の開始と後見人への就職により生じる。そこには，代理権を発生させるための法律行為なるものが観察されない。後見の開始は，家庭裁判所の審判によるか，または，未成年者について親権を行なう者がない状態が生じることによる（838条）。たしかに，未成年者に対し最後に親権を行なう者は，遺言で未成年後見人を指名することができ（839条1項），遺言は法律行為であ

る。しかし，遺言者が死亡して遺言が効力を生じた時点で子が成年に達している
ならば，後見人の指名は意義を失う。言い換えるならば，未成年後見人とし
て指名された者が代理権を取得する理由は，遺言がされたからではなく，未成
年者に対し親権を行なう者がいないという状態が生じたことに求めなければな
らない。しかも，未成年後見が開始する場合であっても家庭裁判所が未成年後
見人を解任することができる（846条・840条）からには，結局，遺言による指
名は，初発の後見人の人選について未成年者の最も身近にいた遺言者の意見を
尊重するという程度の意味しかない。また，保佐人・補助人の代理権は，それ
を特定の行為について付与する家庭裁判所の審判によって生じ，被保佐人・被
補助人のする法律行為が発生原因ではない。このように法定代理は，法律行為
を原因としないで代理権が発生する形態の代理である。

　(b)　**任意代理**　　これに対し，任意代理といわれているものが，なぜ任意
代理とよばれてきたか，を考えると，それは，代理権の発生という事態が，本
人がする法律行為によりもたらされるからである。その法律行為をするかしな
いかは，それをする者の随意であり，ふつう，代理権の授与をすることを強制
されることはない。そこで，任意代理とよばれる。

　(c)　**任意代理と法定代理との交配的契機**　　このように，すくなくとも典型
的には，法定代理は，行為能力が制限される者のために法律が定める要件のも
とで開始される代理であるのに対し，任意代理は，本人の任意の委託により行
なわれる代理である。しかし，高齢者の財産管理の問題を中心的な課題意識に
置いて行なわれた1999年の民法改正ののちにあっては，両者のあいだに概念
の接近や機能の交錯がみられる。まず，法定代理関係においても，代理権の発
生そのもの（876条の4第2項など）や代理人の選任（843条4項など）において
本人の意向が影響する余地がある（☞第3章21・22）。

　また，任意代理のほうにおいても，任意後見契約の制度が創設されたことに
注意しなければならない。任意後見契約は，将来の判断能力の衰えに備え，あ
らかじめ公正証書による契約により，後見人を選んでおくものである（任意後
見契約に関する法律2条1号）。指定された後見人は，本人の事理弁識能力が不十
分になった段階で，家庭裁判所が選任する任意後見監督人の監督のもとで，財
産管理などの事務を行なう（同法7条）。事務が適正に遂行されている限り，家

庭裁判所は，後見・保佐・補助の開始審判を基本的には差し控えることとし（同法10条参照），半面，財産管理が失当であるときなどは，任意後見人を解任して行為能力制限の制度を発動させるなどすることが想定されている（同条3項参照）から，ここでは，まさに法定代理と任意代理の相互調整が構想されている。

(2) 代理の類型／能働代理と受働代理

相手方が代理人に対してする意思表示が本人に直接に効力が生ずるという事象は，99条2項が定めるところであり，**受働代理**とよぶ。甲土地を所有するAが広告をして甲土地の売却する意志を示す場合において，この広告それ自体は申込みの誘引にすぎないが，その広告において，くわしいことは代理人にしたBと折衝して欲しい，ということを添える場合において，この広告を見たCがBに対し申込みの意思表示をするときに，申込みの意思表示は，代理人に到達すると，本人に直接に到達したものとする効力が生じる。

受働代理との対比において，代理人のほうから相手方に働きかけて法律行為をすることは，**能働代理**とよばれる。ふつう，ある契約をする権限を与える，という代理権授与の意味は，その契約に係る申込みをし，また，相手方の承諾の意思表示を受けることの全部について権限を与えるものであり，そのような通常の場合においては，受働代理と能働代理が複合しており，現実には，この二つの代理の区別を意識することは少ない。

受働代理においては，相手方のする意思表示は，代理人に到達した時に本人について効力を生じ（97条1項），正当な理由なく到達を代理人が妨げるならば，相手方の意思表示は，通常到達すべきであった時に代理人に，したがってまた本人に到達したものと擬制される（同条2項参照）。

85 代理の基本的法律関係

代理の法律関係においては，**本人**，**代理人**，そして**相手方**の三者が中核に位置づけられる。

本人と代理人との間の法律関係は，**代理権の発生**にほかならない。任意代理の場合において，それは，代理権授与行為に基づく。つぎに，代理人と相手方との間においては，この発生した代理権を代理人が行使する。代理権の行使と

してされるものは法律行為であり，**代理行為**とよばれる。そして，この代理行為の効果が，本人と相手方との間において生じ，**代理行為の効果の本人への帰属**が起こる。

　代理の基本的法律関係は，このように描かれ，その細部を(1)からあとに分説する。

　なお，代理人は，一人であるとは限らない。ある法律行為について複数の代理人が相互に連絡がなく設けられることがありうるし（本人が所有する甲土地を売る権限をPとQがそれぞれ与えられる），同一の法律行為について共同して権限を行使する趣旨で代理権を与えられることもありうる（本人が所有する甲土地を売る権限をP・Qが共同して行使する前提で代理権を与えられる）。これらの事象は，それぞれの代理権の発生原因の趣旨に即して法律関係が処理されることでよい。注意を要するものは，代理権の授与が複数の段階にわたり重ねられる場合である。代理人が，代理権を行使することを第三者に委託する（本人が所有する甲土地を売る権限をPが与えられ，この権限の行使をPがQに委託する）ことであり，**復代理**とよぶ。代理人から代理権の行使を委託される者は**復代理人**とよばれ，同人は「本人を代表する」本人の代理人である（106条1項）。代理人の代理人ではない。復代理人の権限行使の効果が本人に帰属するから，本人にとってどうでもよいことではなく，任意代理で考えるならば，本人の許諾があるか，やむをえない事由があるのでなければ置くことができない（104条）。

　このことと区別されなければならない問題として，本人の許諾があった場合などにおいて，代理人は，復代理人をコントロールすることについて責任が軽減されるか。そのようなことはない。そこは本人と代理人との間に成立した委任契約の趣旨に照らして，代理人に期待される行態の内容が定まる（644条参照）。

(1)　代理権の発生原因

　代理権は，法定代理においては，法律が定める要件に従い生じ，また，任意代理においては，本人の委任により生じる。なお，両者の交配形態として，任意後見契約（任意後見契約に関する法律2条1号の「代理権を付与する委任契約」）に基づいて任意後見人が取得する代理権は，本人と任意後見受任者とがする任意後見契約を基盤として生じるが，この契約をすると直ちに生じるものでなく，

任意後見監督人を選任する家庭裁判所の審判により具体的に生じる（同条4号，同法4条）。

　(a)　**法定代理における代理権の発生原因**　　法定代理における代理権は，まず，親権者のそれは，親権者であることにより当然に生じる（824条）。後見人の場合も，これと異ならない（859条1項）。親権者が代理権を行使することに障害がある826条の場合において選任された特別代理人も，個別の行為について裁判所の授権などを要することなく，未成年者のために代理権を行使することができる（最判昭和37年2月6日民集16巻2号223頁参照）。

　これらに対し，保佐人および補助人の代理権は，家庭裁判所がする審判により生じる（876条の4・876条の9）。しかし，いずれにしても，これらの代理権は，法律が定める要件に従い生じるものであり，その発生のために本人のする法律行為を要しない。

　このようにして，包括的な範囲であるにせよ，個別の授権であるにせよ，かなりの場合の法定代理において，それぞれの局面に即して代理権の範囲が定まる。民法には，権限の定められていない代理人の代理権の範囲を保存行為などに限るとする規定（103条）があるが，これが適用される場合は，不在者財産管理人などに限られる。

　(b)　**任意代理における代理権の発生原因**　　任意代理においては，本人を委任者とし，また，代理人となるべき者を受任者とする**委任**により代理権が生じる。委任は，「法律行為をすることを……委託」する契約であり（643条），代理権を授与する趣旨で法律行為をすることを委託することにより代理権が生じると考えられる。代理に関する規定も，「委任による代理」という事態を扱っており，のみならず，「委任による代理」と「法定代理」の二つのいずれでもないものについて論及することをしない，という編成を示す（104条・105条）。したがって，任意代理における代理権の発生原因は，委任であると解すべきである。

　なお，このことを強調すると同時に確認されなければならないこととして，もちろん，代理権を発生させる委任契約の当事者間に委任契約の法律関係しかありえない，とか，それ以外の法律関係があってならない，と考えることは，適当でない。実際にも，雇用契約の当事者の間において，使用者が労働者に代

理権を授与する局面は，しばしばみられる（最判昭和38年12月3日民集17巻12号1596頁）。

　委任は，契約であるから，代理人となる者の「承諾」（643条）がなければ成立しない。したがって，代理人となる者の意思に反して代理権が生ずるということもない。

　委任による代理により発生する**代理権の範囲**は，その委任の解釈により定まる。たとえば，ある契約をすることが委託され，その契約を代理人がした場合において，その契約を相手方が取り消す旨の意思表示を受領する権限は，ふつう，その委任において与えられた代理権の範囲に含まれると考えられる（最判昭和34年2月13日民集13巻2号105頁）。

　任意代理における代理権の発生原因は，このように委任（のみ）であるとはみない考え方もありうるであろう。

　まず，代理人となる者に本人が代理権を与える旨の一方的な意思表示により代理権が発生するという考え方（**単独行為説**）があり，この法的構成のもとでは，代理権は，本人の一方的な意思表示により生じる。代理人となる者が，この意思表示を受領することは必要であるが，その同意は要らない。それは，代理人となるべき者は，代理権という権限を取得するにすぎず，代理権の行使を欲しないのであれば行使しなければよいと考えるものである。しかし，代理権の発生という重要な法律関係が一方当事者の意思とは無関係に成立するということは，実際の意識に照らし，不自然さが残る。また，代理権を行使することにより，場合によっては，代理行為である法律行為の効果が本人でなく自身に帰属し，その法律行為により生じる債務を負担する事態がありうる（100条参照）が，そのような可能性のある事態に当事者の意思と無関係に入っていくということは，是認しがたい。

　また，代理権の発生原因を契約とみる考え方（**契約説**）のなかにも，その契約が委任でなければならないとする必然性はないとし，請負や雇用によっても代理権が生じるとする見方がある。しかし，これらの契約に関する民法の規律のいわゆる冒頭規定（623条・632条）から代理権の発生という契機を読み取ることができず，これらの契約を代理権の発生根拠として説くことは，これらの契約の本質から導くことはできない。請負や雇用の当事者らの間で代理権が授

与される場面は，それらの契約と委任との混合契約がされたと捉えることでよいことである。

また，さらに契約説のもとで，専ら代理権の授与を内容とする無名契約であるとする見解も成り立つ。この見解は，専ら代理権という権利を与える契約であるから，代理人となる者が未成年者であっても，この契約を取り消すことができない（5条1項ただし書）と考えることを通じて，相手方の法律的地位の安定を図る配慮が背景にあるとみられる。しかし，その配慮そのものが正当であるか，そもそも疑わしい。不適切な代理権行使をするならば法的責任を負う事態（100条参照）から離脱するため，未成年者が取り消すことができるという帰結がむしろ確保されるべきであり，相手方の保護は，一般の表見代理の法理に委ねることが相当である。

(c) **附説／代理権の消滅原因**　代理権は，いったん発生した後，どうなるか。Aが，その所有する甲土地を処分する権限をBに与えた場合において，甲土地をBがCに売る代理行為をしたときに，この代理権は，目的を遂げ，役割を失う。しかし，そのことをもって代理権が消滅すると，ことさらに述べることの意義は乏しい。

代理権の消滅ということを意識させる契機は，消滅した後にされる代理行為を無権代理行為として性格づけをし，爾後の法律関係を112条・113条・116条に委ねる，というところにある。では，代理権は，どのような原因により消滅するか。

わかりやすいのは任意代理であり，代理権が委任により生じるということから派生する一つの帰結として，代理権を発生させた委任が効力を失うならば，代理権も存在しないこととなる。まず，委任が解除される場合において，代理権は，将来に向け消滅する（652条参照）。解除がされるまでは代理権が存在し，それまでにその代理権を行使してされた代理行為は，本人に効果が帰属する。

委任は，541条・651条・653条を根拠として終了する。しかし，これらの規定は，任意規定である。これらの規定にない委任の終了原因を追加して特約することも許されるし，反対に，653条が定める事由が生じても委任が終了しない旨の特約をすることも許される。たとえば，本人が死亡しても代理権が消滅しない旨の特約は，効力が認められる（最判昭和31年6月1日民集10巻6号

612頁。653条1号と異なる特約の効力が認められるという意義をもつとともに，111条1項1号を任意規定であるとする理解を前提として，それと異なる特約の効力の是認ということでもある）。

　また，代理人となる者が行為能力の制限を受けている場合は，その制限に関する規定に従い，委任を取り消すことができる。委任に錯誤や詐欺があった場合も異ならない。これにより代理権は，遡及的に存在しなかったことになる（121条参照）。その結果として，相手方が代理権のない者と法律行為をしたと評価される事態が生じた場合の相手方の保護は，おもに表見代理の規定の適用に委ねられる。

　これらに対し，法定代理権は，法定代理の原因となる行為能力の制限が終了すると，消滅することは，あたりまえのことである。未成年者が成年に達するならば親権者の法定代理権が消滅し，また，後見開始審判が取り消されるならば成年後見人の代理権が消滅する。本人が死亡すれば，当然のことながら行為能力の制限が終了し，法定代理権も消滅する（111条1項1号）。また，行為能力の制限が続いていても，代理人が死亡し，または，代理人について破産手続開始の決定もしくは後見開始の審判がされると，その法定代理人の代理権が消滅する（同項2号）。

　なお，ここで問題とするものは，民法上の代理権，つまり，法律行為をする権限の消滅である。いったん法律行為が成立し，それを前提として，その履行としてされる法律行為でない行為をするときに本人が死亡するなどしても，その行為の授権は効力を失わないとされることがある。たとえば生前に甲土地を贈与し，その贈与を原因とする所有権の移転の登記を申請する権限を与えられていた者は，申請の時点で本人が死亡していても，この申請を代理してすることを妨げられない（不動産登記法17条1号）。

(2)　代理行為

　代理人が本人のためにする法律行為が，**代理行為**である。Aが所有する甲土地を売る権限を与えられたBが，Aのために，Cとのあいだで売買契約を締結する場合において，この，売買契約を締結する，という行為が代理行為に当たる。

　代理行為であるためには，主観と客観の両面で充たすべき要件がある。

まず，代理人において，本人のためにする趣旨で，その法律行為をすることを要する。本人のためにする意思が求められ，これを**代理意思**とよぶ。

また，代理行為には，**顕名主義**という重要な原則がある。

(a) **顕名主義の原則**　顕名とは「名」を「顕らか」にすることであるが，だれの名を顕らかにするか，と問うならば，それは，本人の名である。代理行為は，「本人のためにすることを示して」されなければならず（99条1項），これをしないでした代理人の行為は，原則として，代理人自身のためにした行為（上例ではBを売主とする契約）として扱われる（100条）。顕名主義の要請に従うならば，Cと法律行為をするBは，Bのための契約をするのではなく，Aの代理人としてするものであるということをCに対し示さなければならない。

(b) **代理行為に瑕疵がある場合の解決**　このような要請に服するとはいえ，代理行為は，代理人のする法律行為である。そのことの帰結が可視的に示される局面が，代理行為に瑕疵がある場合の解決にほかならない。これを101条が定める。

Cに騙されてBが代理行為をした場合において，たしかに，Aは騙されていない。しかし，Bが騙されてした代理行為の効果がAに無条件に帰属することは，おかしい。Aは，「代理人について決する」（同条1項）とされる詐欺の存在を理由として，これを取り消すことができる。Bが強迫を受けた場合も異ならず，また，B・Cが通謀してした代理行為は，Aが通謀に加わっていなくても，虚偽表示として無効である。

くわえて，Cが真意でないことを自覚しながらBに対してした意思表示が有効であるかどうかを判断するにあたり悪意または有過失である可能性を検討する「相手方」（93条1項ただし書）は，だれか。これも，「代理人について決する」から，Bの悪意有過失が問題とされる（101条2項）。

以上に対する例外として，たとえば甲土地を買うという「特定の法律行為をすること」（同条3項）を委託されてそれをしたBが，Cにおいて甲土地を売る意思がないことを知らなかったとしても，Aが悪意または有過失であるならば，Cは，Aに対し，心裡留保の無効を主張することができる。

これらに対し，BがCを騙したという場面は，ここまでに登場していない。たとえ騙したのがAでないとしても，Cは，それによる法律行為を取り消す

ことができる。Bの騙すという行動をAが知らなかったとしても，Cは，A
に対し，取消権を行使することができる。これは，96条1項の通常の適用の
帰結である。Bによる欺罔は当事者としてのそれにほかならず，AとBは一
体とみられるべきであるからであり，Bを96条2項の「第三者」として扱う
ことはできない。

　(c) **顕名主義に対する例外**　　代理行為が商行為に当たる場合は，その実
態上，多くの事例において，事業者が従業者や他の事業者を介し，継続して大
量の取引をすることなどがみられ，いちいち本人の名を示すことが煩わしく，
顕名主義の要請に固執すると，取引の闊達が害される。そこで，商行為の代理
においては，99条1項の顕名主義が排除される（商法504条本文）。

　もっとも，事業者間の取引の実情を見ると，いかに商行為の代理であっても，
相手方が本人との取引である可能性に想到しないことが無理もないと考えられ
る場合があり，そのような場合において，むしろ相手方は代理人との間の取引
であると考えていることであろう。そこで，代理人が本人のために法律行為を
していることを過失なくして知らなかった相手方は，代理人との間の法律関係
を前提として同人に対し履行請求などをすることが認められるべきであり，こ
れと本人との間の法律関係のいずれかを選択することができると考えるべきで
ある（同じ解釈を提示する最大判昭和43年4月24日民集22巻4号1043頁は，同条
ただし書の相手方の主観的要件に関し過失を追加する制限解釈を施したうえで，そこで定
められる法律関係の細部を明らかにする意義をもつ）。

◆代理行為における顕名

　民法の代理においては，本人が何人であるか顕名することが求められ（99
条1項），代理行為という特殊な法律行為にあって「顕名も意思表示の内容
を構成するという見方もできる」（座談会「代理行為における要件と効果（上）
──奥田昌道先生の問題提起を受けて」法律時報87巻2号〔2015年〕91頁〔山
城一真発言〕）。

　商行為の代理においては，顕名が求められない（商法504条本文）。A・
B・Cなどから商行為をすることを委託されたPがQとの間で代理人とし

て法律行為をする際，たとえば本人がＡ・ＢでなくＣであることがわかると，「相手方〔Ｑ〕は代理人〔Ｐ〕をスルーして本人〔Ｃ〕と直接取引を行うことにより，代理人は仕事を失う不利益が生じ得る」（神作裕之「非顕名代理」樋口範雄＝佐久間毅〔編〕『現代の代理法——アメリカと日本』〔2014年〕103頁）から，この不利益を避けるため，非顕名代理は，意義を有する。もっとも，Ｑが，Ａ・Ｂ・Ｃのいずれでもなく，Ｐこそ本人であると理解するということも起こりうる。同条ただし書は，その場合について，Ｑの無過失を要件として，Ｑが，Ｃ・Ｑ間の法律関係とＰ・Ｑ間のそれとを選択して主張することを認める趣旨であると解すべきであり（最大判昭和43年4月24日前掲），同条の適用結果を適切にコントロールすることが求められる。森本滋「商法504条と代理制度」林良平先生還暦記念『現代私法学の課題と展望（中）』（1982年）。

(3) 代理行為の本人への効果帰属

代理人が代理権の範囲内でした代理行為の法律効果は，原則として「本人に対して直接に……効力を生ずる」（99条1項）。Ａが所有する甲土地を処分する権限をＢに与えた場合において，Ｂが，Ａのためにする趣旨で，甲土地を処分する行為は，その効果がＡに帰属する。処分する，という概念は，売買などにより所有権を譲渡するばかりではない。ＡがＣからしている借入れがある場合において，Ｂが，この借入債務を担保するため，Ｃのために甲土地に抵当権を設定する行為をしたときには，甲土地にＣのための抵当権が設定される，という効果が生ずる。本人のＡが代理行為に関与していないのに，Ａを設定者とする抵当権が成立するということにこそ，代理という制度の意義を見出すことができる。代理という制度は，このように便利なものであるが，半面においては，本人でない者のした行為の効果が本人に帰属するものであるから，代理人が本人の利益を害することのないよう適正に行動するようになっていなければ本人の利益が害される。そこで，適正でない仕方で代理行為がされる場合として，107条および108条が定める諸場合においては，例外として，代理行為の効果の本人への帰属が否定される。

(a) **自己契約**　「同一の法律行為について，相手方の代理人として」法律行為をすること——上例で代理人がBでなくCであるということを考えてみよう。甲土地について抵当権の設定を受けることを望むCが，Aの代理人として，抵当権の設定行為をすることが，これに当たる（108条1項）。AがCに対し，甲土地の処分の全般について権限を与えていた場合においても，具体的に自分のために抵当権を設定するということをすることはできない。ただし，Cに対する債務を担保するため甲土地に抵当権を設定するという具体の行為についてAがあらかじめ許諾していたときは，差し支えない。また，すでに抵当権が有効に成立しているときに，抵当権の設定の登記を申請するというような行為は，妨げられない（同項ただし書の「債務の履行」）。

(b) **双方代理**　「同一の法律行為について……当事者双方の代理人として」代理行為をすること——たとえばBが，抵当権設定者となるAの代理人として，また同時に，Cからも代理権を与えられて，抵当権設定行為をすることが，これに当たる（108条1項）。ただし，あらかじめA・Cが許諾していた行為，また，債務の履行に当たる行為を双方代理することが妨げられないことは，自己契約についてと異ならない（同項ただし書）。

(c) **利益相反行為**　「代理人と本人との利益が相反する行為」——甲土地を処分する権限をAから与えられたBが，BがCに対し負う債務を担保するために甲土地に抵当権を設定すること（108条2項・826条・860条）は，自己契約でも双方代理でもないけれども，本人の利益が害されるおそれが大きい。裏返して言うと，この抵当権設定行為をすることをAがあらかじめ許諾していた場合は，利益を害されるという問題がないから，差し支えない（108条2項ただし書）。Aがあらかじめ許諾していた場合でない限り，この抵当権設定行為の効果がAに帰属せず，Cは，抵当権を取得することはできないが，その帰結は，とくにCを不当に害するものではないと考えられる。Cから見ても，CからのBの借入れを担保する抵当権の設定をBがAの代理人としてすることが適正でないことは，明瞭である。

(d) **代理権の濫用**　これに対し，Bが，Bが相当数の株式を有する会社であるDのCに対する借入債務を担保するためにAの代理人として甲土地に抵当権を設定する行為は，どのように考えたらよいか。本人であるAに不利

益を強いつつ実質的にはBの利益を図るものであり，不適正な代理権の行使である（最判昭和42年4月20日民集21巻3号697頁は，同様の問題を含む売買がされた事例である）。が，そのことは，必ずしもCから見て，明瞭でない。株式を有している会社たるDの利益を図る目的でする行為であることが常に判然としている事実であるとみることはできないからである。

そこで，「代理人が自己又は第三者の利益を図る目的で〔した〕代理権の範囲内の行為」は，「相手方〔ここではC〕がその目的を知り，又は知ることができたとき」に限り，本人であるAへの効果帰属が否定される（107条）。「代理人……又は第三者の利益を図る目的」であるかどうかは，その代理行為により本人が受ける不利益との関係において総合的に判断される。AもまたDの相当数の株式を有している場合において，Dの借入債務を担保するために甲土地に抵当権を設定することは，BやDの利益にもなる側面があるとしても，必ずしもBの利益を図る「目的」であるとみることはできない。このような実質的な判断を要する事項でもあるから，必ずしも常に効果帰属を否定することはできず，Cの主観的関与の程度を勘案して，その成否を見定めなければならない。

(e) **107条および108条が定める代理行為の効果**　107条・108条に当たる不適正な代理行為は，「代理権を有しない者がした行為とみなす」こととされるから，無権代理行為に当たる。したがって，それら代理行為の効果は，原則として，本人には帰属しない（113条1項）。ただし，本人が追認をする場合には，効果が有効に本人に帰属する（116条）。また，相手方が115条の与える取消権（代理行為たる法律行為を撤回する権利）を行使することも，一般論として妨げられないと考えてよいが，相手方が不適正な代理行為であることを知っていた場合は，取消権が認められない（同条ただし書）。

◆代理人の行為能力

代理行為も一つの法律行為であるから，それをするのに行為者の意思能力を要する（3条の2）。ここまでは，疑いがない。これに対し，代理人が制限行為能力者である場合は，考えなければならない問題がある。甲土地を所有

する A から，甲土地を処分する代理権を与えられた B が，C との間において，甲土地を C に売る契約をしたとしよう。B は，保佐開始審判を受けており，D が保佐人である。B が被保佐人として行為能力の制限を受けていることを理由として，この行為を取り消すことができるものとすべきであるか。13 条 1 項 3 号に当たる行為であるから取り消すことができるようにも考えがちである。しかし，その取消しにより甲土地を保持することができるのは A であって，B の財産を保護するという直接の関係にない。たしかに，十分な思慮判断をしないで代理行為をして A に損害を与える場合において B が A から責任を問われる余地はある（644 条参照）ものの，もともと B に代理権を与えたのは A にほかならず，この責任の成否ないし範囲を A・B 間の委任契約の趣旨に照らして判断するならば，A の B に対する責任追及は，大幅に制約を受けると考えなければならない。これらの点を考慮して，この場合の B の行為能力制限を理由として D が C との売買契約を取り消すことはできないとされる（102 条本文）。

　もっとも，B が取得したのが法定代理に基づく代理権である場合には，これらの点の事情が大きく異なる。そこで，たとえば，被保佐人である B が A の成年後見人として C との売買契約をしたという場合において，D は，同契約を取り消すことができる（同条ただし書・13 条 1 項 10 号）。

◆使　者

　意思表示の伝達に与かる機関である者を使者という。本人が使者に託して相手方に意思表示を伝達することもあり，また，相手方が使者に意思表示を伝達することにより本人に通知したのと同様の効果を生じさせることもある。使者が，その意思で法律行為の内容を決定することはない。その点において，使者と代理人とは本質的に異なる（山本 349 頁）。X が，A から，A の所有する甲土地を 600 万円以上の代価で売却するようにとの依頼を受け，B に対し，A のためにする趣旨であることを示し，甲土地を代金 800 万円で売りたい旨を申し込み，これを B が承諾する場合には，この内容において A・B

間に有効に売買が成立する（99条1項）ところ，ここで代金の額という重要な問題を選択決定する者は，代理人のXである。これに対し，Aが，甲土地を代価800万円でBに売りたい，ということをBに伝えよ，とYに指示し，Yが，受けた指示のとおりにこれをBに伝達する，という場合のYが，使者である。

使者は，行為能力を有することを要しないのみならず，意思能力も要らない（したがって，使者は，幼児でも務まるものであり，実際にも，子どもに託して手紙や伝言を届けたりする）。また，意思表示の過程で変則的な事態が生ずる際も，たとえば錯誤を理由に法律行為を取り消すことができるかどうか，を考えるにあたり，代理人の場合は代理人について意思不存在の有無が検討される（101条）が，使者を用いる場合は，本人について錯誤の有無が問題とされる。これらの点が，代理人と区別して使者というものを考えることの意義である。

なお，民法は，代理人に対し意思表示をすると本人のために意思表示の到達の効果が生ずることを代理（受働代理）の概念で構成する（99条2項）けれども，ここで代理人が自分の意思で法律行為の内容を選択し左右する契機は認められず，受働代理と受働の使者とを区別する意義は乏しい。

86　無権代理

代理権を有しない者が他人の代理人としてした法律行為は，**無権代理行為**とよばれる。また，無権代理行為をした者を**無権代理人**とよぶ。

代理権のない者の行為が本人に帰属するはずはない。それ自体は，法律の規定を待つまでもなく，私的自治の原則に照らし，当然のことである。

113条1項は，契約に関し，このことを明らかにし，無権代理行為は，「本人に対してその効力を生じない」とする。この効果は，簡単によぶときは，無効であり，たしかに無効であるにちがいないから，そのように述べることは，まちがいない。ただし，のちに述べるように，無権代理行為は，まったく効果が存在しないというものではなく，原則として無権代理人の責任（117条）を生じさせるという効果を伴う。つまり，無効であるということの意味は，本人

との関係において無効であり，本人に効果が帰属しない，ということが厳密な意味である。そこで，この点を強調して述べる際には，無権代理無効とか**効果不帰属**の無効などとよばれる。

(1)　契約の無権代理の基本的法律関係

本人に効果が帰属しないのであるから，Ａのために法律行為をする権限を有しないＢが，Ａのためにする趣旨において，Ｃとの間で，Ａが所有する甲土地をＡがＣに売る旨の契約をした場合において，Ａは，売買契約の当事者とならない。したがって，Ｃは，Ａに対し，甲土地の所有権を移転することを請求することができない。

しかし，この場面において，無権代理人が代理権を有しないことを知らない相手方を保護する必要がある。Ｂが代理権を有しないことを知らないＣは，この売買契約により甲土地を取得することのできることを期待したにちがいない。

(2)　無権代理人の責任

そこで，無権代理行為の相手方を保護するために法律が特別に設けた責任が，117 条が定める無権代理人の責任にほかならない。

無権代理行為の相手方は，117 条 1 項に基づき，無権代理人に対し，「履行又は損害賠償」を請求することができる。いずれを請求するかは，「相手方の選択」による。Ｃは，Ａに対し売主としての義務履行を求めることはできないけれども，いわばそのかわりに，Ｂに対し 117 条 1 項に基づく責任を追及することができるということであり，これを**無権代理人の責任**とよぶ。「履行」を請求するとは，無権代理行為の内容である契約を（Ａではなく）Ｂを当事者として成立させる，ということである。その場合において，Ｂは，Ｃに土地の所有権を移転する義務を負う（561 条）けれども，土地はＡのもとにあるから，この義務を履行することは困難である。履行することができなければ，Ｂは，損害賠償の責任を負う（564 条）。この経過を見越したＣが，初めから 117 条 1 項の損害賠償を選択し，これを請求することも考えられる。実際上，履行を選択することに意義が認められるのは，種類物の売買などのような場合である。

もっとも，無権代理人の責任を認めることが妥当でない場合もあり，それらを 117 条 2 項が三つの号として掲げる。まず，代理権の不存在について相手方

が悪意であった場合には，相手方を保護する必要はない（同項1号）。つぎに，相手方が過失により代理権の不存在を知らなかった場合も，同様である（同項2号）。ただし，こちらは，無権代理人が故意に無権代理行為をしたときは，原則に戻り，無権代理人の責任が成立する。相手方は，本当に代理権があるかどうか，調べるべきであったのに調べが足りなかったというときに無権代理人の責任を問うことができない，ということが当然のことのようにも感ずるが，無権代理人が無権代理であることを自覚してした場合にまで相手方の不注意を言い立てて免責されることは，おかしいからである。そして最後に，無権代理人が当該の事項（ここでは土地の売買）について行為能力の制限を受けていた場合も，無権代理人の責任が否定される（同項3号）。

このように，無権代理人の責任の成立要件は，無権代理人と相手方との利益状況を考量しながら，法律の規定により細密に定められる。しかし，半面において，この責任は，一般的には，無権代理人に過失があることを要件として成立するものではない。その点で不法行為に基づく損害賠償の責任と性質を異にする。117条が定める責任は，「法律が特別に認めた無過失責任」である（最判昭和62年7月7日民集41巻5号1133頁）。

◆相手方の善意悪意と無権代理人の責任

　代理権がない者であることを知りつつ，その相手方となった者は，無権代理人の責任を追及することができない（117条2項1号）。反対に，それを知らなかった相手方は，無権代理人の責任を追及することが当然である，とも感ずる。しかし，善意の相手方は，善意であるというのみであるならばともかく，表見代理のいずれかの要件を充足する場合は，本人に対し効果帰属を主張することもできる。裏返して述べるならば，無権代理人は，表見代理が成立することを言い立てて117条の責任を免れることはできない（最判昭和62年7月7日前掲）。

(3)　無権代理行為の追認

　本人の A には無権代理行為の効果が帰属しないから，A は，C に対し代金を請求することができない。では，代金を請求したいと望む A は，どうすればよいか。無権代理行為を追認すればよい。無権代理行為は，もともと無権代理行為であるとはいえ，A のためにする趣旨で B がしたものである。その効果を A の意思に反して A に帰属させることを認めてはならないが，A が欲するのであれば，それを認めればよい。

　無権代理行為としてされた法律行為の効果が本人に帰属するという法律関係を形成する意思表示が，**追認**にほかならない。本人のする単独行為である。相手方のある単独行為であり，無権代理行為の相手方に到達しなければ，相手方が知ったときを除き，その効果を相手方に主張することができない（113 条 2項）。

　このような効果が追認により生ずることは，113 条 1 項の文言から明らかである。くわえて 116 条は，意思表示をする本人が別段の留保をしない限り，追認の効果が「契約の時にさかのぼってその効力を生ずる」とする（116 条本文）。これを無権代理行為の**追認の遡及効**とよぶ。

　なお，追認は，第三者の権利を害することができないとされる（116 条ただし書）が，この定めが意味をもつ場面は，きわめて限られる。対抗要件の具備により問題処理をするとされている事項については，その処理がされ，116 条ただし書により解決がされるものではない。A が所有する不動産について，Aが B に売る旨の契約がされ，ついで A が C に売る旨の契約がされたが，A・B 間の契約は A に無断で D が代理人としてしたものであるのに対し，A・C 間の契約は A が自分でした，という場合において，A が D の行為を追認することにより B が当然に所有権を取得することができるということにはならず，追認は，B・C が対等に対抗問題を争う前提を調えるにすぎない。結着は，B・C のいずれが登記をするかにより与えられる。

　これに対し，この例で A の B に対する代金債権を自働債権として，D が勝手に従前に A が B に対し負っている債務との相殺をする旨の意思表示をし，それを知らない A が代金債権を E に譲渡してその旨を B に通知した後に，Aが D による相殺の意思表示を追認しても，これにより E を害することはでき

ない。この効果は，116条ただし書から導かれ，Eは，なお代金債権が存在するものとして，Bに対し代金の支払を請求することができる。

(4) 無権代理行為の相手方の保護

この追認をすることは，本人の権利であって，義務ではない。本人は，追認をしてもよいし，追認をしなくてもよい。追認をしないままでいると，新しいことが何か起こるか，というと，何も起こらず，無権代理行為の効果は本人に帰属しないままである。

相手方としては，もしかしたら本人が追認するかもしれない，という不安定な状態のままでいることは，困る。そこで，もはや本人が追認はしないというふうに態度を明確にしてくれると，事態は明瞭になる。このように，本人が追認をする権利を放棄し，もはや追認をすることがありえないものとして法律関係を確定させることが，「追認……の拒絶」にほかならない（113条2項）。**追認の拒絶**は，本人の単独行為であることや，原則として相手方に到達することを要することなど，追認の意思表示と同様である。

また，本人が追認も追認拒絶もしない場合は，相手方は，第一に，本人に**催告**し，相当の期間内に追認するかどうかの確答を求めることができ，「本人がその期間内に確答をしないときは，追認を拒絶したものとみな」される（114条）。この追認拒絶の擬制が生じた後は，本人は，もはや追認をすることはできない。また第二に，代理権の不存在について悪意である場合を除き，すすんで相手方のほうから，代理権を有しない者とした契約を「取り消すことができ」，これにより無権代理という不正常な法律関係から離脱することができる（相手方の**取消権**。115条）。

◆無権代理と相続

無権代理が行なわれた場合において，本人は，追認を拒絶することにより，代理行為の効果が帰属しないことを明確にしておくことに利益を有する。本人が生前に追認を拒絶していた場合には，その追認拒絶により本人に効果が帰属しないことが確定し，たとえ後日に本人を無権代理人が相続したとしても，この帰結は左右されない（最判平成10年7月17日民集52巻5号1296頁。

相手方が 117 条に基づく責任追及をすることができることは，もちろんである）。

　また，一般に，本人の追認拒絶の利益は，本人を相続した者についても，尊重されなければならない。この原則に例外があるとすれば，本人を相続した者が無権代理人である場合である。すなわち，無権代理であることを知って代理行為の相手方になった者であっても，代理行為の趣旨に照らし当事者の意思が別にあると解されるときを除き，無権代理人が本人を相続した場合には，代理行為の本来の効果を主張することが認められてよい。

　(1)　**無権代理人の本人相続**　　Ａの子であるＢが，Ａの所有する土地を無権代理してＣへ売る契約をした場合において，その後にＡが死亡してＢがＡを相続したときの法律関係について，大きく分けて次の三つの見解が成立可能であるが，以上に確認した原則的見地からは，第二の考え方が相当である。

　第一の考え方は，相続により本人としての地位と無権代理人の地位とは融合し，Ｂは，本人として有する追認拒絶権を失い，売買契約はＢ・Ｃ間において当然に有効なものとして成立すると考えるものである。第二の見解は，二つの地位は融合しないで併存するとし，Ｂは追認拒絶権を一応は有するものの，その行使は信義に反するから許されないとし，結局，追認拒絶ができないことからもたらされる帰結としてＢ・Ｃ間の売買契約が当然に有効になると考える。第三の見解は，二つの地位が併存し，Ｂは追認拒絶をすることができ，他方において，Ｃのためには，Ｂが追認を拒絶した場合において，通常，Ｂに対し 117 条の責任を追及することにより，その不利益が除かれると考えるものである。

　判例は，「本人と代理人との資格が同一人に帰するにいたった場合においては，本人が自ら法律行為をしたのと同様な法律上の地位を生じたものと解するのが相当」であると述べるところ（最判昭和 40 年 6 月 18 日民集 19 巻 4 号 986 頁）は，資格が融合するとする第一の見解を採るようにもみえないでもない。他方において，「自らした無権代理行為につき本人の資格において追認を拒絶する余地を認めるのは信義則に反するから……無権代理行為は相続と共に当然有効となる」とする判例（最判昭和 37 年 4 月 20 日民集 16 巻 4 号 955 頁）や，のちにみる共同相続の場合の処理などから推察すると，基本

的には第二の見解に立つものと思われる。第二の見解においては，追認を拒絶することができないことにより，追認をしたのと同じ効果が生じ，売買契約はB・C間において有効なものとして成立する。

　これに対しては，第三の見解から，つぎのような批判が出される。まず，117条2項に当たる場合において，Cは，Bに対し同条1項の責任を追及することができないはずであったのにもかかわらず，たまたまAが死亡しBが相続をしたことによって望外の利益に浴することになる。また，当然に有効になるとすると，Cが115条に基づく撤回の権利を行使する機会が奪われるうえ，共同相続の場合の法律関係処理が複雑になる。

　この最後の批判の点は，判例上も，これを考慮することが避けられないものであり，すなわち，Aを相続したのがA1・A2の二人であり，無権代理行為をしたのがA1であるという場合の各説における処理は，つぎのようになる。上記の第一の見解においては，A1の相続分に相当する土地持分についてのみ当然に有効となるとする解決に赴く可能性があるのに対し，第二の見解においては，A1が信義に照らし追認を拒絶することができないことは第一の見解と同じであるが，A2が追認を拒絶することは妨げられない。なお，上記の第三の見解にあっては，単独相続であるか共同相続であるかにより異なる思考をする必要はない。

　共同相続の場合における第一の見解は，C・A2の共有関係という複雑な法律関係をCに強いることが妥当でないという難点がある。判例は，おそらく第二の見解に立ちつつ，「無権代理行為を追認する権利は，その性質上相続人全員に不可分的に帰属する」とし，「共同相続人全員が共同してこれを行使しない限り，無権代理行為が有効となるものではない」と判示する（最判平成5年1月21日民集47巻1号265頁）。判例が採ると思われる第二の見解を妥当とすべきであるが，その際においても，第三の見解からの批判を考慮し，Cが115条の撤回の権利を保持することは，妨げられないものと解すべきである。また，117条2項に当たる場合にBが追認を拒絶することが必ずしも信義に反しないとみることができる事例もあることであろう（佐久間297-98頁は，Cが悪意である場合において，Bが追認を拒絶することは信義に反しないとみる可能性を示唆する）。信義則の適用というものの性質から，

そのような例外がまったくないと決めつけることはできない。

(2)　**本人による無権代理人の相続**　　以上とは問題の構図をまったく異にする場面が，本人であるAのほうが無権代理人のBを相続した場合である。Aの有する本人たる地位と，Bの有していた無権代理人としての地位が融合し，Aが本人として有していた追認拒絶権は消滅し，無権代理行為は当然に有効になると考えることもできるが，判例は，この見解を採るものではないと考えられる（最判昭和37年4月20日前掲）。異なる見解としては，二つの資格が融合せず，Aは追認拒絶権を失わないし，これを行使することも信義に反しないとし，Aが追認を拒絶するならば，Cは，Aに対し，Aが相続したBの117条1項の責任を追及することができるとする考え方が想定される。そこでCは，同項の「履行」を選択することができ，これが選択されたときに，Aが土地の所有権を移転する義務を負うことになる。無権代理行為の内容が設例のような特定物の給付ではなく金銭債務（保証債務）の負担である事例について，この見解に立つとみられる判例がある（最判昭和48年7月3日民集27巻7号751頁）。

(3)　**本人と無権代理人の地位を相続した第三者**　　Bが死亡してBを相続することになったPがおり，Pが後日にAをも相続する場合において，この事態は，前述(1)と同視され，Pは，信義に照らし，追認を拒絶することができないとする解決が判例上採られる（最判昭和63年3月1日家月41巻10号104頁）。同時に死亡したA・Bを相続するPについても，同様に考えるべきであろう。これらの解決に対しては，たまたま相続の順序が反対になり，まずAを相続し，ついでBを相続した者を上述(2)と同じに扱うとすれば，両者が不整合であるとする批判もありうる。しかし，まずAを相続したPが追認を拒絶する場合に代理行為が無効であることに確定する帰結を疑う余地がないことを考えるならば，追認拒絶を検討するうちにBを相続することになったPに対し，悪意のCが代理行為の効果を主張することができて当然であるとすることは，相当でない。判例の解決を是認すべきである（結論において同じ，佐久間308頁）。

(4)　**附／無権代理人が本人の法定代理人に就職した場合**　　やや特殊な問題であるが，Aを無権代理してAの土地をCに売ることをしたBが，後日

にＡの成年後見人など法定代理人に就職した場合において，Ｂは，Ａのために，無権代理行為の追認を拒絶することができるか。

　Ｃとの間でされた売買契約の効果が本人のＡに帰属するとすれば，Ｃは，Ａに対し，土地の引渡しを請求することができる。しかし，この売買契約の効果は，Ａに帰属しないと考えるのが原則である。なぜならば，Ｂのした法律行為は，Ｂの後見人就任前のものであり，無権代理行為であるからである。したがってまた，本人であるＡは，無権代理人の行為の追認を拒絶する権利を有する。Ａの法定代理人となったＢも，この追認拒絶権をＡのために行使することができると考えるのが原則である。

　例外として，Ｂが，自分のした無権代理行為の追認を拒むことは，信義に反するとみるべき場合も，あるであろう。

　もっとも，この場面は，無権代理人による本人の相続の場合と異なり，追認を拒絶することができないとする扱いをすると，自身は無権代理行為に関与しない制限行為能力者に不利益を与えることになる。

　判例は，無権代理行為をつねに当然有効とするのではなく，諸事情を総合的に判断することにより個別に当然有効とすることが相当であるかどうかを見定めることとしている（最判平成6年9月13日民集48巻6号1263頁）。諸事情とは，①無権代理行為である契約の締結に至るまでの無権代理人と相手方との交渉経緯および無権代理人が当該契約の締結前に相手方とのあいだでした法律行為の内容と性質，②契約を追認することによって制限行為能力者が被る経済的不利益と，追認を拒絶することによって相手方が被る経済的不利益，③契約の締結から後見人が就職するまでのあいだに契約の履行等をめぐってされた交渉経緯，④無権代理人と後見人との人的関係および後見人がその就職前に契約の締結に関与した行為の程度，⑤本人の意思能力について相手方が認識しまたは認識することができた事実，などというものである。

(5) 単独行為の無権代理

　無権代理人のした単独行為も，本人には効果が帰属しない。その意味において，無効である。このことを念押しする規定はないが，当然のことであるから

にほかならない。

　そして，財団法人の設立行為のように，相手方のない単独行為の場合には，このことに例外はない。すなわち，つねに無効である。

　相手方のある単独行為で無権代理人がしたものは，相手方が，代理権を有しないでされることに同意を与え，または代理権に異議を述べなかったときに限り，本人が追認することができ，また，追認がされなければ，相手方は無権代理人の責任を追及することができる（118条前段）。

　なお，99条２項が定める受働の代理について無権代理がされる場合については，118条後段に規定があり，代理権のない者に対してした単独行為は，本人に効果が及ばず，また，無権代理人の責任を問うこともできないことが原則である。ただし，無権代理人の同意を得てしたときは，本人が追認をすることができ，また，追認がなければ，表意者は，無権代理人の責任を追及し，または，意思表示を撤回することができる。

87　表見代理

　無権代理行為の相手方が代理権の存在を信頼した場合において，この相手方を保護すべき一定の事情がある場合に，無権代理行為の効果を例外的に本人に帰属せしめることが要請される。これを実現するものが，**表見代理**の制度である。表見代理を定める各条の規定は，表見代理の効果を表現して，無権代理人のした行為について本人が「責任を負う」と謳うが，これは，その行為の効果が本人に帰属することにほかならない。したがって，表見代理の制度は，無権代理行為の効果を例外的に本人に帰属させ，有権代理と同様の法律関係を是認するものである。

　このように表見代理は，本人が代理権を与えていない者のした代理行為，つまり無権代理行為の効果を本人の意思にかかわらず本人に帰属させる制度であるから，その成立要件は厳格に定められなければならない。成立の要件は，大きく二つに分けることができる。第一は，代理権の存在を信じせしめる**外観の存在**であり，第二は，代理権の存在に対する**相手方の正当な信頼**があることである。これら二つの要件が具体的にどのような内容のものであるかは，表見代理の各類型について定められる。

表見代理は，民法において，三つの規定が五つの類型を定める。三つの規定とは，109条・110条・112条である。これらのうち，109条・112条は，いずれも項が二つあり，それぞれが一つの表見代理の類型を定めるから，類型の個数は，案内しているとおり，五つになる。

　五つの類型のうち，基本になるものが109条1項・110条・112条1項の表見代理にほかならない（次述⑴・⑶・⑷）。ほかの二つ，つまり109条2項・112条2項の表見代理は，基本となる三つの表見代理のうちのいずれか二つの考え方を組み合わせて得られる交配の性格をもつ，いわばハイブリッドな表見代理である（後述⑵・⑸）。

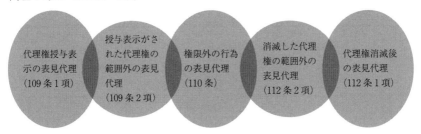

⑴　代理権授与の表示による表見代理

　まず，109条1項が定める表見代理の類型が，**代理権授与の表示による表見代理**である。同条2項が定めるものは，別な類型であり（次述⑵参照），したがって同条の見出しは，代理権授与の表示による表見代理“等”とされる。

　“等”が付くのでない本来の代理権授与の表示による表見代理は，一方において，本人が相手方に「対して他人に代理権を与えた旨を表示した」ということにより代理権が存在する外観が形成されることを要件とし，他方において，相手方が「その他人が代理権を与えられていないことを知り，又は過失によって知らなかったとき」でない，という相手方の正当な信頼が存在することをも要件として，成立が認められる。甲土地を所有するAが，Bに代理権を与えたことなどないにもかかわらず，Cに対し，Bを代理人にした旨を告げた場合に，これを信頼してBと取引をしたCを保護するのが109条1項である。ここでは，A・B間において代理権を生じさせる委任という法律行為は，存在しない。AがCに対し，代理権を与えたということ（そのことの性質は意思でなく

事実であるが，真実ではない）を告げるということ（意思を表示しているものではなく，事実を伝えることにとどまる行為であるから，観念の通知に当たる）があるにすぎない。

(2) 授与表示がされた代理権の範囲外の表見代理

109条1項が定める状況と少し異なり，甲・乙の土地を所有するAが，Bに代理権を与えたことなどないにもかかわらず，Cに対し，甲土地を処分する代理権をBに与えた旨を告げた場合において，Bが，Cに対し，自分はAが所有する乙土地を処分する権限も与えられていると申し向け，これを信頼したCとの間において，Aのためにする趣旨で乙土地の売買を成立させたときに，その効果は，Aに帰属するか。帰属しないことが原則であるが，その帰属を例外的に認める制度が，**授与表示がされた代理権の範囲外の表見代理**であり，109条2項が定める。この表見代理の類型は，授与した旨の表示（この要素が求められるところは同条1項の表見代理と共通する）がある代理権の範囲を超えて（この点は次述(3)の110条の表見代理の特徴である）された法律行為の効果を問題とするものであるから，代理権授与の表示による表見代理（上述(1)）と，権限外の行為の表見代理（次述(3)）との交配の類型である。

その要件は，第一に，前提として代理権授与の表示による表見代理が成立する要件を充足していることが求められる。上述(1)の設例では，甲土地を処分する権限を与えた旨をAがCに対し表示し，Cが善意無過失であったことである。そのうえで第二に，その権限外の行為（乙土地の売買）がされ，そして第三に，その権限外の行為（乙土地の売買）について代理人と称する者が代理権を有する（Bが乙土地を処分する権限を有する）と信ずるについて正当な理由が相手方にあったことである。Cは，甲土地の売買のことしかAから告げられていないものであるから，たやすく乙土地を処分する権限をBが有すると信ずることは不自然であり，この正当な理由があることは，Cが主張立証しなければならない。

◆いわゆる白紙委任状をめぐる紛争

代理権の授与を証する書面を委任状とよぶことがある。委任状のなかでも，だれが代理人となるか，どの範囲で代理権を与えるかなど一部の事項を本人が記入しないで白地部分にしておき，そこを他人が補充することを予定する委任状を白紙委任状という。白地部分が補充された委任状が他人により取引の相手方に提示されることは，その他人を使者とする本人から相手方への代理権授与表示である。そこで，白地部分に補充されたとおりの内容で本人が相手方に対する代理権授与の表示をしたとみることができるか否かが，問われる。

(1) **有権代理となる場合**　もっとも，話の順序として，いつも白紙委任状が紛争を招来するものではなく，白紙委任状を交付された者が本人の意向のとおり自分を代理人とする代理人欄の補充をし，そのうえでそれを相手方に示して代理行為をすることは，通常の有権代理にほかならない。同じように，白紙委任状を交付された者により委任事項の欄が適正に補充され，それを相手方に示して代理行為がされることも，通常の有権代理である。

代理人の欄を白地にする本人であっても，代理人がまったくだれでもよいという意思であることは，ふつう考えられない。したがって，白紙委任状というものは，原則として，転々移転することを予定するものでもない。例外として，本人が，交付を受けた者からさらに交付を受ける転交付，そして更なる転交付などがあって最終的に所持することになった者が自分を代理人とする補充をすることでもよい，という趣旨で白紙委任状を交付したと認められる場合において，その趣旨に即してされる代理行為は，有権代理となる。

(2) **直接に交付を受けた者による無権代理行為**　これらとは異なり，白紙委任状を交付された者その者が権限外の事項を委任事項欄に補充してする代理行為は，無権代理行為であり，本人の追認がない限り，110条の表見代理の成否を検討して，それが成立する場合に本人に効果が帰属することが認められるほか，109条1項の表見代理の成否も検討される。すなわち，交付を受けた者が何らかの事項について代理権を有する場合は，110条の表見代

理の成立可能性を検討する必要があり，それとともに，委任状の交付を通じ本人が「第三者に対して他人に代理権を与えた旨を表示した」ものと評価する余地があるから，109条1項の表見代理の成立可能性も問われる。

　白紙委任状の提示は，使者を介しての代理権授与表示とみるべきであり，そして，代理権の授与を表示する行為は意思表示ではなく観念の通知であるから，これには95条1項1号が類推適用されるべきである。白地部分を設けて委任状を他人に交付する本人に重大な過失があると認めるべき場合は多いと考えられ，その場合において，本人は，白地部分の補充内容が虚偽である旨を相手方に対し主張することができず，結果として補充のとおりに代理権授与の表示があったものと扱われざるをえないから，相手方が悪意有過失でない限り，109条1項の表見代理責任を免れない（幾代373頁）。

　白紙委任状を交付された者が，何らの代理権も授与されておらず，白紙委任状の補充を委託されたにすぎない場合には，110条を適用する余地がなく，いわば純粋な仕方での109条の1項または2項の適用が問題となる（幾代375頁注一）。

　⑶　**転交付を受けた者による無権代理行為**　これに対し，白紙委任状を交付された者でなく，その者から転交付を受けた者が不適正な補充をする場合は，上述のとおり，白紙委任状の通常の用い方ではなく，白紙委任状とその補充をもって，代理権授与の表示とみることは，相当に慎重でなければならない。判例には，不動産の登記手続に必要な書類とともに白紙委任状が転交付された事案について，それらの書類は「転輾流通することを常態とするものではない」と判示し，「代理権授与表示の存在を否定」（佐久間282頁）して表見代理の成立を否定したもの（最判昭和39年5月23日民集18巻4号621頁）や，相手方が有過失であるとして表見代理の成立を否定したものがある（最判昭和41年4月22日民集20巻4号752頁）。表見代理の成立を認めたもの（最判昭和42年11月10日民集21巻9号2417頁，最判昭和45年7月28日民集24巻7号1203頁）は，代理人をだれとして補充するかはともかく，委任事項については濫用的な補充がされていない場合に関する判例であり，ある程度において「本人が当初覚悟していた（のとそれほど異ならない）結果が生ずるだけ」（佐久間282頁）である事案であった（事実関係がはっきり

しないところがあるが、これらの事案は、転交付を受けた者への授権があったと
みる余地も窺われないではない)。

(3) 権限外の行為の表見代理

代理人が権限外の行為をした場合において、代理人に権限があると信ずべき
正当な理由が相手方にあるときに、その権限外の行為の法的効果は、本人に帰
属する（110条)。これが基本となる表見代理の二番めの類型であり、**権限外の
行為の表見代理**である。Aが、その所有する土地を代価600万円以上で売るこ
とをBに委託した場合において、Bが、その土地を400万円でCに売る旨の
売買契約を成立させることは、「権限外の行為」であるが、そのことをCが知
らず、かつ、知らないことについて過失がなかったときは、Cを保護して、代
理行為が有効であるとされる。ここで無権代理行為をする者は、当該の行為に
ついて代理権がないが、まったく何らの代理権も有しない者ではなく、何らか
の事項については「代理人……の権限」を有している。設例では、土地を600
万円以上の代価で売ることについての代理権がこれに当たり、これを**基本代理
権**とよぶ。基本代理権をもち、言い換えるならば、基本代理権が生じていると
いう仕方で本人の関与が認められる、ということに着眼し、その場合において、
なおかつ相手方が善意無過失であるという保護を要請する状況（110条の「**正当
な理由**」）にあるときに、これらの事情を総合して、無権代理行為であるとされ
るはずの法律行為の効果を本人に帰せしめ、例外として有権代理と同様に扱う
のが、この表現代理の類型である。このように例外の制度であり、この帰結が
認められる場面は、これらの要件、つまり、基本代理権と正当な理由の両方を
充足する場合に限り、表見代理が成立する。

　(a) **基本代理権**　　それぞれの要件を見ると、まず、基本代理権は、本人
に「法律効果の及ぶような行為についてこれを代理する権限」（最判昭和34年7
月24日民集13巻8号1176頁)、言い換えるならば、本人を「代理して……なん
らかの法律行為をなす権限」（最判昭和35年2月19日民集14巻2号250頁）でな
ければならない。単に事実として何かをすることを委ねられたということでは
足りない。法律行為をする権限でなく、行政庁に対する行為をする権限を有す

るのみであるという場合も，基本代理権としては，認められない（最判昭和39年4月2日民集18巻4号497頁）。110条の読み方としては，その文理が「権限」となっていて，「代理権」となっていないことから，本人の事務に属する事実を行なう権限であっても，重要な行為をする権限であれば，それを基本権限とみて表見代理の成立を認めようとする理解もあるが，これは，まず，文理の理解が適当でない。同条は，あくまでも「代理人……の権限」であることを求めており，それは，代理権にほかならない。また，このように基本代理権のほうの要件を緩めることは，不当に表見代理の成立する範囲を拡げることにつながりかねない。判例は，本人が不動産に関する登記の申請手続（それは登記官という公の機関に対する行為であり，法律行為ではない）を委ねた場合について，「その行為が特定の私法上の取引行為の一環としてなされるものであるとき」に限るという留保を添えつつ，基本代理権の存在を肯定した（最判昭和46年6月3日民集25巻4号455頁）が，これも単なる行政庁に対する行為の権限では十分でないとする趣旨に理解すべきである。

　　(b)　**正当理由**　　あと一つの110条の表見代理の成立要件である「正当な理由」，さらに丁寧に法文を引くと，「第三者が代理人の権限があると信ずべき正当な理由がある」こと，ということのうち，まず，「第三者」は，無権代理行為の相手方をいう（最判昭和36年12月12日民集15巻11号2756頁）。「第三者」という言葉の素朴な印象から，本人でも代理人でもない者らの全部を指す意味に理解することは，正しくない。99条以下の代理の規定において「第三者」は代理行為の相手方を指し（99条2項や112条。例外は107条），110条においても異ならない。Aの代理人であるBがCとの間で権限外の行為をして土地を売った場合において，「第三者」はCであり，Cについて「正当な理由」があるかどうかを検討する。もしCがDに土地を転売した場合のDの立場は，まず，Bのした行為について表見代理が成立してAに効果が帰属するときは，Cは，問題なく土地を取得し，それを前提に取引をしたDも土地を取得する。また，表見代理が成立しないときは，Cが所有者である外観をAが放置したことに基づき94条2項の類推解釈が認められるのでない限り，Aは，Dに対し土地の返還を請求することができる。

　　つぎに，「第三者が代理人の権限があると信ずべき正当な理由」がある，と

は，相手方が代理人に当該行為についての代理権があると信じ，かつ，その信じたことについて過失がないことをいう（最判昭和 35 年 12 月 27 日民集 14 巻 14 号 3234 頁）。すなわち，109 条 1 項ただし書が問題とする悪意有過失の反対事象である。これについては，同条と異なる文言を 110 条が用いていることを理由として，同条の「正当な理由」は，必ずしも代理権の不存在についての善意無過失を意味するものではなく，同条の表見代理の成否を総合的に判断するために柔軟に解釈運用されるべきであるとする理解も成り立つ。しかし，ひとしく表見代理の類型である 109 条やさらに 112 条とは異なる主観的要件を考える理由を見出すことができないのみならず，いうところの総合判断は表見代理の成立範囲を不当に拡げるおそれもないではない。

　いずれにしても実際上重要であるのは，表見代理の具体的な判断の在り方である。設例で言うならば，B が A の登録した印鑑（いわゆる実印）を提示するような場合においては，C に正当な理由があったとみられやすい。すなわち，判例は，すくなくとも当初，ある法律行為をするにあたり代理人が本人から預った実印を相手方に提示した場合は，特段の事情のない限り，その行為について代理人が権限を有すると相手方が信ずるについて正当理由が認められるとした（最判昭和 35 年 10 月 18 日民集 14 巻 12 号 2764 頁）。もっとも，その後，期間や極度額の定めのない根保証のように保証人に重い責任を課する保証については，当時は適法なものであったとはいえ，実印の提示があったのみで正当理由を肯認することを適当としない特段の事情があるとし，相手方から本人に照会をして代理権の調査確認をしなければならないとしている（最判昭和 45 年 12 月 15 日民集 24 巻 13 号 2081 頁）。また，代理権の存在に疑念を抱かせる事情があり，それを端緒として相手方におい代理権の調査確認をすべき必要があったと認められるときに，相手方が本人に対する照会を怠るならば正当な理由はないものとする（最判昭和 51 年 6 月 25 日民集 30 巻 6 号 665 頁）。

　正当理由は，本人の意思に反して無権代理行為の効果を帰属させてよいか，という帰結の重大性を意識しつつ，個別の事例における諸事情を総合的に勘案して有無が判断されるべきであり，機械的に印鑑の提示ということに特別の比重を与えることは相当でない。近時の判例の態度を発展させてゆくべきである。

◆110 条の表見代理における基本代理権の性格

　法律行為でない事務を委託された者が，本人のためにする趣旨で法律行為をし，その相手方が法律行為をする権限があると信頼したとしても，110 条の表現代理は，原則として，成立しないと解される。法律行為でない事務をすることも，同条の「権限」に当たると考えて表見代理の成立可能性に途を開こうとする意見（"基本権限説"。幾代 381 頁）は，適当でないと考えられる。運転免許証や旅券の手続を代わってしてほしい，と頼まれた者や，設備の保守管理の作業を依頼された者が，本人に頼まれたと述べて不動産を売る，というような場合に表見代理の成立可能性を認めるべきではない。これらの場合において「法律関係の形成を考えていなかった本人が，履行責任を負うこともある」という事態は，相当でないと考えられる（佐久間 286-87 頁）。

　ただし，本人が委託した事務が，法律関係の形成に発展することもありうるという具体的な現実的可能性を含むものである場合において，法律行為の効果が本人に帰属して履行責任を負うことになる帰結がやむをえないと認められる例外は，ありうる。委託した事務が「無権代理行為にとってどの程度の重要性を有するかによって判断」するという意見（河上 482 頁）の主旨も，これに近い。

　判例を見ると，法律行為をする権限，つまり代理権をいわゆる基本代理権として必要とすることを原則としつつ，若干の例外を柔軟に許容する。妥当な考え方であると思われる。例外とは，判例において，「単なる公法上の行為……であるとしても，その行為が特定の私法上の取引行為の一環としてなされるものであるときは」という仕方で示される（最判昭和 46 年 6 月 3 日前掲。やや古いが，横浜弁護士会〔編〕『表見代理の判例と実務』〔1984 年〕が，裁判例の実相を知るにあたり有益である）。

　A が有する甲土地を目的とし，A を売主とし，B を買主とする売買契約がされ，そして，それに基づく所有権の移転の登記が申請される，という場合において，X が，A のためにする趣旨で，甲土地を C に売るという契約を C との間に成立させたときの法律関係を考えてみよう。

第一に，AがXに対し，甲土地をBに売る権限を与えていたところ，Xが，A・B間とA・C間の二重の売買をしたという場合は，Xが法律行為をする権限を与えられているから，A・C間の売買について通常に110条の表見代理の成否を問題とすればよい。表見代理が成立する場合において，B・C間の法律関係は177条により結着が与えられる。

　第二に，Aが自らBとの間の売買契約を締結し，ただし，これによるAからBへの所有権の移転の登記の申請をXに依頼したという場合において，Xは，法律行為をする権限を有しないが，この登記申請が「特定の私法上の取引行為の一環としてなされるものである」から，これを基本代理権に準じて考え，それを委ねられたXがA・C間の売買を成立させようとするときに，Cに正当の理由があるならば，表見代理が成立する。そうすると，ここでも，B・C間の法律関係は177条に結着が与えられることになる。

　これに対し，単にAが住所を変更したことを登記上表示するにとどまる手続（不動産登記法64条1項参照）をXに託した場合は，ふつう，この登記の申請が「特定の私法上の取引行為の一環としてなされる」とみることはできない。したがって，A・C間の売買について表見代理の成否を問うことが難しく，その効果がAに帰属しないと考えられるから，BがAから甲土地の所有権を取得する。

　もっとも，AからBへの所有権の移転の登記をする準備として登記名義人の住所の変更の登記をするような場合を考えると，いささか微妙な場面は残るかもしれない。判例のいう「特定の私法上の取引行為の一環としてなされる」とみることができるかどうか，という基準が困難なく広く運用可能なものになっているか，ということが，なお問われる余地はないではない。

◆夫婦の日常家事代理権と表見代理

　761条は，規定の文言を見る限り，夫婦の連帯責任を定めるにとどまる。けれども，その前提として，日常家事に関する限りでは夫婦が相互に他方を代理する権限の存在を肯定するものと解釈することできる（山本444-45頁）。

そこで，この代理権を基本代理権とする110条の表見代理の成立可能性が問われる。一つの考え方としては，日常家事代理権を単純に110条の基本代理権と認めて同条の適用を肯定し，およそ無権代理行為が日常家事とは言いがたい場合であっても，相手方に正当理由がありさえするならば，表見代理の成立を肯定するということも考えられる。これに対し，判例は，「当該越権行為の相手方である第三者においてその行為が当該夫婦の日常の家事に関する法律行為の範囲内に属すると信ずるにつき正当の理由のあるとき」に限定して110条を類推適用するにとどめる（最判昭和44年12月18日民集23巻12号2476頁）。

　これらの考え方のいずれを採るかで帰結に相異が生ずる場面は，つぎのような場合である。すなわち，相手方において，一方配偶者が他方配偶者に代わってする法律行為が，日常家事に関するものではないと考えたものの，しかし，当該の行為について他方配偶者が一方配偶者に対し，日常家事代理権とは異なる個別の代理権を与えたと信じ，かつ，そのことに過失がないという場合である。前者の考え方においては，この場合に表見代理の成立が肯定される。これに対し，後者の判例理論において，これは否定されることになる。後者の考え方を採る理由として，判例は，表見代理の成立する範囲を広く認めると夫婦の一方が他方の財産的独立を脅かすことになる，ということを挙げる。それは，たしかにそのとおりであろう。

　もっとも，夫婦の一方が他方のためにした法律行為について，正当理由の存在を厳しく認定することにするならば，前者の考え方を採るとしても，後者との間の差異は，小さくなる。また，後者の考え方においても，それを適用して相手方が保護されることになる場面は，その解釈の本来の趣旨からして，きわめて限定されざるをえない。761条の「日常の家事に関する法律行為」の概念は，「個々の夫婦がそれぞれの共同生活を営むうえにおいて通常必要な法律行為を指す」と解され（最判昭和44年12月18日前掲），それが「通常」に照らして判断されるからには，相手方が日常家事に関するものと正当に信じたにもかかわらず実際には日常家事代理権が存在しないという場合とは，結局，たまたま当該個別の夫婦の「内部的事情や行為の主観的目的などの故に日常の家事に関する行為とならないとき」（原田純孝「日常の家事

の範囲と表見法理の類推適用」ジュリスト772号〔1982年〕212頁）に限られる。

(4) 代理権消滅後の表見代理

いったん代理権が存在する状態が生じた後で，代理権が消滅した場合において，この代理権の消滅を知らない相手方は，代理権が消滅していないものとして，代理行為の法律関係が扱われるものとすることができる（112条1項）。これが基本となる表見代理の三番めの類型であり，**代理権消滅後の表見代理**である。甲土地を所有するAが，甲土地を売る法律行為をすることをBに委託する旨の委任契約（643条）が成立し，しかし，その後で，この委任契約をAが651条に基づき解除して代理権が消滅したにもかかわらず，Aのためにする趣旨で，BがCとの間で，甲土地をAがCに売る旨の契約を締結した場合において，代理権の消滅を知らないCは，知らなかったことについて過失がない限り，代理権が消滅していないものとして，この代理行為の効果をAに帰属させることができる。

一方において，いったんはBが代理権を有する状態をAが作出したというところに本人であるAの関与を見出し，また他方において，Cが代理権の消滅について善意無過失であったところに信頼保護の必要を看て取ることにより認められるものが，この表見代理である。

過去において代理権が存在したことが要件であるとされるが，その代理権は，継続的なものであったり包括的なものであったりする必要はない。Aが甲・乙・丙という3筆の土地を有する場合において，それら全部の処分を委ねる代理権であるような必要はなく，甲土地の取引という単発の取引の代理権であってもよい。なお，いったんは甲土地の代理権を委ねられたものの，その代理権を失ったBが後日に乙土地を売る代理行為をしたという場合は，112条1項でなく同条2項の適用場面である（次述(5)）。

相手方が保護される要件は，その善意無過失である。善意の内容は，112条1項本文の法文の文理に従い，「代理権の消滅」であると解すべきである。同条ただし書の「その事実」も，当然のことながら，この代理権の消滅の事実を

指す。代理権の消滅という事実を分節するならば，過去に代理権が存在したことと，その代理権が代理行為時には存在しないことである。そして，これについての善意であることとは，丁寧に言い換えるならば，過去に代理権が存在したことを知っていたこと，そして，その代理権が代理行為の当時にも存在したと信じたことであり，これらの事実を相手方が主張立証する場合は，本人の側において，後者の代理権の存在を信じたことについて過失があったとする評価を根拠づける具体的な事実を主張立証しない限り，本人は，代理権の消滅を相手方に対抗することができず，その結果として，代理行為の効果が本人に帰属する。

　この主観的要件の主張立証の攻防について，もう少し具体的に見てみると，相手方が，過去に代理権が存在したことを知っていたことを主張立証することは，さほど難しいことではなく，たとえば，過去に代理人として取引をした事実があるならば，この事実から，過去に代理権があることを知っていたことを強く推認することができる。同時に，この過去に取引があった事実は，相手方が，代理行為の当時も代理権が存在していたと信じた，という事実を推認させることがあり，さらに，その信じたことについて過失があったという評価を障害する具体的な事実の一つとして考えることができる場合もありうる。場合もありうる，というのは，つねにそうであるということにはならず，他の事情が総合勘案されて初めて事実の意義を見定めることができるからである。過去というのが，かなり直近のことであれば，ふつう，その直後に代理権が消滅したということに想到しないから，代理権の存在を信じたことが容易に推認されるし，その信じたことが無理もないと考えられるから，過失の評価障害事実となることが，おおいに考えられる。これに対し，過去というのが，はるか昔であるということになると，その後も長く代理権が存続したと考えることが不自然であるとみられたり，また，少なくとも過失がなかったとは認めがたいとされたりすることになるかもしれない。いずれにしても，このようにして，過去に取引があったという事実は，「相手方の善意無過失に関する認定のための一資料」（最判昭和44年7月25日判時574号26頁）となる。

　なお，112条は，代理の規定であり，原則として，法人の代表権の問題を扱う場面に適用されたり類推されたりすることはない。法人の理事や取締役の代

表権の喪失を第三者に主張することができるかどうかは，法人登記の効果の問題として解決されることが基本である。きわめて特殊な例外がありうるとすれば，法人登記の登記簿の滅失などにより登記情報を取得することに客観的な障害があるような場合であり，そのような場合については，同条を類推して問題解決を図る余地はあるかもしれない（最判平成6年4月19日民集48巻3号922頁参照）。

(5) 消滅した代理権の範囲外の表見代理

　この112条1項が定める状況と少し異なり，甲・乙の土地を所有するAが，Bに甲土地を処分する代理権を与え，しかし後日にこの代理権が消滅したという状況において，Bが，Cに対し，自分はAが所有する乙土地を処分する権限をも与えられていると申し向け，これを信頼したCとの間において，Aのためにする趣旨で乙土地の売買を成立させたときに，その効果は，Aに帰属するか。帰属しないことが原則であるが，その帰属を例外的に認める制度が，**消滅した代理権の範囲外の表見代理**であり，同条2項が定める。この表見代理の類型は，代理権が消滅した後に（この要素が求められるところは同条1項の表見代理と共通する）代理人であった者が，その代理権の範囲を超えて（この点は前述(3)の110条の表見代理の特徴である）した法律行為の効果を問題とするものであるから，代理権消滅後の表見代理（上述(4)）と，権限外の行為の表見代理（前述(3)）との交配の類型である。

　その要件は，第一に前提として，代理権消滅後の表見代理が成立する要件を充足していることが求められる。設例では，AがBに甲土地を処分する権限を与え，しかし後日にこの代理権が消滅したにもかかわらず，Cが，ひきつづきBが甲土地に関する代理権を有すると信じ，その知らなかったことがCの過失によるという事情も認められないことである。そのうえで第二に，その消滅した代理権の範囲外の行為（乙土地の売買）がされ，そして第三に，その範囲外の行為（乙土地の売買）について代理人であった者が代理権を有する（Bが乙土地を処分する権限を有する）と信ずるについて正当な理由が相手方にあったことである。Cが，甲土地のみならず乙土地を処分する権限をBが有すると信ずるには特別の事情があるはずであり，この正当な理由があることは，Cが主張立証しなければならない。

◆制限行為能力者の法定代理への表見代理法理の適用関係

　行為能力の制限を受ける者の法定代理人は，その選任や監督に本人の関与する余地が欠けているか，または乏しい。そこで，表見代理の法理を適用することには問題があるのではないか，という疑問がある。本人の関与は，帰責性とよばれることもあるが，過失といった意味とは異なり，代理権授与などの「本人の意思の関与」という観点（佐久間289頁）である。ここから出発するならば，法定代理への表見代理の適用は否定しなければならないであろう。

　これに対して表見代理の適用を肯定する立場からは，第一に，表見代理の適用を否定するならば，相手方の信頼を保護することができないことになり，ひいては人々が制限行為能力者との取引に慎重になることとなるから，かえって制限行為能力者の利益を損なう，という指摘がされる。第二に，本人によるコントロールに代わって，一定の監督機関（それは家庭裁判所それ自体であることもあれば，家庭裁判所の選任する後見監督人や保佐監督人などであることもある）による監督の仕組みが用意されているということもあるであろう。第三に，法定代理においても，代理人の選任や権限行使について本人の意思・意見が反映される余地がまったくないものではない（843条4項・858条など）。

　とはいえ，第一の点については，「どのような代理権を有するかが法令上明らかにされて」いること（河上483頁）も，気づかれてよい。第二の家庭裁判所による監督などは，どれくらい実効的であるかが問われる。さらに，第三の点は，法定代理のすべての局面に妥当するものではない。

　表見代理の類型ごとに考えると，本人が「他人に代理権を与えた」という契機を問題とする109条の表見代理は，法文の文理に即し素直に考える限りは，任意代理を想定するものであって，法定代理には親しまない。さらに，後見登記等に関する法律に基づいて代理権の存在・存続の公的な記録がされている法定代理については，112条の適用も，慎重でなければならない。したがって，110条適用の適否が問われるべき中心的な局面であり，両様の意

見の応酬で論じられる諸点を踏まえ，きわめて厳格で抑制されたものとして，同条の適用が是認されるべきであると考えられる。

(1) **親権者の越権行為**　具体的には，まず，未成年者Xの母であるAと父であるBが共同して親権を行使する場合（818条3項本文）において，Aが，Bとの共同の名義で（Bの同意を得ている旨の虚偽の事実を告げて）Xの所有する土地をYに売る旨の契約を成立させた場合においては，Yが悪意でない限り，Xの側は，契約の効果帰属を否定することができない。根拠は825条であり，悪意はXの側で証明しなければならない。

これに対し，Aが，その単独の代理名義で契約を成立させた場合には，局面は110条の通常の規律に服するものと解すべきである。そこでは，Yの側において，その善意無過失を証明しなければならない。単独の親権行使が可能であるようにみせる戸籍上の表示が仮装された場合（たとえば虚偽の協議離婚届出をし，戸籍上Aが単独の親権者であるかのような記載を経た場合）はYを825条で救済することができない。そこで，110条の適用による相手方の保護が検討されてよい（幾代390頁注三）が，相手方の善意無過失は，単に戸籍の表示を信じたということでは充足せず，関係者への調査照会を経たかどうかなどが，慎重に検討されるべきである。

(2) **成年後見人の越権行為**　つぎには，成年後見人（(2)において単に後見人とよぶことにする）の越権行為が問題となる諸局面を検討してみよう。保佐と補助も，ここでの考察を応用して解決することができる事項が少なくない。

① 後見監督人がある場合において，後見人が13条1項所定の法律行為をするにあたり，864条所定の同意を得ている旨の虚偽の事実を相手方に告げて法律行為をしたときは，110条による問題処理そのものは否定されないとしても，相手方が保護されるのは，後見監督人への照会などを尽くして，善意無過失であると認められときに限られる。

② 後見人が被後見人の居住用不動産を処分するにあたり，859条の3所定の家庭裁判所の許可を得ている旨の虚偽の事実を相手方に告げて法律行為をしたときに，相手方としては，公文書である家庭裁判所の審判書を確認すべきであり，善意無過失であるとされることは，通常，考えにくいと思われ

る。

③　複数の後見人が共同して権限を行使するべきものとされる場合（859
条の 2 第 1 項参照）において，ある後見人が他の後見人の同意を得ている旨
の虚偽の事実を相手方に告げて法律行為をしたときは，110 条により問題が
処理される。①と同様に相手方の善意無過失が求められるが，ここではとく
に，後見登記に係る登記事項の証明書の提示を求め，代理権の行使態様（後
見登記等に関する法律 4 条 1 項 7 号）を確認することを怠ったときには，特別
の事情のない限り，相手方には，過失があるものと扱われるべきである（成
年後見人は，登記官に対し「自己を成年後見人……とする登記記録」について登
記事項証明書の交付を請求することができる。同法 10 条 1 項 2 号。後見人がし
ようとする代理行為において，相手方となる者は，後見人に対し，この登記事項
証明書の取得および自身への提示を求めることにより，代理権の範囲を確認する
ことが可能である）。これに対し，後見登記の登記事項を確認して代理権の範
囲を確かめた場合において，相手方が，他の後見人の同意の存在を信じたこ
とについて無過失であった，ということがありうるとすると，そのときには
表見代理の成立を肯定せざるをえない（法人の理事の代表権において，その一
般的制限を知っている相手方についても，個別事例における他の理事の同意確保
などに関して善意無過失のときには 110 条による保護を考える最判昭和 60 年 11
月 29 日民集 39 巻 7 号 1760 頁と似た扱いとなる。☞第 4 章 **29**）。

④　複数の後見人が職務を分掌して権限を行使するべきものとされる場合
（859 条の 2 第 1 項参照）において，ある後見人が，自身に権限のない事項に
ついて法律行為をしたときは，後述⑥と同じように考えるならば，その法律
行為は，特段の事情がない限り，無権代理行為であり，無効である（113 条
1 項）。相手方には，後見登記の登記事項を確認することが，必要な手順と
して求められる。

⑤　後見開始の審判が取り消された場合（10 条）において，後見終了の登
記（後見登記等に関する法律 8 条）がされるよりも前に後見人であった者が
した法律行為については，112 条が適用される。登記を信頼した相手方は，
ふつう善意無過失であるものと扱ってよいと考えられる。

⑥　後見開始の審判が取り消された場合において，後見終了の登記がされ

たのちに後見人であった者がした法律行為は，特段の事情がない限り，無権代理行為であり，無効である（113条1項）。法人の理事が退任した場合について判例は，退任の登記がなされたことにより代表権喪失を第三者に対抗することができ，登記簿の閲覧が不可能または著しく困難であるなどの特段の事情の存しない限り，112条の適用や類推適用はない，としており（最判平成6年4月19日前掲），この取扱いが，ここでも参考になると考えられる。

⑦　後見人が選任されていないにもかかわらず，ある者を自分の後見人であると告げた者がいる場合において，これを信じた相手方を109条の適用または類推適用により保護することは，否定すべきものと思われる。相手方は，後見登記の登記事項を確認することが，必要な手順として求められるというべきである。

(3)　**附／任意後見人の越権行為**　任意後見契約が結ばれた場合は，その基本的性格は任意代理であるから，表見代理規定の通常の適用があるのが原則であるが，代理権の存在可能性に関する公的な記録の仕組みがあるところから，特別の考慮を要する問題局面がある。任意後見人の代理権の根拠となる委任契約が「財産の管理に関する事務の……一部を委託」する趣旨のものである場合（任意後見契約に関する法律2条）において，委託の範囲を超える代理権の行使があったときに，その代理行為は，上述(2)④と同じように考えるならば，特段の事情がない限り，無効であると考えるべきである（113条1項）。

また，任意後見人の代理権の消滅は，登記をしなければ善意の第三者に対抗することができない（任意後見契約に関する法律11条）から，代理権が消滅した後，その登記がされる前にされた代理行為の相手方は，善意を立証して，その代理行為が有効であることを主張することができる。112条が適用される場合と異なり，無過失は要件とされない。反対に，登記がされた後にされた代理行為は，上述(2)⑥と同じように考えるならば，特段の事情がない限り，無効であると考えるべきである（113条1項）。

課題の考察

　甲土地を所有している者にさまざまな支障があって，その処分を所有者が自らすることが難しい，という場合の解決は，いろいろある。

　①　多忙や，取引への習熟の不十分，さらに身体疾患など，所有者に制約がある場合において，他人に代理権を与える委任契約をし，代理人が甲土地を処分する取引をすることが，まず考えられる。代理人にする者としては，たとえば信頼することができる友人あたりが考えられるであろうか。もっとも，所有者が病床にある場合を含め，判断能力に問題があるのではないから，友人には，取引の媒介を依頼するにとどめ，書面の点検や署名など契約成立に必要な事務を自ら病床ですることでもよい。署名された書面を取引の相手方に渡す役割のみを負う友人が，使者である。

　②　代理人や使者にする者は，所有者の配偶者であってもよい。しかし，ふつう不動産の処分が日常の家事（761条）に当たるとは考えられないから，配偶者であっても，代理人にするためには，配偶者に代理権を与える委任契約をしなければならない。

　③　委任契約をして代理権を与える者は，所有者の子であってもよい。しかし，その子は，信頼することができる人物であるか。与えた代理権の範囲を超えて法律行為をする（貸す権限を与えたにとどまるのに売ってしまった，など）ことがあると，困る。そして，気づかれなければならないこととして，多くの場合に子よりも所有者のほうが先に旅立つ。権限を超える行為をした子が所有者を相続するときに，かつて自分がした法律行為を本人の資格で追認しないとすることができるか，さらに厄介な問題が起こる（☞86◆無権代理と相続）。

　④　所有者の判断能力が衰えて加療を要する状態となったときに，まず後見開始審判がされるならば，成年後見人が処分をする（859条1項）。法定代理である。本人は，処分をすることができない（9条ただし書の日常生活に関する行為には当たらない）。判断能力の減退の程度によっては，保佐や補助を開始する審判がされることもある。それらの場合の解決は，☞第3章20・21・22。

　⑤　所有者が住所を去って生死が明らかでないこととなった場合において，

不在者財産管理人が選任されることがある（25条1項の「必要な処分」の一環）。同人は，所有者の留守を看ていてあげる，という役割にとどまる者であるから，ふつう，甲土地を処分することはできない（103条参照）。どうしても処分をすることが望まれる事情がある場合は，家庭裁判所の許可を得てする（28条）。

第 10 章

条件と期限
ボクが死んだら君に宝石をあげよう。
これは条件？　それとも期限？

課題の設定

　幼くして両親を失った博和君は，医師を志し，一所懸命に勉強している。そんな彼を励ましたいと思った叔母さんは，鴨川を望む料亭で懐石料理を御馳走しよう，と述べ，ただし，御馳走してあげるのはね，と続け……

　① 「来月に合否が発表される試験で博和君が合格したならば，よ」。

　② 「博和君が昨日あった合否発表で合格していたからよ」（しかし，真実は不合格であった）。

　③ 「博和君が一所懸命に勉強した慰労よ。さあ，合否にかかわらず，発表があったら店を予約するわね」。

　④ 「やがて合否が発表される試験で博和君が合格したならば，よ」（じつは発表は昨日であり，合格していたが，二人は知らない）。

と，まるで物語はパラレル・ワールドのようにいろいろあるが，ともあれ，夏の暑い日，鴨川を望む二人は，おいしい京料理に舌鼓を打ち，そしてその席で叔母さんは，言った，「大学を卒業するまでの学資は，貸してあげるわよ。やがて博和君が自分のクリニックを設けて開業したときに返済してくれることでよいから。あと，それから，私が死んだら，所有している甲土地は，あなたにあげるわ」。

　ずいぶん気前の良い叔母さんであるが，不遇に負けず健気に勉強する博和君が愛おしくて仕方がないのであろう。これらの金銭貸借や土地の贈与の法的効力も考えてみたい。

88 附款の概念

　附款とは，法律行為の効果の一部を制約することを内容とする定めであって，法律行為に附加されるものである。これには，期限と条件がある。**期限**は，法律行為の効力の発生もしくは消滅または債務の履行期到来を，発生することが確実な事実に係らしめる附款である。いつ到来するかまで確実にわかっているもの（＝確定期限。たとえば「4 月 1 日になったら」）と，到来することは確実であるが到来の時期が判明していないもの（＝不確定期限。「いまの内閣が総辞職したら」など）とがある。**条件**は，発生するかどうか不確実である事実に法律行為の効力の発生・消滅を係らしめる附款である。効力の発生に関するもの（「試験に合格したら御馳走してあげる」＝127 条 1 項）を**停止条件**といい，消滅に関するもの（「成績が優でないときは学資の援助を止める」＝同条 2 項）を**解除条件**とよぶ。

　附款は，あくまでも法律行為に附加される定めであるから，それのみを孤立させてその意義を理解しようとすることは適当でない。附加される本体の法律行為と一体をなすものとして，附款が係らしめられる法律行為の全体を観察し，それを解釈するなかで，附款の意味を明らかにしようとする態度が要請される。ある人が死んだら，という附款の意味は，それのみを切り取って抽象的に意義を確定しようとしても，それは困難である。ある人が死んだときに売ってもよい，とか，自分が死んだら君にあげよう，とかいう，それぞれの法律行為の全体を観察して意義を明らかにすることを通じ，だれだれが死んだら，ということの意味も定まる。

　判例には，陸軍の病院として用いてもらうために提供した土地の使用が廃止された場合は土地を返還するという約束について，敗戦により陸軍がなくなり，国立病院に用いられることになった場合において土地を返還しなければならない条件が成就したとしたものがある（最判昭和 35 年 10 月 4 日民集 14 巻 12 号 2395 頁）。また，元請人が，注文者から報酬の支払を受けたときに下請人に報酬を支払うという約定は，注文者からの支払が実現しないこととなる際にも下請人への報酬支払はしなければならない趣旨であり，条件でなく期限を内容とするものであるとされた事例もみられる（最判平成 22 年 10 月 14 日判時 2097 号 34 頁参照）。

89　条件の概念

「あなたが試験に合格したら動産甲をプレゼントしよう」という約束は，条件つきの贈与契約である。この場合の条件は，試験に合格することであり，条件の内容をなす事実が実際に発生することを**条件の成就**という。この贈与契約の贈与者の義務は，試験の合格が決まった時に生ずる（127条1項）。

　成年後見人が，成年被後見人の居住の用に供する不動産を処分するのには家庭裁判所の許可を得なければならない，とされる（859条の3）が，この許可は，条件であるか。たしかに，許可が与えられるかどうかは，発生そのものが不確実な事実である。しかし，条件は，法律行為の内容として当事者が定めるものでなければならない。この場合において許可があって初めて処分が効力を有するに至ることは，処分の当事者が定めたことではなく，法令により決まっている。不確実な事実であるところが条件と似ていることから，**法定条件**とよばれたりもするが，民法が定める条件とは異なる。

　また，売主が目的物の引渡しを提供したら代金を支払うということ（555条・533条参照）は，条件であるか。これも，条件ではない。条件は附款であり，法律行為の附随的な定めである。物の提供がない限り代金支払を強いられることがない，という法律関係は，売買契約の本来の効力内容である。

(1)　条件の種類

　条件のうち，成就すると法律行為が効力を生ずるという趣旨の条件は，**停止条件**である（127条1項）。反対に，成就すると法律行為が効力を失うものが，**解除条件**とよばれる（同条2項）。

　条件を付することができない法律行為は，**条件に親しまない行為**とよぶ。家族制度を強行的に編成し，家族の秩序を維持する見地から，身分行為は，条件に親しまない。たとえば浮気をしたら離婚する，という約束で婚姻の届出をするならば，その約束の条件のみ無視され，婚姻が成立し，あとは不貞行為を理由とする離婚の手順（770条1項1号）に従い，離婚の成否が定まるにとどまる。また，単独行為に条件を付することは，一般に相手方の立場を不安定にするから，そのような不安定の危惧がないと認められる特段の事情がある場合を除き，条件に親しまない。相殺の意思表示については506条1項後段が明確に定めるところであるが，その他の単独行為も，同様に考えられる。特段の事情が認め

られる例としては，催告をしても相当期間内に履行がない，ということを停止条件とする契約解除の意思表示がある。履行をしない，という条件の内容は，契約の法定解除の要件そのものであるから，早晩，契約が解除されるおそれが大きいことは，相手方において十分に予測可能であり，その立場を害するものではない。

(2)　特殊な条件

条件の内容をなす事実が特殊なものであるいくつかの場合については，それらの場合の条件つき法律行為の効力に疑義が生ずる可能性がある。そこで民法は，131 条から 134 条までの規定を置いている。

　(a)　**既成条件**　条件の内容をなす事実は，発生の成否が不確実な事実であり，したがって，過去の事実は，その発生の成否を調べれば確認することができるから，通常は，条件とならない。贈与の契約をする当事者が「明日，雨が降ったならば，傘をあげる」という条件を付するように，条件は，ふつう，将来の事実である。もっとも，「旅先の街で昨日に大雪があったのだとすれば，雪靴を貸してあげる」という約束が書面でされた場合において，過去の事実であるからといって，条件であることを否定する必要はない。成就するかどうかが法律行為の時にすでに確定している事実を条件とする場合において，この条件を**既成条件**とよぶ。「条件が法律行為の時に既に成就していた場合において，その条件が停止条件であるときはその法律行為は無条件とし，その条件が解除条件であるときはその法律行為は無効とする」とされる（131 条 1 項）から，大雪があったことが真実であるとすると，雪靴を貸す義務が生ずる。そして，その地において大雪があったかどうかを調べている間，雪靴を貸すことができる態勢を保っていなければならない（同条 3 項による 128 条の準用）。

　条件が成就しないことが法律行為の時にすでに確定していた場合において，その条件が停止条件であるときにその法律行為は無効であり，また，その条件が解除条件であるときにその法律行為は無条件のものとして扱われる（131 条 2 項）。この場合において，当事者が成就しなかったことを知らない間は，128条・129 条が準用される。

　(b)　**不法条件**　条件の内容をなす事実が社会的妥当性を欠く法律行為は，それを全体として観察して，90 条に基づき無効であると考えるべき場合は，

効力を有しない。132条は，このことを具体化して明瞭にする規律を提示するが，条件の内容を孤立させて不法であることを機械的に捉えてはならず，あくまでもその法律行為の全体の観察が要請される。

まず，132条前段は，**不法な条件を付した法律行為**が無効であるとしており，たしかに，発覚しないように試験で不正行為をすることに成功したならば1万円をあげよう，という約束は，法律行為の全体が無効である。もっとも，たとえば未成年者に対し，我慢ができず喫煙をしてしまった場合は，禁煙に成功する秘訣を記した本を貸してあげるから，それをよく読んで次は必ず禁煙をせよ，と求める本の貸与の約束は，形式のみを見ると，未成年者の喫煙があったならば本を貸すという，まさに不法な事実を条件とする法律行為であるが，全体として，喫煙をさせないようにしようという趣旨目的に出るものであり，適法であると考えられる。

また，132条後段は，**不法な行為をしないことを条件とする法律行為**も，無効であるとする。不法な行為をしないことは市民の当然の責務であり，そのことにより法律行為が効力を認められて何らかの利益を得る，ということは，一般には社会的妥当性に欠ける。盗みの癖がある者が出所してから1年間にわたり盗みをしないでいたならば100万円をあげる，という約束は無効であり，なぜならば100万円を獲得するというような恩典の有無に依存することなく，盗みをしてはならないものであるからである。ただし，これも，法律行為を全体として観察し，その効力を評価しなければならない，ということは異ならない。再犯をせず真摯に勤労に努めて1年間を過ごすことができたならば年末に食事を御馳走しよう，と友人が励ます行為が無効な法律行為によるものであるとまで見る必要はないのではないか。一度の食事というものが通常のものである限り，不法な行為を慎む努力を督励する趣旨であり，しかも，与えられる利益が法外なものでなく，社会通念上許容することができる範囲内のものであるからである。

(c) **不能条件**　成就することがありえない条件を**不能条件**という。不能条件を停止条件とする法律行為は，無効である（133条1項）。内角の和が180度になる四角形を描いてみせたならば10万円をあげよう，という契約は，条件が成就して履行を問題とする事態がありえないから，効力を与えることに意

味がない。もっとも，太陽が西から昇ったら宝石をプレゼントしよう，という契約は，だれでもがわかる明らかな冗談であって，無効であるというよりも，契約をする意思がないことが明らかであり，法律行為として成立していないというべきであろう。

なお，不能条件を解除条件とする法律行為は，無条件の法律行為として扱われる（同条2項）。

(d)　**随意条件**　「債務者の意思のみに係る」条件が，**随意条件**である。これを停止条件として付した法律行為は，効力を有しない（134条）。気が向いたら動産甲を売ろう，と述べて動産甲の所有者が売主となってした売買契約は，無効である。もともと売主がした売買契約の申込みまたは承諾が冗談半分であることが明らかであるという場合は，そもそも申込みと承諾の合致がないと考えられる。そうでなく意思の合致が一応はあるのに当事者が付した停止条件が随意条件であるとして契約を無効とすべき場合は，稀であると思われる。

随意条件に当たるという判断は，慎重にされなければならない。調査のうえ買主が良質の品物であると認める場合に限り代金を支払う，という約束がされたとしても，多くの場合は，まったく買主の好き嫌いで決まる，ということではなく，ひとまず買主に品質適合の判断を委ねるということであり，品物を諒としない買主の判断に濫用や踰越があるときに，その判断のままにはならない，という趣旨に契約を解釈すべきであると考えられる（随意条件であることを否定した最判昭和31年4月6日民集10巻4号342頁は，そのような事例であったとみられる）。

◆法定条件

法律行為の効力が不確実な事実に係らしめられることが，当事者の約定でなく，法令で定められている場合において，それを法定条件とよぶ発想は，条件との類似性を根拠として，条件の規定を類推しよう，という実践的意図に基づいて述べられることもある。しかし，いわゆる法定条件は，さまざまのものがあって，趣旨も異なるから，一概に類推解釈を肯定することはできず，むしろ類推には慎重を期することが原則でなければならない。

実際の法定条件の論議は，農地法3条・5条の許可を題材としてされてきたという経緯があり，売主が目的土地を事実として宅地化した場合であっても，許可があったものとして扱う130条を類推することはできないとされた（最判昭和42年10月27日民集21巻8号2171頁）。半面，この場面においても128条・129条を類推する解釈は是認されてよいと思われる（128条について，河上508頁）。

法定条件は，農地法の許可という特殊な題材を想定の中心に据えて一般的考察を展開することは，必ずしも適当でないと考えられる。なお，当事者による非農地化の事態についても，130条の類推を否定したうえで売買契約の効力をどのように考えるかは，「市街化区域の指定を受けているか否か」（高橋寿一・不動産取引判例百選〔第3版，2008年〕）など不動産法的な視点を取り込んで，局面に即して解決が考えられなければならない。

90　条件の効果

条件の効果は，条件が成就した場合の効果，不成就が確定した場合の効果，そして成否未定の状態における効果が明らかにされなければならない。また，特殊な問題として，成就または不成就が擬制される場合がある。

(1)　条件成就の効果

条件が成就する場合において，その効果は，成就の時に生ずることが原則である。すなわち，停止条件つき法律行為は，停止条件が成就した時からその効力を生じ，解除条件つきの法律行為は，解除条件が成就した時からその効力を失う（127条1項・2項）。ただし，それらの効果を遡らせる意思を表示していたときは，その意思に従う（同条3項）。たとえば，停止条件成就の効果を法律行為の時に遡らせる特約をしていた場合には，法律行為の時から効力を有していたものと扱われる。

もっとも，条件成就によって利益を受ける当事者が不正に条件を成就させた場合において，相手方は，**条件が成就しなかったものとみなす**ことができる（130条2項）。「不正に」とは，その法律行為の趣旨に照らし信義に反する仕方で，という意味である。試験に合格したならば，御馳走してあげよう，という

契約において，受験者が懸命に勉強して試験に合格することは，故意に条件を成就させたものであるが，信義に反するとみることはできない。これに対し，たとえばカンニングをして試験に合格した場合において，相手方は，条件不成就を擬制することができる。カンニングをして試験の合格通知をもらったとしても，やがて合格は取り消されることであろうが，130条2項は，試験実施機関のその決定を待たず，当該の法律行為の関係において，相手方のために，条件成就の不利益を避ける方途を与えるものである。カンニングとかいう教壇設例でない実際の事案に取材するならば，Aが和解条項に違反したならばAがBに対し違約金を支払うという条項がある場合において，BがAを誘引して違反行為をさせたときに，Aは，条件が成就しなかったものとみなし，Bに対し違約金の支払を拒むことができると考えられる（最判平成6年5月31日民集48巻4号1029頁は，2017年の民法改正の前にあって，この事例を提供する。改正前の130条は2項がなかった）。

(2) 条件不成就の効果

条件が成就しないことが確定する場合において，停止条件つき法律行為は，効力を生じないことが確定し（試験に合格したらプレゼントをしてもらえることになっていた場合において，合否発表があり，不合格であった場合に贈与は効力を失う），解除条件つき法律行為は，無条件に効力を有するものとなる。いずれも，規定がないが，条件の概念から当然のことである。

ただし，例外として，条件が成就することによって不利益を受ける当事者が故意にその条件の成就を妨げて条件が成就しないこととなったときは，相手方は，その法律行為との関係において，その**条件が成就したものとみなす**ことができる（130条1項）。試験に合格したら，という条件の成就を妨害するため，受験勉強を妨げた，という場合には，相手方は，試験に合格したという前提で法律行為の効果を主張することができる場合がありうる。また，成果が得られたならば報酬を支払う旨の特約がある準委任契約の委任者が成果の達成を不可能な状態にしたときも，異ならない。すなわち，「土地を更地として取得することの仲介依頼をするにあたり，その取得契約の成立を停止条件として取引価額の3パーセントにあたる報酬を支払うことを約した」場合において，委任者が契約成立という停止条件の成就を妨げたときに，受任者は，停止条件が成就

したものとみなして報酬を請求することができるとされる（最判昭和45年10月22日民集24巻11号1599頁）。

(3) 条件の成否未定の状態における効果

停止条件つきの法律行為に基づく権利は，条件が成否未定である間は，行使することができない。これが原則であるが，義務者に対し開始された破産手続に参加することは妨げられない（破産法103条4項。配当について同法214条1項4号・198条2項，相殺について同法70条。なお民事執行の場面における配当留保供託について民事執行法91条1項1号）。

これに対し，**解除条件つきの法律行為に基づく権利**は，条件が成否未定である間，行使することができる。これが原則であるが，義務者に対し開始された破産手続においては，これに参加することが妨げられないものの，権利行使について若干の制約がある（破産法103条4項。配当について同法201条3項・212条・214条1項5号，相殺について同法69条）。

権利行使が可能であるかどうか，という問題とは別に，条件つき法律行為の当事者が有する暫定的な利益は，それとして法的な保護に価する。すなわち，条件つき法律行為の各当事者は，条件の成否が未定である間は，条件が成就した場合にその法律行為から生ずべき相手方の利益を害することができない（128条）。停止条件つきで売ることになっている物を売主が損傷してはならない。損傷することは違法な行為であると評価され，損害賠償の責任を生じさせる。もっとも，その損害賠償を現実に請求することができるのは，停止条件が成就したときである。解除条件つきで買った物を買主が損傷して売主の利益を侵害する場合の法律関係も，これと対称的に扱われる。

また，条件の成否が未定である間における当事者の権利義務は，一般の規定に従い処分することができるし，また，相続の対象となる（129条）。条件つきの権利を保存することができ，また，条件つきの債務を担保するために，担保権を設定することもできる。停止条件つきの法律行為であっても，処分や相続の対象となることを明らかにするところに129条の意義を見出すことができる。不動産については，その権利変動に停止条件が付されている場合の権利者の保護のため，その権利変動に係る権利を仮登記で公示する仕組みが用意される（不動産登記法105条2号）。これに対し，自動車は，条件つき権利を公示するこ

とができないから，条件が成就してから移転登録などをする。

91　期限の概念

　期限のうち，到来する時期が確実であるものが**確定期限**であり，また，それが不確実であるものが**不確定期限**とよばれる（前述88）。10月1日になったら弁済を請求することができる，という場合の10月1日は確定期限であるのに対し，あなたが生きている限り賃貸する，という契約は，借主の死亡という到来する時期が確実でない期限，つまり不確定期限を付した法律行為である。

　期限が附款となる場合は，①期限が到来すると法律行為の効力が生ずる場合，②期限が到来すると履行の請求をすることができるようになる場合，③期限が到来すると法律行為の効力が消滅する場合があり，①・②は始期とよばれ，③は終期とよばれる。

　到来するかどうか不確実な事実に法律行為の効力を係らしめることが，停止条件であり，たとえば，買主が代金を支払ったときに所有権が移転する，というのは，買主が代金を払うかどうかわからないから，所有権移転が停止条件に係らしめられている。これに対し，所有権は10月1日に移転する，という場合は，所有権移転に確定期限たる始期が付せられており，①に当たる。10月1日の到来により（履行の問題を生ずる余地なく）所有権移転の効果が生ずる。売買契約の効果のうち，目的物の所有権移転という効果の部分が①の始期に係らしめられている。

　②は，到来することが確実な事実に（法律行為の効力でなく）履行請求が可能となる効果を係らしめるものである。土地の売買契約において，10月1日になったならば土地を引き渡す，というものがそれであり，買主は，10月1日以後に引渡しを請求することができる。

　これらの始期と異なり，すでに挙げた例を用いて説明すると，あなたが生きている限り賃貸する，という契約は，借主の死亡という到来する時期が確実でない期限，つまり不確定期限である③を付した法律行為であり，期限の到来により効力を失う。

◆停止期限と履行期限

　本文の①は停止期限と，②は履行期限とよばれる（河上514頁，佐久間327頁）。②の説明は，とくに要らないであろう。

　停止期限という言葉は，普及していない。条件の分類における停止条件に対応するものである。単独行為に条件や期限を付することは，一般には相手方の法的地位を不安定にするという問題があるといわれる。しかし，それも，局面によるのであり，相当期間内の履行をしなければ解除をする，という意思表示は，履行をしないと解除をされるという事態の推移が相手方にとって十分に想定可能であり，その立場を不当に不安定にするものではない。相手方は，解除を避けたければ，もともと契約により義務づけられていた履行をすればよいことである。そこで，このような解除の意思表示は，有効であると解されており，ここまでは異論をみない。

　問題は，これをどのようによぶか，にある。そこに，ちょっとした行き違いがある。

　民法の講述においては，停止条件つきの解除の意思表示とみる。訴訟における攻撃防御の教育になると，停止期限つきの解除であるとされる。催告期間内に履行がなかったことを解除権者の側において主張立証する必要がなく，解除の効果が阻却されることを欲する側において履行をしたことを主張立証しなければならないからである。解除の効果が生じたことを主張する側は，催告期間の末日が経過したことのみ主張すればよいから，これを停止期限とよぶ。

　いずれの陣営も実体的な要件の意味理解に相異はない。そこを理解することが，大切である。

92　期限の効果

　期限の概念それ自体から導かれる基本的効果として，まず，法律行為そのものに始期を付したときは，期限が到来することにより，その法律行為が効力を

生ずる。この点について，民法に規定はないが，始期の概念から明らかである。反対に，法律行為に終期を付したときは，その法律行為の効力は，期限が到来した時に消滅する（135 条 2 項）。また，履行の期限は，それが到来することにより，履行を請求することができることとなる（同条 1 項参照）。

(1) 期限の利益の放棄

期限は，その内容として定められていた時が到来して初めて到来するものとされることは，いうまでもない。それが原則である。ただし，**期限の利益**を認められた者は，それを放棄することができ，放棄がされたときは，その放棄がされた時に期限が到来する（136 条 2 項本文）。

債権に期限を付した場合において，債権者が期限の利益を有するということもないではない。保管に準備を要する物の給付を請求することができる債権者は，期限が到来するまでは，その準備をしなくてよい，ということに利益を見出すことも考えられる。とはいえ，ふつう，期限は，債務者のために定められるものである。そこで，民法は，反対の証明がない限り，期限の利益は債務者が有するとする（同条 1 項）。

いずれにしても，期限の利益を有する者は，その放棄をすることにより相手方を害することができず，放棄によって相手方に生じた損害を賠償しなければならない（同条 2 項ただし書）。消費貸借の借主が期限前に返済をする場合には相手方に生じた損害を賠償しなければならないが，この点は，136 条 2 項でなく 591 条 3 項から導かれる解決であり，どの範囲の損害を賠償しなければならないか，が同項の解釈問題として処理される。

(2) 期限の利益の喪失

債権に付せられた期限は，その本来の期限が到来しなくても，債務者が期限の利益を喪失する場合において，到来したものとして扱われる。期限の利益の喪失を生じさせる場合とは，期限の趣旨に照らし，その本来の期限が到来しなくても，債権者の利益を保護するため直ちに期限を到来させることが相当であると認められ，かつ，信義に照らし債務者について期限の利益を失わせてもやむをえないと認められる事情が存在する場合にほかならない。

具体的には，まず，債務者が担保を滅失させ，損傷させ，または減少させたときである。債務者自らが担保を減少させるなどの行為が信義に照らし同人の

期限の利益を喪失させてもやむをえないと認められることによる。故意に減少などをさせる場合のみならず，不注意で担保物を破壊するなどの場合も含まれる（137条2号）。これに対し，債務者でない者が担保を減少するなどの行為をしても137条に基づく期限の利益の喪失は起こらない。債権関係の当事者の特約で第三者の行為の場合を期限利益喪失事由として定める場合は，その特約の効果として期限の利益の喪失が生ずる。

　つぎに，債務者が担保を供する義務を負う場合において，これを供しないときも，期限の利益の喪失が生ずる（同条3号）。

　また，債務者が破産手続開始の決定を受けたときも，期限の利益の喪失が起こる。このことを定める137条1号は，破産債権のいわゆる現在化を定める破産法103条3項と同じ帰結を重複して定めるように映る。しかし，後者は，破産の手続上の必要から期限を到来させるものであるのに対し，前者は，破産手続開始の決定が破産原因があることに基づいてされることに着目し，その事態は，それ自体として債務者に期限の利益を恵むことにふさわしくないと考えられることによる。したがって，破産手続の廃止により破産債権の確定に至らないで破産手続が終了する場合においても，いったん生じた期限の利益の喪失は，覆ることがないと考えるべきである。

課題の考察

　試験で博和君が合格したならば御馳走してあげる，という①は，停止条件つきの御馳走の契約である。博和君は優秀な学生かもしれないが，絶対に試験に合格するとは限らない。発生そのものが不確実な将来の事実である。

　②は，すでに合否発表があり，したがって合否は過去の事実である。叔母さんは，過去の事実についての誤った認識を基礎として契約をし，その契約にあたり，この事情を表示しているから，95条1項2号・2項の錯誤があり，叔母さんは，この契約を取り消すことができる（131条1項の既成条件は，客観的には済んでいる合否発表を未だ確実でない出来事として考える場面であり，②とは異なる）。

　合否にかかわらず発表があったら御馳走をしてあげる③は，試験が実施されて合否発表がされないことはありえないから，合否発表は，発生することが確実な事実である。発表の日が決まっている場合は，実際に食事をする日をいつ

にするかはともかく，御馳走する義務は，定められている発表の日を確定期限として生ずる。日が定まっていなければ不確定期限である。

　④は，どうか。これが，すこし難しい。やがて合否が発表される試験で合格したならば，というのだけれど，じつは発表は昨日であり，合格していたが，そのことを知らない，という場合である。合格していたことは，客観的には過去の事実であるが，当事者の意思内容としては，未だ確実でない事実として扱われており，停止条件であると考えられる。ただし，すでに成就しているから，既成条件であり，御馳走する義務が生じている（131条1項）。

　また，博和君が自分のクリニックを設けて開業したときに返済してくれることでよいという金銭貸借は，どう考えるべきであるか。クリニックを開業したならば弁済しなければならない，ということは疑う余地がない。問題は，開業しなかった場合である。たとえば，博和君は，医学部を優秀な成績で卒業したが，学ぶうちに，臨床でなく，解剖や病理の基礎医学を修めたい，と考えるようになり，やがて輝かしい研究成果を収めたとしよう。それは結構なことであるが，おそらく同君が町医者になる可能性はなくなった。それで返済をしなくてよい，という結論は，おかしくはないか。この金銭消費貸借は，博和君がクリニックを開業するか，または他の進路が定まるか（これらのいずれかは必ず実現する）が見定められた段階で返済しなければならない，という不確定期限が付されたものと考える余地は，おおいにある。

　それから，叔母さんが死んだら土地をあげる，という死因贈与（554条）の効力は，どうか。これが，困るのですね。だれだれが死んだら（贈与する）というものは，不確定期限である，なぜならば人は必ずいつかは死ぬから，と説明する民法の本は，珍しくない。実際，ある日の法科大学院の授業で死因贈与は停止条件つきの法律行為であると述べたところ，自分が用いている本の説明と異なるという学生諸君の抗議が殺到しました。ガリレオもきっと，真理を述べて迫害されたときは，内心はストレスがあったのでしょうね。

◆死んだらあげよう，死んだら払おう

　ある人が死んだら，ということ自体は，人が必ず死に，しかし，いつ死ぬかはわからないということから，不確定期限である（河上513頁は，注意深く，それ自体は不確定期限である，と記述する）。しかし，これが付される法

律行為には，それ自体として各則の規定が用意されていることがみられる。死んだら返そう，と約束しても，それは，任意規定（597条3項）と同一内容を約するものであって意義がない，ということだってある。

　同じような注意を要するものが，死んだらあげよう，という契約である。あたりまえのように教室で不確定期限の典型例であるとされることがみられるのに対し，柚木馨＝高木多喜男（編）『新版注釈民法(14)』（1993年）の554条の注釈（柚木馨＝松川正毅）は，994条1項が554条により準用される余地を明瞭に意識したうえで，死因贈与を不確定期限つき贈与と解する可能性をまじめに検討する数少ない文献である。たしかに，具体個別の死因贈与の意思解釈として，**課題の設定**の設例で言うならば，叔母さんより先に博和君が交通事故か何かで急逝した場合であっても，やはり博和君の相続人に土地をもらって欲しい，という意思であったと解される事例がありえないとは言いがたい。そして，それは，554条による994条1項の準用から導かれる規範も，所詮は任意規定であり，これと異なる明示または黙示の意思表示は妨げられない，という説明を与えられることになる。

　この種の難しい論議を避けて例を挙げるならば，特定の第三者が死んだときを弁済期とする消費貸借は，不確定期限つきの法律行為である。

第11章

期間の計算

年・月・日・時・分・秒の数え方

課題の設定

　不法行為の損害賠償請求権の消滅時効の「損害及び加害者を知った時から3年間」（724条1号）とは，どの日からどの日までを意味するか。

　また，「訴状送達の日の翌日から支払済みまで年3パーセントの損害金を支払え」という場合において，遅延損害金が発生する期間は，どの日からどの日までを意味するか。

93　期間の意義

　法律関係の処理には，期間の計算が問題となることが多い。民法の規定で言うと，たとえば30条・193条・201条などにそれがみられる。そのほかの法令においても，多くの規定に期間が登場する。会社法332条や借地借家法3条など，それは枚挙が困難なほど多くある。また，裁判の判決や決定において，期間を指示に含む給付が主文で命じられたりすることもみられる。当事者がする法律行為において，期間が用いられることもあることであろう。

　それらのすべてについて，期間の計算方法は，原則として民法の定めるところによる（138条）。例外は，法令，裁判および法律行為において，それぞれ特別の定めがされる場合である。

94　期間の計算

　民法の定める期間のルールは，つぎのようなものである。

(1)　**自然的計算法による場合**

　まず，時・分・秒の単位で期間を定めた場合は，期間は「即時から起算す

る」（139 条）から，「7 月 3 日の午後 5 時から 30 時間」という期間を定めたときは，同月 4 日の午後 11 時に期間が満了する。

(2)　暦法的計算法による場合

これに対し，日・週・月・年の単位で期間を定めた場合は，即時に起算することをせず，日を単位として期間を計算する。これを**暦法的計算法**とよぶ。

(a)　初日不算入の原則　　暦法的計算法による計算においては，期間が午前零時に始まるときを除き，初日を算入せず，翌日から期間を計算する（140 条）。これを**初日不算入の原則**とよぶ。初日不算入の原則が採られる理由は，債権の消滅時効を考えると，わかりやすいであろう。弁済期が到来した日に「権利を行使することができる」こととなるが，現実には「取引時間」（484 条 2 項）が始まってからでないと弁済の請求をすることができず，それにもかかわらず，同日を算入することは適当でないことが，理由である。もっとも，当事者が特約をして弁済期の日の午前零時から債権を行使することができると定めることは，許される。その場合は，弁済期の当日が算入される。不法行為の損害賠償請求権の消滅時効も，「損害及び加害者を知った時から 3 年間」（724 条 1 号）とは，被害者が損害と加害者を知った時が午前零時でない限り，その知った日の翌日に 3 年を起算する（最判昭和 57 年 10 月 19 日民集 36 巻 10 号 2163 頁）。

(b)　期間の満了　　日を単位として計算する暦法的計算法において，期間は，その末日が終了する時刻に満了する（141 条）。例外として，期間の末日が日曜日などの休日に当たる場合において，休日に取引をしない慣習があるときには，末日の翌日に期間が満了する（142 条）。法律行為において分割払による弁済が定められ，「毎月○日に弁済をする」という約定がされる場合の解釈として，ある月の○日が日曜日などの休日に当たる場合には，その月の弁済期は，○日の次の営業日にするとする黙示の合意があるものと推認される（最判平成 11 年 3 月 11 日民集 53 巻 3 号 451 頁）。

(c)　暦に従ってする計算　　週・月・年の単位で期間を定めた場合は，それらの単位を日に換算しないで期間を計算する。このことを民法は，「暦に従って期間を計算する」と表現する（143 条 1 項）。

まず週・月・年の初めから期間を計算しない場合（たとえばある年の 1 月 1 日からでなく年の途中である 5 月 7 日に起算するように）は，最後の週・月・年にお

ける「起算日に応当する日の前日」に期間が満了する（143条2項本文）。たとえば166条1項2号は，年をもって期間を定めている場合に当たる。2020年5月7日を弁済期とする債権は，この5月7日から「権利を行使することができる」こととなるが，140条本文の初日不算入の原則によるならば，翌8日を初日として時効期間の計算を始める。客観的起算点に係る消滅時効の時効期間が10年であるから，最後の年が2030年であり，起算日の応当日は5月8日である。したがって，その前日である同年5月7日の24時に上記消滅時効が完成する。

　ただし，弁済期が2020年2月28日である場合には，時効は翌29日から起算するが，10年後の2月には29日がないから，前日である2030年2月28日に時効が完成する（143条2項ただし書）。

　なお，週・月・年の初めから期間を計算する場合は，最後の週・月・年の末日に期間が満了する。3月1日に起算する2か月という期間は，4月30日に満了し，日で総数を計算すると61日となる。7月1日から2か月後という期間は，8月31日に満了し，日で総数を計算すると62日となり，二つの例は日数で齟齬が生ずる。その齟齬を重大視せず，むしろ2か月という期間の可視的に簡明な理解を恵むことをねらうものが，暦法的計算法にほかならない。

(3) 過去に遡る計算

　民法が定めるのは，直接には現在から将来へ向けて時間の順路を辿る場合の期間の計算方法である。過去に遡上する場合の計算方法の規定を欠くが，その計算が必要になる場合は少なくない。その計算方法が法律行為に基づく権利義務関係の具体の内容に影響する場合において，その法律行為において特段の定めがあるときに，その定めに従うことは，いうまでもない。その特段の定めがない場合や，法律の規定により生ずる権利義務関係の規律が問われる場合について，標準的な考え方は，どのようにあるべきであるか。民法の解釈により決められなければならない問題であり，初日不算入の原則をはじめとする暦法的計算の準則を準用して解決するべきである。たとえば，「株主総会の日の2週間前」（会社法299条1項）は，株主総会の日が2015年6月26日であるならば，初日である同日を含まないで，同月25日を初日として過去への2週間を計算し，したがって，同月12日が始まる時刻が期間の始点になる。そこで，株主

総会の招集通知は，同月 11 日のうちに発しなければならない。

⑷　**分割期間の合算**

　連続しない時間の経過の合算という契機を含む期間の計算方法についても，民法には規定がない。法科大学院で民法を教えるのには，通算 5 年の教育経験があることが望まれる，というような場合の 5 年は，どのようにして計算するか，という問題である。その計算方法は，解釈により定めなければならない。

　合算する期間が日の数で定められている場合は，単純に日の数を合算すべきである。労働基準法 39 条 1 項の「継続し，又は分割した 10 労働日」は，日が 10 個あるかどうかで見定められる。

　これに対し年数または月数で定められる場合は，1 か月や 1 年の日数を定めておかないと計算ができない。裁判所法 44 条 1 項の「通算して 3 年」など，その例がみられる。年の計算については，閏年は考慮せず，単純に 1 年は 365 日として計算をすべきであると考えられる。

◆分割期間の合算──年・月・日・時などの考察

　5 年以上の経験を要する，とされるような場面において，連続する 5 年であれば必ず 1 回の閏年があるから 1 日を加えるという操作に根拠があるが，細切れの 5 年について同じ操作をすることは，いたずらに複雑であるばかりである。

　分割期間の合算は，法制上，年を単位にして定められることがほとんどであり，通算して 3 年 6 か月などというように，月が問題とされる例が少ない。そのためであると想像されるが，日を月に換算する計算の方法についての論議が乏しい。決定的な理論上の根拠を見出すことができる問題ではないが，端数が生じにくい簡明さに着眼するならば，30 日をもって 1 か月と計算すべきであろう（労働契約法第 18 条第 1 項の通算契約期間に関する基準を定める省令 1 条 2 項も参照）。

　週・時（時間）・日の合算（時の例として労働基準法 32 条など）は，それらの計算に例外がない（週で言うと，つねに 7 日であり，これに例外がない）から，ここで論ずる問題がない。

分の通算は，その場面があるとしても（刑事収容施設及び被収容者等の処遇に関する法律 179 条の「5 分」は，連続した時間であり，ここにいう合算の問題ではない），閏秒を考慮する必要がないことは，多言を要しない。閏年と同様の事情があることに加え，閏秒は規則的に実施されるものでもない。

95 期間の規定の法的性質

　これらが期間計算に関し民法の定めるルールであるが，これと異なる定めが各法令のなかにある場合に，それに従うべきことは，いうまでもない。最も重要なものには，年齢計算ニ関スル法律がある（そのほかには，戸籍法 43 条 1 項，国会法 133 条など）。1978 年の 2 月 12 日に生まれた人の年齢は，年齢計算ニ関スル法律 1 項に基づき，初日不算入の原則の適用が排除され，出生の日に起算される。したがって，この者が 20 歳になるのは，1998 年 2 月 12 日の午前零時である（同人が 19 歳である期間は，2 月 11 日が末日であり，その「終了」〔141 条〕の時である同日の 24 時，すなわち 12 日の零時に 19 歳から 20 歳に変わる）。

▶課題の考察◀

　不法行為の損害賠償請求権の消滅時効の「損害及び加害者を知った時から 3 年間」は，損害と加害者を知った時刻が午前零時でない限り，その知った時が属する日の翌日を初日として 3 年間を計算する（140 条）。その 3 年は，143 条 2 項を参照して計算され，それにより得られる末日の終刻，つまり午後 12 時に期間が満了する（141 条）。一般に，法文に登場する「……時から」は，このような思考操作により，その時が属する日の翌日を初日として計算する。同じように，「……日から」も，初日不算入により，その翌日を起算日とする。なお，起点となる時刻が午前零時であるかどうかに煩わされることなく問題処理をすることが望まれる際は，「○日から起算して」の表現を用いる。この表現が用いられる場合は，初日不算入の原則を適用しない。よく法制執務で用いられる表現である。

　これに対し，裁判実務で用いられる表現は，やや考え方が異なり，注意を要する。給付訴訟の訴状に登場する「訴状送達の日の翌日から支払済みまで年 3 パーセントの損害金を支払え」という類の表現において，遅延損害金が発生す

る期間は，いうところの「翌日」を初日とする。"翌日の翌日"に起算するのではない。わざわざ翌日とことわっている趣旨から，訴状の陳述を解釈して得られる理解である。138条にいう別段の定めが，慣例に従い黙示にされていると理解されることになる。

　また，「支払済みまで」は，支払の当日を含むと解すべきである。当日に支払がされるまで債権者は満足を得ていない（民事執行規則60条の「配当期日等まで」も末日の当日を含む）。

第12章

時　効
時を経ると権利が消える，って，ほんとう？

第**1**節　時効の通則
時効とは，どのような制度で，どのような種類があるか

╭─ 課題の設定 ▷

　お金の貸し借りがされた。貸した人が債権者で，借りた人が債務者である。

　さらに，この貸付を保証した者がいて，その人は保証人とよばれる。

　お金を返さなければならない時から月日を経て，時効期間が経過した。

　この債権が時効で消滅する，とは，どのようなことをいうものであるか。

96　時効という制度

　時の経過を要件として権利変動を生じさせる制度が，**時効**である。権利義務は，本来，時が経過したということのみによって，発生したり消滅したりすることはない。これが原則であり，それに対し例外を是認するものが，時効である。

　時効という言葉は，専門的な法律用語でありながら，みんなが知り，用いてもいる。よく同窓会などで，"もう時効だから皆に言ってもかまわないだろう"というような会話がされ，日常でも口にする。学生時代に現在進行中の事象であるならば秘匿しておかなければならない事実があり，友人として秘密保持が期待された事柄が，時の経過により利害関係の現実性が薄れ，明らかにしたとしても関係者の気持ちを傷つけるおそれがない状態になったということにより，秘密保持の要請が解かれるということであろう。

　ここで気づくことができることとして，法律上の時効の制度も，まったく単

純に時の経過のみに着眼して権利変動を生じさせるか，というと，そうでもない。そこには，何らかの実質的な根拠があり，その根拠は，時の経過ということに附加して明確に時効の法律要件として定められることもある。

ひろく法律制度を見渡して，時効にはさまざまのものがある。本書においては，民事の法律関係における権利義務の消長をもたらす時効を扱う。それ以外に目を転ずると，刑事法制上の時効があり，時間の経過により検察官が公訴を提起する（起訴する）権利が失われる公訴権の時効（刑事訴訟法250条以下）があり，また，時間の経過により国家が刑罰権を行使する権利が失われる刑の時効（刑法31条以下）がある。これらも重要な制度であり，それぞれ刑事訴訟法や刑法を学ぶなかで理解されることが望まれる。

民法が定める時効を理解するため，二つの設例を用いることとしよう。

Aが，甲土地を所有している。これをBが20年間にわたり平穏に，かつ公然と，自主占有をした場合には，Bが，甲土地の所有権を取得することができ，この所有権取得の反射的な効果としてAが所有権を失う（162条1項）。なお，Bが，占有を開始した時点において，自分が真実の所有権者であると信じており，かつ，信じたことに過失がないときは，10年の占有によって，所有権を取得することができる（同条2項）。占有の継続という時の経過を含む事実を要件として，権利を取得する効果が生ずるから，これは，**取得時効**とよばれる。さらにくわしくは，20年の例のほうを**長期取得時効**とよぶことがあり，これとの対比において10年の例のほうは，**短期取得時効**とよばれる。

また，債権を行使することができる時から10年間が経過すると，債権が，消滅するということが起こりうる（166条1項2号）。さらに，債権者が債権を行使することができることを知った時から5年間が経過する場合も，同様である（同項1号）。時の経過により権利が消滅するという効果が生ずるから，こちらは，**消滅時効**と称される。そのうち，10年のほうは，債権の弁済期の到来という客観的な事実により10年の計算を始めるから，**客観的起算点**からの時効進行として理解される。これに対し，5年のほうは，知った，という主観的事情を取り込む**主観的起算点**からの時効進行である。

97　時効の援用

時効に伴う権利変動を是認する旨の意思表示が，**時効の援用**である。時効を援用する権利が認められる者は，通常，時効による利益を受ける者であるから，時効の援用とは，時効の利益を受けることを望む旨の意思を表示することであるとも考えられる。裁判所は，当事者が援用をしない限り，時効の成立に伴う権利変動を前提にして裁判をすることができない（145条）。たとえば，債権者が債務者に対し債権の履行を請求する訴えを提起した時点で債権の消滅時効の期間が経過している場合であっても，被告である債務者が債権の消滅時効を援用しなければ，被告に対し給付を命ずる判決が出される。

(1)　145条の趣旨

このような仕組みになっている理由は，未だ債務の弁済がされていない場合において，債務者が，時効を主張して債務を免れることを潔いとは考えないことがあり，そのようなときに時効の利益に浴することを当事者に押し付けることはよくない，という考え方にある。利益であっても当事者の意思に反して享受を強いてはならない，という私的自治の考え方が背景にある。

(2)　時効援用の効果

時効の援用により，時効を原因とする権利の得喪が起こる。これらの効果それ自体は，援用をした当事者との関係においてのみ，その効果が認められる。このことを時効援用の相対効とよぶことがある。AがBに対して有する債権について保証人となったCがいる場合において，AのBに対する債権（主たる債権）の消滅時効の期間が経過し，Cが，この主たる債権について時効を援用するときに，AとCとのあいだでは，主たる債権は消滅したものと扱われ，その効果を前提として附従性により保証債権も消滅する。しかし，主たる債権は，Cの時効援用によりCとの関係では消滅しているけれども，Bが時効を援用しない限りBとの関係では存続しており，Aは，援用をしないBに対し履行を請求することができる。このように時効による権利の得喪が時効を援用した者についてしか生じないとされることは，時効の利益を受けることを欲するか欲しないかの選択判断を援用権者一人ひとりの判断に任せることがよい，という考え方に基づく。

◆**いわゆる時効援用の相対効**

　時効を原因とする権利変動があるかどうかは，145条の「当事者」ごとに各別に定められる。その趣旨は，時効における私的自治の原則にほかならない。時効の利益を受けることを潔いとしない者は，時効の利益を受ける必要がない（時効規定の良心規定としての性格）。

　もっとも，そこにいう時効の利益なるものの範囲を適切に画する見地から，つぎのことには注意を要する。相対 "効" とよばれるが，すべての「法的効果が，援用権者ごとに相対的に生ずるということを意味するのではな」い（森田宏樹「時効援用権者の画定基準について(1)」法曹時報54巻6号〔2002年〕39頁）。

　AがBに対し有する金銭債権をCが保証し，CがBに対し取得する可能性がある求償権を担保するため，Bが所有する土地に抵当権が設定された場合において，Cが主たる債務（BのAに対する債務）の消滅時効を援用するとき，附従性により保証債務が消滅するという効果それ自体は絶対的に生じ，Bは，Cに対し抵当権の登記の抹消を請求することができる。Bが時効を援用した事実がないから，Aは，Bに対し主たる債務の履行を請求することができる。

　これとは異なる経過として，Cが主たる債務と保証債務のいずれについても時効援用について去就を明らかにしていないときに，Bが主たる債務の消滅時効を援用すれば，それにより生ずる主たる債務の消滅という法的効果が絶対的に生じ，保証債務も消滅するから，AがCに対し保証債務の履行を請求することはできない。これを目して，Bの援用に例外的に絶対効があるから，とする説明は，不要である。保証債務は，時効ではなく，その附従性という別の原理により消滅する。

(3)　時効援用権を有する者の範囲

　時効は，**当事者**が援用するものである（145条）。この「当事者」の概念を素朴に受け止めてはならない。債権の消滅時効の場面で言うと，日常の言葉の感

覚では，債務者が，そして債務者のみが，当事者であると考えがちである。そうではない。時効を援用することができる「当事者」に，どのような範囲の者が該当するか，ということについては，論議がある。

　消滅時効の場合については「権利の消滅について正当な利益を有する者」が時効援用権を有することが 145 条括弧書において明らかにされており，さらに何をもって正当の利益を有するとみるかも，若干の例示がある。例示されるものは，保証人・物上保証人・第三取得者である。A が B に対し金銭を貸し付けるにあたり，この貸付債権の担保として，これを C が保証し，また，B が有する甲土地および D が所有する乙土地に抵当権が設定されたとしよう。貸付債権の消滅時効期間が経過すれば，たとえ B が時効を援用しなくても，C（保証人），D（物上保証人，最判昭和 42 年 10 月 27 日民集 21 巻 8 号 2110 頁参照），甲土地を譲り受けた E（第三取得者。最判昭和 48 年 12 月 14 日民集 27 巻 11 号 1586 頁），そして乙土地を譲り受けた F（同じく第三取得者）のいずれも，B の債務の消滅時効を援用し，自分に対する A の権利行使を阻むことができる。

　このように，145 条が括弧書で指示をしている場面は問題がない。

　問題は，二つが残る。

　第一は，消滅時効の場合において，同条括弧書に例示がない者の扱いであり，個別に解釈により決めなければならない。まず，詐害行為の受益者は，時効援用権を肯定してよい。B が有する丙土地の贈与を受けた者は，この贈与が 424 条により取り消される可能性のある場合において，145 条括弧書が例示する物上保証人と類似する利益状況に置かれるものであり，援用権を肯定するべきである（同旨，最判平成 10 年 6 月 22 日民集 52 巻 4 号 1195 頁）。これに対し，時効による権利消滅が反射的に利益を増進するにとどまり，独立した利害関係を有するにすぎない者は，145 条の「正当な利益」を有すると考えることができない。この観点から，一般債権者と後順位担保権者の時効援用権を否定すべきである。B に対し債権を有するにとどまり，物的担保の設定などを受けていない者は，他の要件を充足するときに 423 条 1 項により B の援用権を代位行使することは認められるが，自身の援用権はないと解される。また，甲土地に A より後れる順位の抵当権の設定を受けた者も，異ならない。順位一番の抵当権が担保する債権の時効消滅に伴い順位の上昇を期待することができる関係にある順位

二番の抵当権者は，援用権を認められないものとされる（最判平成 11 年 10 月 21 日民集 53 巻 7 号 1190 頁）。

　145 条が残した第二の問題として，取得時効の場合の時効援用は，何人に認められるか，が問われる。判例は，「直接利益を受ける者」に限定されるとしてきた（最判昭和 44 年 7 月 15 日民集 23 巻 8 号 1520 頁）けれども，「直接」に利益を受ける，という観念は明確を欠き，やや感覚的・情緒的な響きを伴う。いずれにしても法的評価を待たなければならない問題であるが，そのことを明瞭に示す観念としては，145 条括弧書の文言を参考として，〈権利の取得について正当な利益を有する者〉に援用権を認めるべきである。換言するならば，同条括弧書は，さしあたり消滅時効における援用権者の範囲を具体に指示するにとどまるが，そこに示される考え方を取得時効に及ぼすことを妨げる事情は見当たらず，同じ考え方を妥当させてよい。例を挙げると，他人の土地を 18 年間にわたり占有した者から地上権の設定を受けた者は，20 年が経過した段階において，土地の所有権の時効取得を援用することが認められるべきである。

(4)　時効利益の放棄

　時効援用権を放棄することが，**時効利益の放棄**である。援用がなければ時効の効果が生じないから，援用権を放棄することは，時効の利益を受けない旨を援用権者が表明する，という意味をもつ。A が B に金銭を貸し付け，返済の期限から 10 年が経過した場合においても，B が時効利益を放棄するときには，時効による債権の消滅は起こらず，A は B に対し履行を請求することができる。

　もっとも，「時効の利益は，あらかじめ放棄することができない」（146 条）。「あらかじめ」とは，時効期間が経過する前に，ということである。A が B に金銭を貸し付ける際に，まえもって B に対し，時効を主張しないことを約束してくれなければ貸付をしないと申し向け，事実上，時効利益を放棄せざるをえない立場に B を立たせることは適当でない。そこで，あらかじめ（つまり時効期間が経過する前に）時効利益を放棄する意思表示は，無効であると解される。また，同様の理由から，時効の成立を困難にする内容の特約も無効である。法律が設けていない時効障害事由（☞第 4 節）を追加したり，時効期間を伸長したりする特約は，効力を有しない。

　時効利益の放棄は，一つの意思表示である。意思表示は，その意義を理解したうえで法律効果を欲するものでなければならない。したがって，本来の意義における時効利益の放棄は，時効期間が経過し，それにより時効の利益を主張することができるということを認識したうえで，するものでなければならない。そうでないものは，時効利益の放棄の意思表示として，効力を有しない。ただし判例は，債務者が時効期間経過後に債務の存在を認める行為に出た場合について，債務者が「時効完成の事実を知らなかったときでも，爾後その債務についてその完成した消滅時効の援用をすることは許されないものと解するのが……信義則に照らし，相当である」と判示して，**時効援用権の喪失**を認める（最大判昭和 41 年 4 月 20 日民集 20 巻 4 号 702 頁）。この判例を前提とする際には，時効期間の経過についての知・不知ということは，実際上大きな意義を有しないこととなる。

98　時効の法的構成

　民法の法文は，時効の効果について，たとえば占有者が「所有権を取得する」とし（162 条），また，「債権は……消滅する」（166 条 1 項）などと表現する。これらを率直に受け止めると，時効の効果は，時効期間の経過という客観的事実のみにより確定的に発生すると構成されるもののようにもみえる。しかし他方において，145 条は，当事者の援用がない限り，時効を理由とする裁判はすることができないと定める。両条の関係は，必ずしも明確でない。この点を説明するため，学説上さまざまな工夫がなされている。これが，時効の法的構成の問題である。

　この問題について，考え方の分岐の見取図は，つぎのようになる。

　(1)　援用が訴訟上の攻撃防御方法であるにとどまるとみる考え方（確定効果説）

　(2)　援用が実体法上の効果をもつとみる考え方（不確定効果説）

　(2-1)　援用により初めて時効の実体法上の効果が生ずるとする考え方──停止条件説

　(2-2)　時間の経過に係る要件の充足により一応は時効の実体法上の効果

　が生ずるけれども，援用がないことが明確になる場合には，時効の
　効果が覆されるとする考え方──解除条件説

　まず，実体法上は時効が期間経過により確定的に効果を生じ，援用は訴訟上
の攻撃防御方法にすぎないとする考え方（上の(1)，確定効果説）がある。しか
し，むしろ援用も時効の効果に関する実体上の意味をもつとする考え方が広く
支持される（上の(2)，不確定効果説）。

　不確定効果説は，さらに二つに分かれ，そのうち第一は，時効完成により一
応は時効の効果が生ずるが，援用がないことがはっきりすれば（または，前述
97(4)の時効利益の放棄があれば）時効の効果は生じなかったものと構成する解除
条件説である（上の(2-2)）。不確定効果説のあと一つの見解は，時効の完成に
よっても時効の効果は生ぜず，援用により初めて効果が確定すると説明する停
止条件説である（上の(2-1)）。

　これらのうち，攻撃防御方法は提出がない限り裁判において斟酌できないこ
とは訴訟法の一般原則であり，あえてこのことを念押しする意味においてのみ
145 条が設けられたとみることは適当でない。したがって，確定効果説でなく，
不確定効果説を採用することがよい。判例は，この立場であるとみられる（最
判昭和 61 年 3 月 17 日民集 40 巻 2 号 420 頁）。そして，その不確定効果説のなかで，
停止条件説と解除条件説とを比べると，停止条件説のほうが，法律関係の簡明
な説明を与えることができるし，結果の妥当性の点でもとくに解除条件説に劣
るというものではない。したがって，停止条件説が適切であると考えられる
（上の(2-1)）。

課題の考察

　債権の消滅時効は，主観的起算点から 5 年が経過し，または客観的起算点
から 10 年が経過した場合（166 条 1 項）において，時効が援用されると
（145 条参照），債権の消滅という権利変動が生ずることをいう。客観的起算点
は，特別の事情がない限り，貸付の際に定められた弁済期である。主観的起算
点は，債権者が弁済期到来を知った時であるが，弁済期が暦日で定められたと
きは，通常，客観的起算点と一致する。

　援用をすることができる「当事者」とは，債務者のほかに，保証人も含む（145条括弧書）。保証人が消滅時効を援用する場合において，債権は，援用をした保証人との関係において消滅する。主たる債務者が援用しないと，債権者は，主たる債務者に対しては弁済を請求することができる（援用がないから，時効の効果が生じない）が，援用をした保証人に対してする請求に対し，保証人は，弁済を拒むことができる。なぜか。保証人との関係において，主たる債権は消滅しており，したがって，主たる債権に附従する保証債権（保証人に対する債権）も消滅するからである。

第2節　取得時効

時を経ると，どんな権利を取得するか，そこに注目して考える

> **課題の設定**
>
> 　「ボクの父は，この土地を地主の先代から借り，すでに30年近く使っている。そろそろ時効を主張することができそうだね」，「あら，そんなことないわ，借りているだけなら，どんなに長くても時効の主張はできないわ」。彼女と彼と，どちらが述べていることが，正しいか。

99　取得時効の意義

　物を占有し続けるなど権利行使の態様が存在する状態を一定の期間にわたり継続する者に権利の取得という権利変動が認められることが，**取得時効**である。取得時効が実質的な意義を有する場面は，他人の権利を時効により取得する場面であると考えられるけれども，法律上の要件として，そのことが求められるものではない。自分の権利であっても，権利行使の状態が継続し，それを理由とする時効援用をするならば，あらためて時効により権利を取得することが認められる。

100　所有権の取得時効

　さまざまな時効取得のうち，どのような権利を時効により取得することとな

るか，という観点から，まず所有権の取得時効を取り上げよう。これが成立するためには，物を占有する者の占有が「所有の意思をもって」する占有（162条），すなわち，自主占有でなければならない。

(1)　自主占有の要件

　具体の場面を想定するならば，A とのあいだで有効に売買が成立したと信じて占有を始めた B は，所有者である意思と態様を伴って土地を占有するから，自主占有をする者であると考えられるのに対し，A から土地を借りたにすぎない者の占有は，他人の所有権を前提としたうえでの占有，すなわち，他主占有にすぎない。そこで，借地権者が 20 年間にわたり土地を占有しても所有権の取得時効は，成立しない。ただし，借地権者が A に対し所有の意思をもって占有する旨を表示したときは，その表示の時点から，占有が自主占有に変ずる（185 条の「又は」の前の部分）。また，判例は，所有の意思を有しない占有者を相続した者が，相続により占有を承継したばかりでなく，所有の意思をもって，新しい事実上の支配に基づく占有を始めたときは，相続人による自主占有の開始があったものと扱う（最判昭和 46 年 11 月 30 日民集 25 巻 8 号 1437 頁）。185 条後半の「新たな権原」に当たるということが，その論拠である。

　占有が自主占有であることは，推定される（186 条 1 項）。したがって，積極に主張立証する必要はない。しかし，推定であるからには，覆されることがありうる。推定を覆そうとする者は，自主占有を否定するため，占有者が使用貸借により他主占有をしているなど他主占有の根拠となる権原が存在するという法律的な事実（他主占有権原）を主張立証するか，または，賃料という名目の金銭を支払ってきたというように所有者である立場と両立しない行動がみられたり，所有者であればしていておかしくない固定資産税の納付をしてこなかったりするという実際上の事情（他主占有事情）を主張立証するか，いずれかによる（最判平成 7 年 12 月 15 日民集 49 巻 10 号 3088 頁。所有権の登記名義人に対し登記に関する請求をしない占有者の態度は，直ちには他主占有事情にならないとする）。

　また，他主占有を承継した相続人（最判昭和 46 年 11 月 30 日前掲）のためには，186 条 1 項の自主占有の推定が働かず，占有者において独立した自主占有の開始を主張立証しなければならない（最判平成 8 年 11 月 12 日民集 50 巻 10 号 2591 頁）。

(2)　平穏・公然の占有

162 条が定める時効取得のこのほかの要件としては,「平穏に, かつ公然と」占有することがある。要件とされることは, たしかであるが, この要件を積極に主張立証する必要はなく, 推定がされる (186 条 1 項) から, むしろ強暴または隠秘な占有であると主張する者の側において, 推定を覆すための立証をしなければならない。

(3)　「他人の」物

また, 162 条の法文においては「他人の」物を占有するということが言及されるが, これは, 取得時効が働く典型的な場面を描くものにとどまる。要件ではないから, すすんで主張立証する必要がないにとどまらず, 取得時効の成立を阻もうとする者の側が, もともと占有者の物であったことを主張して時効取得を阻むことも認められない。

◆いわゆる自己の物の時効取得

大久保邦彦「自己の物の時効取得について」民商法雑誌 101 巻 5 号・6 号 (1990 年)。162 条の文言に忠実に考えるならば, 時効取得は,「他人の物」について成立するものであるようにみえる。しかし,「取得時効というのは, はたして真実のところだれの所有か判然としないときに占有者の所有として処理するという場合に最もその実益を発揮すべきものである」(幾代 493 頁) から, 取得時効を主張するのに「他人の」物であることは必要でない。

A からの所有権に基づく不動産の返還請求を受ける B は, 売主を A とし, 買主を B とする不動産の売買契約がされたことと, 時効により所有権を取得したこととを並べて主張することができる (最判昭和 44 年 12 月 18 日民集 23 巻 12 号 2467 頁参照)。これは自己の物の時効取得であると表現されて論じられるが, 法的観点として時効取得が取り上げられる場合は, 売買の主張が判断の対象とならず, いったん B の物になったうえで時効取得がされるという経過は観念されない。売買の主張が判断されないとすると, A が代金債権との引換給付を主張する機会がなくなることになる。実体的な評価として, この事態を是認するかどうか, が問われるが, 時効期間が経過してい

る場合において，是認してよいと考えられる。

　同じ場合において，A から譲渡を受けた所有権に基づいて返還請求をしてくる C に対し，B は，時効取得という物権変動により権利を取得した者として，C との関係を対抗問題（177 条）として処理することの適否が論じられてよい（最判昭和 46 年 11 月 5 日民集 25 巻 8 号 1087 頁，最判昭和 33 年 8 月 28 日民集 12 巻 12 号 1936 頁など参照）。

⑷　占有の継続

　そして，時効取得を最も特徴づける要件は，物の占有の継続である。

　まず，**長期取得時効**は，20 年の占有の継続により認められる（162 条 1 項）。実体上の要件は，占有の継続であるが，訴訟上は，推定（186 条 2 項）が働くから，すきまなく占有が続いたことを主張立証する必要はない。「平成 10 年 1 月 1 日当時，占有していた」，そして「平成 30 年 12 月 31 日当時，占有していた」ということが主張されることでよい。時効取得を阻もうとする側が，たとえば「平成 20 年 1 月 1 日当時，占有していなかった」という事実などを立証して推定を覆すことに奏功しなければ，時効取得が認められる。

　また，**短期取得時効**は，10 年の占有の継続により認められる（162 条 2 項）。これが認められるためには，占有の開始時に善意無過失であったこと，つまり自分の物であると信じ，かつ信じたことに過失がないことを要する。しかし訴訟上，善意は推定される（186 条 1 項）から，占有者は，無過失の評価を根拠づける具体的な事実を主張立証することになる。いったん善意無過失で占有が始まるならば，爾後に悪意または無過失になっても，短期取得時効の成立を妨げない。使い始めてしばらくして，「なんだかなあ，ボクの物ではないかも……」という感覚に至り，悪意または有過失になっても，かまわない。

　また，長期取得時効の場合と短期取得時効のそれとを通じ，占有は，前主のものと通算して主張することができる。所有権を有しないことについて善意無過失で占有を始め 7 年の占有をした者から物を買って占有をした者は，「自己の占有に前の占有者の占有を併せて主張することができ」（187 条 1 項），3 年の占有をすれば，通算して 10 年の短期の取得時効を主張することができる（後

主自らは占有開始時に悪意または有過失であっても，そのことは，この帰結を左右しない。一般論として同旨，最判昭和 53 年 3 月 6 日民集 32 巻 2 号 135 頁）。

ただし，「前の占有者の占有を併せて主張する場合には，その瑕疵をも承継する」（同条 2 項）から，悪意または有過失で占有を始め 7 年を経過した時に善意無過失で物を譲り受けた者が 3 年の占有をしても，7 年と 3 年の占有を通算して主張すると，それは全体として悪意有過失の占有となり，短期の取得時効は認められない。そこで，自ら 10 年の占有をし，それによる短期取得時効を主張するという選択をせざるをえないことになる。このように選択を考えて対処をすることは，相続による占有の承継でも異ならない（最判昭和 37 年 5 月 18 日民集 16 巻 5 号 1073 頁。必ず被相続人の悪意有過失の占有の承継を強いられるということにもならない）。

取得時効の要件である平穏・公然の占有は，継続しなければならない。占有継続の客観的状態が失われることが「中断」であり（164 条），既経過の時効期間は意味を失い，再び占有を始めるときは，時効期間が初めから計算し直される。ただし，他人に占有を侵奪された場合において，占有回収の訴え（200 条）により占有を回復したときは，占有が継続したものとして扱われる（203 条ただし書）。

(5)　時効取得の対象となる「物」

時効取得は，「物」について生ずるから，動産であっても不動産であっても，その可能性がある。国または地方公共団体が所有する物であっても，一般論としては，時効取得が成立する可能性がある。国の管理を離れた動産を 20 年間にわたり平穏・公然に自主占有をすれば，その動産の所有権を占有者が時効により取得する。そこに格別の問題はない。微妙な問題が生ずるところから，特別の要件操作が要請されるものは，実際上，不動産，とくに道路や河川が現況である土地である。国道を長年にわたり使用してきた私人がいるとしても，道路のように公衆が用いる性質のものは，それをもって，国の管理が失われ，むしろ当該私人の占有があったとする判断をしてよいかは，かなり難しい。判例は，公物が時効取得の対象となる場合を公用が廃止された場合に限り，ただし，道路として使用されることがない状態が長期間にわたり続くなど公物としての形態・機能を喪失したときについて，公用が黙示に廃止されたとみることを許

容する（最判昭和 51 年 12 月 24 日民集 30 巻 11 号 1104 頁）。

101　所有権でない権利の取得時効

「所有権以外の財産権」についても，時効取得がありうる。その要件は，163
条・165 条が一般的に定めるところであり，権利を「行使する」状態を障害が
なく継続する者のために，所有権の時効取得に準じて 20 年の長期の取得時効
と，10 年の短期の取得時効という二つの種類の時効がある（地役権の時効取得
の特則として，283 条・284 条がある）。

　地上権の時効取得を例に取ると，他人の土地を使用するという状態（265 条
参照）が法定の期間にわたり継続することにより取得時効が成立する。そのよ
うな使用を他人の土地について開始した場合と，第三者がすでに設定を受けて
いた地上権に基づく土地の使用を（たとえば無効な地上権の売買を契機として）引
き続いてする状態が法定の期間にわたり継続する場合との両方がありうる。

　時効取得の可能性がある「財産権」は，民法が物権として構成するものに限
らない。判例は，一定要件のもとでの不動産賃借権（601 条・605 条参照）の時
効取得を認める（最判昭和 45 年 12 月 15 日民集 24 巻 13 号 2051 頁は，「他人の土地の
継続的な用益という外形的事実が存在し，かつ，その用益が賃借の意思に基づくもので
あることが客観的に表現されているときに」時効取得が認められるとしており，たとえ
ば継続した賃料の支払は，賃借の意思に基づくものとみる有力な事情となる）。

　半面において，継続的な権利行使状態というものを観念することができない
権利は，時効取得ということを考える前提に欠ける。一回的な給付を目的とす
る貸金債権について，時効取得ということは，ありえない。お金を貸したこと
がない者が，毎月のように，おまえに金を貸したから返せ，と言い続けると，
やがて貸金債権を時効取得する，というようなコミカルな話は，楽しいけれど
も，ありえないことである。やや微妙であることとして，利息を請求する権利
を有する者ではないが各期の利息の支払を受けていた，とか，雇用契約が無効
であるのに毎月の給与の支払を受けていた，というような場合がある。しかし，
利息といい賃金といい，いずれも各期の支分の支払そのものは一回的なもので
あり，これらの事態をもって権利行使状態の継続とすることは適当でないと考
えられる。利息の問題は，支払ってきた弁済者は債権者としての「外観を有す

る」者へ弁済（478 条）をしたものとして保護することで足り，真の債権者と弁済受領者との間には不当利得の問題が残ると考えなければならない。現実に長期の労働がされた場合の法律関係は，事情により雇用契約の成立そのものの可能性を考えることにより解決されるべきである。

　同じように，継続的な行使が考えられないという理由から，抵当権（369 条）の時効取得も否定される。登記がされているのみで継続的な行使とすることは適当でない。留置権（295 条）および先取特権（303 条）も，時効取得を否定するべきであるが，こちらは，これらの権利が専ら法定の要件のもとで成立が認められることに理由が見出される。

　なお，質権は，被担保債権が有効に存在していることを前提として，それを担保するための質権設定契約がされ質物の引渡しに当たるものがあって，それに基づき継続的な占有がされるという場合について，質権の時効取得の可能性を是認してよいと考えられる（342 条・344 条・345 条。また 352 条参照）。

102　取得時効の効果

　所有権の取得時効も，そのほかの財産権の取得時効も，権利を「取得する」という効果が生ずる（162 条・163 条）。この取得は原始取得である（最判平成 15 年 10 月 31 日判時 1846 号 7 頁参照）から，時効取得の基礎となった占有や権利行使の態様を基礎として，取得する権利の内容が定まるものであり，従前の権利者が設定していた制限物権などの負担を当然に承継することにはならない。また，この権利取得は，時効期間の起算日に生じたものとして扱われ（144 条。時効の遡及効），時効期間の途上に生じた果実は，所有権などを時効取得した者に確定的に帰属する。判例は，この起算日を当事者が随意に選択して主張することを許さないとする（最判昭和 35 年 7 月 27 日民集 14 巻 10 号 1871 頁）けれども，第三者との対抗問題を意識した判示であり，時効の当事者間において一般的に妥当する扱いではないと考えられる。

┌─ 課題の考察 ─

　「借りて 30 年近く使っているから，そろそろ時効を主張することができそうだ」というのは，そこにいう時効が所有権の取得時効を指しているものであ

るならば，誤り。所有権の取得時効は，「所有の意思をもって」する占有（162条）が継続した場合に限り認められる。借りて使用するという占有の形態からは，通常，所有の意思をもってする占有と認めることは，難しい。

　　しかし，見方を変え，賃借権の時効を主張しようとしているのであるならば，それは，ありうる。何らかの事情で賃貸借契約が無効であったとしても，賃料を払い続けるなど，賃借の意思が表現されているならば，賃借権の時効取得（根拠は163条）が考えられる。

第3節　消滅時効

起算点と時効期間，その組み合わせにより時効の成否が決まる

▷ 課題の設定 ▷

　　医師が不適切な施術をして，患者を負傷させた。その損害の賠償を請求する権利は，いつから計算して，何年の期間の経過により時効を主張することがでるようになるか。

103　消滅時効の概観

　　時間が経過することにより権利が消滅することとする制度が，**消滅時効**である。多くの場合には，権利が行使されないままでいるという状態が続くことにより権利が消滅するという経過を辿る。しかし，この，権利を行使しないできた，ということが権利の消滅を認めるための積極の要件となるものではない。債権の場合には，権利が行使され，その結果として弁済がされるならば，弁済を原因として債権が消滅するから消滅時効を問題とする必要がない，ということにすぎない。債権やそのほかの財産権が行使されたものの，たとえば弁済がされるところまで事態が進まなかったといった事情から権利の消滅をもたらさない場合においては，そこでの権利行使が何らかの時効障害（☞第4節）に当たることが，時効による権利消滅を阻む側から主張されることにより，時効による権利消滅が阻まれる。

　　消滅時効により権利の消滅が認められるかどうかを考える際には，**起算点**と

時効期間という二つの概念が重要である。時効期間は，権利の消滅を認めるために必要な期間として法律が定めるものである。ふつうは「年」を単位にして計算する。何年になるかは，次述 **104** からあとに示すとおり，権利の種類により異なる。起算点は，時効期間の計算を始める時点である。起算点から計算して時効期間が経過する場合において，当事者が援用をしたときに，その権利は，時効により消滅する。

104　債権の消滅時効の標準的なルール

　まず，債権の消滅時効について，起算点と時効期間を考えてみることにしよう。債権は，「債権者が権利を行使することができることを知った時」（**主観的起算点**）から「5 年間行使しないとき」および「権利を行使することができる時」（**客観的起算点**）から「10 年間行使しないとき」に，時効により消滅する（166 条 1 項）。

(1)　典型的な適用事例

　これらの起算点と時効期間との組み合わせの適用の帰結を典型的な場面について示すと，つぎのようになる。消滅時効の起算点は，債務者が遅滞に陥る時（412 条）とは異なることがある。

　(a)　**確定期限がある債権**　　確定期限が付せられた債権の場合は，期限到来の時が客観的起算点であるとともに，ふつう，暦日で定められる確定期限の到来は公知の事実であって債権者もその到来の時に知るから，主観的起算点も，期限到来の時である。債権の履行期が 2020 年 9 月 29 日である場合は，翌 30日に起算する（29 日に起算しないことは，140 条の初日不算入の原則による）。起算点が異ならないから，同時に進行を始める 10 年と 5 年のうち，5 年の期間のほうが先に満了し，その段階で消滅時効が完成する。

　(b)　**不確定期限がある債権**　　不確定期限が付せられた債権の場合，たとえば A が死亡したときに Y が X に 100 万円を支払うという債権は，A が死亡した日が客観的起算点であり，その翌日に 10 年の時効が進行を始める。また，A の死亡を X が知る時が主観的起算点であり，その翌日に 5 年の時効が進み始める。これらの 10 年と 5 年のいずれかが経過したときに，消滅時効が完成する。遅滞に陥る時期（412 条 2 項）が債務者の側の知・不知などを問題にする

のとは取扱いを異にする。

　　(c)　**期限の定めがない債権**　　期限の定めのない債権は，債権成立の時が客観的起算点である。債権者が債権の存在を知ることにより履行の請求をして債権を行使することが可能になるから，債権者が債権の存在を知った時が，主観的起算点となる。たとえば不当利得の返還を請求することができる債権（703条）は，債権が成立した日の翌日に進行を始める10年と，債権者が債権の存在を知ったことを知った日の翌日に起算される5年のいずれかが経過したときに，消滅時効が完成する。債権者は「履行の請求」（412条3項）をすることにより債務者を遅滞に陥らせることができるが，時効の主観的起算点は，それと同じ日またはそれより前の日になると考えられる。

　(2)　**時効期間**

　時効による権利消滅の成否を見定めるための重要な観点のうちの一つは，時効期間であり，上述のとおり，主観的起算点から5年間であり，また，客観的起算点から10年間である。これが債権の消滅時効の標準的なルールであるが，これには例外があり，まず，不法行為による損害賠償請求権は，被害者またはその法定代理人が損害および加害者を知った時から3年間，また，不法行為の時から20年間が時効期間となる（724条）。また，後述 **105・106** の例外がある。

　(3)　**起算点**

　もう一つの消滅時効の重要な観点が，起算点である。

　　(a)　**客観的起算点**　　起算点のうち，客観的起算点は，権利を行使することが可能になった時である。一般には，権利の行使について法律上の障害がなくなった時をいう。停止条件が付された債権は，債権発生の時点では行使することができないのに対し，停止条件が成就するならば，権利行使の法律上の障害がなくなるから，この時が客観的起算点となる。債権者が停止条件の成就を知らないことがあるが，それは，後述(b)の主観的起算点の到来において考慮される問題である。このことは，言い換えると，客観的起算点の関係では，停止条件の成就に関する情報収集の負担を債権者に帰する，ということが，特段の評価的な操作をしないでも自然の法感覚で受容可能であることが前提となっている。しかし，場合によっては，法律上の障害がない，ということに当たるか

どうかが規範的な評価を要する問題となることがある。ひらたく述べるならば，法律上の障害がないように見えるとしても，場合によっては権利行使が "できない" ことがあり，また，場合によっては権利行使を "したくない" ことがあって，これらをどのように考えるか，が問われる。

　まず，権利の客観的な性質に照らし，権利の行使を現実的に期待することができない事情がある場合は，その事情がなくなった時をもって客観的起算点とし，その時から時効が進行を始めるものと解すべきである（166 条が改正される前の事案であるが，最大判昭和 45 年 7 月 15 日民集 24 巻 7 号 771 頁は，「弁済供託における供託物の取戻請求権の消滅時効の起算点は，供託の基礎となった債務について紛争の解決などによってその不存在が確定するなど，供託者が免責の効果を受ける必要が消滅した時と解するのが相当である」とする）。安全配慮義務に違反して労働者を重い病気に罹患させた場合において，その病気がじん肺であるときに，症状についての行政上の最終の決定がされた時から時効が進行するとされることも，権利行使について，その時に法律上の障害がないとともに，現実の行使も期待することができる状態になったものと考えられる（最判平成 6 年 2 月 22 日民集 48 巻 2 号 441 頁。ただし，じん肺により死亡した場合には，事態の性質を異にし，死亡時から時効が進行する。最判平成 16 年 4 月 27 日判時 1860 号 152 頁）。

　また，権利行使の法律上の障害という場合のその権利行使が，権利者の自律的選択に委ねられる場合において，権利行使の論理的な障害がなくなった時から時効進行の開始を容認することは，結果として，権利者の去就の判断を制約して，権利行使を急かすことになるが，それでよいか，という問題がある。普通預金は，預金者が預入れをしたその時から払戻しを請求することができるが，だからといって，預入れの時が客観的起算点になるということでは，預金をして手許に金銭を保管しておく事務の負担をなくしたいとする預金契約の意義を没却する。当事者の解約申入れなどにより普通預金契約が終了した時が客観的起算点になると解すべきである。また，定期預金は，しばしば自動継続特約がされており，預金者が満期日までに申出をしない限り従前と同一の期間で当然に更新される。この場合には，この申出がされた場合の満期日が客観的起算点となる（最判平成 19 年 4 月 24 日民集 61 巻 3 号 1073 頁）。

　これらの問題とは性質を異にする事項であるが，債務の履行が不能になった

ことに伴う損害の賠償請求権は，もともと存在していた債務の履行請求権の代替物であり，履行が不能になったという事態の推移により時効が更新されるのと実質的に等しい帰結を認めることは，おかしい。したがって，この損害賠償請求権の消滅時効は，本来の債務の履行を請求することができる時から進行すると解すべきである（166条が改正される前の最判平成10年4月24日判時1661号66頁も同じ解決を採っていた）。損害賠償の請求それ自体は，本来の債務の履行期において権利行使がされることを想定するものではないが，その前提をなす本来の債務の履行を請求することができる時をもって，その不履行に係る損害賠償請求権の行使を考えるものである。同様に，契約解除に伴い生ずる原状回復請求権の履行が不能になったことにより生ずる損害の賠償請求権も，解除時が時効の起算点となる（同じく最判昭和35年11月1日民集14巻13号2781頁）。

◆客観的起算点の理解

　客観的に権利を行使することができる時の意義は，権利行使の法律上の障害の欠如ということのみで単純に考えることができなくなっていることは，まちがいがない。けれども，本文で紹介する二つの系統の考慮要素のうち，権利行使の現実的可能性に係るもの（最大判昭和45年7月15日前掲）は，あくまで客観的起算点であるからには，いうところの現実的可能性は，通常人を前提として有無が判断されるべきである（松久三四彦『時効制度の構造と解釈』〔2011年〕396-97頁・406頁注20）。権利者の個人的事情をどこまで考慮するかは，後述の主観的起算点で問われる。また，権利行使の自律的選択の系統のほう（最判平成19年4月24日前掲）は，「当事者の自己決定に基づき権利行使が可能となった時点」（潮見佳男「自動継続定期預金の消滅時効の起算点 これまでの判例・学説の検討と本判決の評価」銀行法務21第676号〔2007年〕8頁）に着目する従前の考察がひきつづき重要である。

◆割賦元払債権の消滅時効の起算点

　元本を割賦で弁済するものとされる債権は，しばしば，そのような債権を生ぜしめる原因である契約において，期限利益喪失条項とよばれる特約を伴う。これは，割賦の支払が滞った場合に元本残額の全部について直ちに弁済しなければならないとする約定である。細かく見ると二つの形態があり，一回の滞納という事実の発生により当然に元本残部の弁済期を到来させるもの（当然型）と，不払があり，かつ，債権者の側が元本残部の弁済期を到来させる旨の意思表示をした場合に期限が到来するとするもの（請求型）である。当然型においては不払が生じた時が，また，請求型においては債権者の意思表示がされた時が消滅時効の客観的起算点になると解すべきである（最判昭和42年6月23日民集21巻6号1492頁）。

◆定期金の債権の消滅時効

　168条には，「定期金の債権」というものが登場する。定期に給付を受けるものとされる場合において，各期に発生する給付の債権とは区別される概念として，その基盤として根拠になる権利が「定期金の債権」である。各期に生ずる債権は，支分権とよばれることがあり，それとの対比で「定期金の債権」は，基本権たる債権ともよばれる。終身定期金（689条）を例として理解すると，わかりやすい。

　168条が定めるものは，基本権の消滅時効であり，ある一つの支分権についての主観的起算点から10年（同条1項1号），また，客観的起算点から20年（同項2号）で基本権たる債権が時効消滅する（時効の更新について，同条2項）。なお，これとは別に，支分権のほうは，166条1項の普通の適用により時効消滅する。

　(b)　**主観的起算点**　　主観的起算点は，債権者が客観的起算点の到来を知

った時である。前述(1)の適用事例(b)・(c)で見たように，二つの起算点は，一致しないことがある。適用事例の(a)のように，期限を暦日で定めた場合は，通常，二つの起算点は一致し，したがって，客観的起算点が独立した意義をもつ場面は，稀である。

　もっとも，たとえば 2020 年 9 月 29 日を弁済期とする貸付をした場合において，「2020 年 9 月 29 日が到来した」という事実と，「債権者は，2020 年 9 月 29 日，同日が到来したことを知った」という事実とは，厳密に見ると異なる。とはいえ，特殊な事情がある場合を除き，前者の事実があることは，後者の事実があることを推定するとみるべきであるから，このように考えるならば，二つの起算点は，通常は一致する。

105　生命・身体の侵害による損害賠償請求権の消滅時効

　債権の消滅時効に関する標準的な規律に対する重要な特例として，生命・身体の侵害による損害賠償請求権の扱いがある。生命・身体という権利利益は，重大であり，被害者の保護が要請される度合いが大きい。また，多くの場合において，被害者の迅速な権利行使を期待することができないという事情もある。

　人の生命・身体を害する不法行為による損害賠償請求権は，被害者またはその法定代理人が損害および加害者を知った時から 5 年間が時効期間となり（724 条の 2），これと不法行為の時から 20 年間という客観的起算点からの時効期間の通則とが併用される。また，債務不履行による損害賠償請求権であって人の生命・身体の侵害によるものは，債権者が権利を行使することができることを知った時から 5 年という通則の時効期間（166 条 1 項 1 号）に加え，権利を行使することができる時から 20 年という客観的起算点からの時効期間の特例（167 条）とが併用される。

	債権の消滅時効の標準的なルール	不法行為に基づく損害賠償請求権
一般の場合	主観的起算点から 5 年 客観的起算点から 10 年 （166 条 1 項）	主観的起算点から 3 年 客観的起算点から 20 年 （724 条）
生命・身体の侵害による 損害賠償請求権	主観的起算点から 5 年 客観的起算点から 20 年 （167 条）	主観的起算点から 5 年 客観的起算点から 20 年 （724 条の 2）

106　債権でない権利の消滅時効

　以上に概観した債権の消滅時効とは異なり，債権でない財産権の時効期間は，権利を行使することができる時という客観的起算点から 20 年間と簡明に定められる（166 条 2 項）。債権でない財産権は，きわめて多彩であり，主観的起算点による時効を考えることが一般的に適切であるとは考えられない。

　この原則のうえに，いくつかの権利については，消滅時効に関する特例的な規律が設けられる（地役権について 291 条から 293 条まで，先取特権・不動産質権・抵当権について 341 条・361 条・396 条。なお，留置権に関する 300 条は，留置権そのものというよりもその担保する債権の消滅時効に関する規定である）。

　また，債権でない財産権であっても，所有権は，時効で消滅するということがない。

　なお，契約を解除する権利や，法律行為を取り消す権利などの形成権の消滅時効については，形成権の全般を扱う一般的な規律が用意されていない。取消権については，126 条による（☞第 8 章 81）。契約を解除する権利は，「債権に準ずるものとして」（最判昭和 62 年 10 月 8 日民集 41 巻 7 号 1445 頁），166 条を類推すべきである。

◆契約を解除する権利の消滅時効

　A が B に賃貸して引き渡した物を B が C に転貸し，C が物の引渡しを受けて使用収益を始めた場合において A が置かれる法律関係は，B との関係と C とのそれとを分けて考察することが求められる。

　B に対しては，C への転貸を A が承諾した事実を B が主張立証しない限り，契約を解除することができる。この解除の権利は，C の使用開始時を客観的起算点とし（最判昭和 62 年 10 月 8 日前掲），また，A が C の使用開始を知った時を主観的起算点として消滅時効が進行する。

　C に対しては，所有権に基づく返還請求権を行使することができる。この行使にあたり，B に対し契約を解除した事実は要件とならない（松久三四彦『時効判例の研究』〔2015 年〕361 頁参照）。C が転借権たる賃借権を時効取得するための要件を主張立証することに奏功するならば，これが占有権原とな

り，Ａの返還請求が排斥される。

107　判決で確定した権利

なお，ここまで考察した諸場面に共通する特例的な規律として，裁判所の判決で確定した権利，また，確定判決と同一の効力を有するものによって確定した権利の時効期間について，169条が定めるものがある。

すなわち，主観的起算点から３年（724条１号）とか５年（166条１項１号・724条の２）とかいうふうに，10年より短い期間の消滅時効の期間の定めがあっても，裁判所の判決などで確定した権利の時効期間は，確定の時に弁済期が到来していないものを除き，10年に変更される（169条）。確定判決と同一の効力を有するものによって確定した権利も同じである。債権者が訴訟を提起するなどして行使し，裁判所も存在を認めた権利について，短期で消滅時効が完成することは適当でないことによる。

108　消滅時効の効果

消滅時効により権利は「消滅する」（166条１項・２項）。この権利消滅は，時効期間の起算日に生じたものとして扱われる（144条）から，債権に基づいて時効期間に生じていたとみえる利息は，生じなかったことになり，支払を拒むことができる。ただし，起算日以後で時効期間経過以前に相殺適状になっていた債権がある場合には，時効で消滅する債権を自働債権として相殺をすることは認められる（508条。最判平成25年2月28日民集67巻2号343頁）。

> **課題の考察**
>
> 医師と患者との間の契約は，患者が医師に対し診断・治療という法律行為でない事務を委託するから，準委任契約（656条）であると考えることができる。そのように考えると，医師が不適切な施術をして，患者を負傷させた場合において，それは，準委任契約に基づき適切に治療をする医師の債務の不履行であり，患者には，債務不履行の損害賠償を請求する権利が生じ，その消滅時効の客観的起算点は，負傷させる事故があった時である（166条１項２号参照）。

主観的起算点は，客観的起算点の到来を知った時である（同項1号参照）。

　これとは異なり，医師の患者に対する不法行為であると考えることもできる。その際も，客観的起算点は，「不法行為の時」である（724条2号）から，負傷させた時であり，また，主観的起算点は「損害及び加害者を知った時」である（同条1号）。

　いずれで考える際も，時効期間は，主観的起算点から5年であり（166条1項1号・724条の2），また，客観的起算点から20年である（167条・724条2号）。いずれかの時効期間が経過した場合において，当事者が時効を援用すること（145条参照）により損害賠償請求権が消滅する。

第4節　時効障害

時効の完成を座して待たなければならないか？

> 課題の設定
>
> 　甲土地を所有する者はAであるにもかかわらず，Bが甲土地を占有している。Aは，Bに対し甲土地の明渡しを請求することであろう。当然のことだ。この請求をするため，Aが訴えを提起したら，時効の観点からは，何が起こるか。
>
> 　Xは，Yに対し債権を有する。しかし，弁済期が到来したにもかかわらず，Yは，弁済をしない。Xは，Yに対し履行を請求することであろう。これも，当然のことだ。やはりXは，訴えを提起することであろう。そこで，時効については，何が起こるか。

109　時効障害の意義

　時効期間が進行の途上で法定の事由が生じた場合において，そのまま時効期間が進行するものとはされない扱いがされる。そのような事由は，**時効障害**と総称される。時効障害には，二つの種類のものがある。

　第一は，時効期間が進行を止め，一定期間の間，時効が完成しないとするものであり，これを時効の**完成猶予**とよぶ。第二は，すでに経過した時効期間の

意味を失わせ，新しい時効期間が進行を始めるとされるものであり，これは時効の**更新**という。

　これら二つの時効障害は，組み合わせられて起こることがある。たとえば，訴えを提起すると完成猶予が生じ，その訴えに係る請求を認める判決が確定すると更新が起こり，新しく時効期間を計算し直す（次述 110 (1)・(2)の裁判上の請求や強制執行の場合）。また，そうではなく，完成猶予ということが問題とならず，専ら更新が起こることもある（後述 110 (5)の承認の場合）。反対に，更新が起こらず，専ら時効の完成が猶予されるにとどまる場面もみられる（後述 110 (6)の天災事変の場合）。

110　時効障害の適用事例

　これら二つの種類の時効障害は，つぎのような仕方で具体的に働く。

(1)　裁判上の請求による完成猶予と更新

　X が Y に対し債権の履行を請求する訴訟を提起する場合において，この訴訟提起は，147 条 1 項 1 号にいう「裁判上の請求」に当たり，消滅時効は，完成が猶予される。X の債権の弁済期が 2020 年 10 月 1 日であるとする場合において，同日の到来とともに X が債権を行使することができることを知ったというときには，この完成猶予がなければ 2025 年の 10 月 1 日に消滅時効が完成する。しかし，X が債務の履行を求める訴えを 2025 年の 8 月 1 日に提起すれば，それにより完成猶予が生じ，時効の完成が猶予される。そして，X の請求を認容する判決が確定するならば，判決確定により時効の更新が起き，すでに経過した 4 年余りの時効時間は，ないものとして扱われる（同条 2 項）。もし X 勝訴の判決が 2026 年 5 月 1 日に確定したとすると，そこから時効が新しく進行を始め，そのあとに時効障害がなければ，2036 年 5 月 1 日に時効が完成する（169 条）。

　147 条 1 項 1 号の「裁判上の請求」は，訴えを提起して原告となって権利行使をすることが典型であるが，これに限られない。反訴を提起して権利主張をすることは，もちろん含まれる。たとえば債務不存在確認請求訴訟の被告である債権者が反訴を提起して債務の履行を請求する場合において，反訴を提起した時点で完成猶予の効力が生ずる。また，反訴を提起しなくても，応訴をして

債務の存在を主張して勝訴する場合においても，同条 2 項の更新が生ずる（かつての判例における解決も異ならない。最判昭和 44 年 11 月 27 日民集 23 巻 11 号 2251 頁）。債務の権利根拠事実を主張し，それが裁判所により認定されている点において，すすんで債務の履行を請求する原告となった場合と異ならないからである。

　同様の観点から，問題となる訴訟の訴訟物となっている法律関係でなくても，その訴訟の帰趨に本質的な影響を及ぼす論点について，権利根拠事実を裁判所が認定する権利については，147 条 1 項 1 号に当たるものとして完成猶予や更新を認めてよい。抵当権の登記の抹消の手続を請求する訴訟において，被告が被担保債権の存在を主張し勝訴した場合が，これに当たる。これに対し，たとえば賃貸人が賃貸借の終了に基づき目的物の明渡しを請求する訴訟において，賃借人が費用償還請求権を有することを前提として留置権を主張し，それが認められて引換給付の判決がされたとしても，費用償還請求権が訴訟の本質的な争点であるとみることに困難があり，147 条 2 項の更新の効果を認めることはできない。もっとも，留置権の抗弁を提出することにより費用償還請求権の履行を請求する意思が表明されていることは明らかであるから，同条 1 項 1 号の完成猶予の効力が生ずる（かつての判例が与えていた解決は，最大判昭和 38 年 10 月 30 日民集 17 巻 9 号 1252 頁が参考になる）。

　また，X が訴えを提起したものの，訴えを取り下げるなどして訴訟が終了したとすると，その終了から 6 か月間，時効の完成が猶予される（147 条 1 項括弧書参照）。

◆一部請求により時効障害が生ずる範囲

　X の Y に対する債権が金額 100 万円の金銭債権である場合に，X が，Y に対し 100 万円全額の支払を命ずる給付判決を得ることは，「裁判上の請求」（147 条 1 項 1 号）に当たるから，債権の消滅時効について，まず訴えの提起で完成猶予が生じ，ついで判決の確定により時効の更新が起こる。これに対し，X が上記債権の一部であることを明示しつつ 30 万円のみを訴求し，その旨の給付判決を得ることは，債権の全体についての時効障害の事由となる

ものであろうか。

　30 万円の部分について裁判上の請求による更新が生じ（最判昭和 34 年 2 月 20 日民集 13 巻 2 号 209 頁），また，残部の 70 万円については，特別の事情がない限り，催告があったものとして，訴訟の終了から 6 か月間は完成が猶予されると解すべきである（いずれも 147 条が新しい規定になる前の判例であるが，最判昭和 34 年 2 月 20 日前掲，最判平成 25 年 6 月 6 日民集 67 巻 5 号 1208 頁）。このような一部請求がされる動機は，訴訟費用などを節約して，いわば試験訴訟を行なうことであることが多いと推測される（民事訴訟費用等に関する法律 3 条 1 項・別表第一参照）。給付判決の既判力が 30 万円の範囲についてのみ生ずるという観点に着目してもよいが，むしろ，あえて請求の範囲を減縮する債権者の態度に即して，残部について直ちには更新が生じないと考えるべきである。

(2)　強制執行による完成猶予と更新

　X が，Y に対する債権の強制執行として，Y の所有する不動産を差し押さえた場合において，そのことにより，X の債権の消滅時効は，まず，完成が猶予され，そして，強制執行の手続が終了すると，時効の更新により新しい時効期間の計算が始まる（148 条 1 項 1 号・2 項本文）。ただし，強制執行が申立ての取下げなどにより終了するときは，更新が起こらず，終了時から 6 か月間，完成が猶予されるにとどまる（同条 1 項括弧書・2 項ただし書）。

　148 条 1 項 1 号の「強制執行」には，差押えをすることに加え，他の債権者の申立てにより開始された強制執行において配当要求をすることを含む（「強制執行」という文言に時効障害の規律が改められる前の判例に最判平成 11 年 4 月 27 日民集 53 巻 4 号 840 頁がある）。債務名義を有することに基づく権利行使である点で異ならないからである。これに対し，担保権者が債権届出をすること（民事執行法 50 条。最判平成元年 10 月 13 日民集 43 巻 9 号 985 頁）は，そのような性質を有せず，同項 1 号の「強制執行」にも同項 2 号の「担保権の実行」にも当たらない。

(3)　催告による完成猶予

　訴えを提起するのではなく，単に手紙を出すなどして債務の履行を求めることは，**催告**とよばれる。催告は，債権の履行を求める意思の通知である（☞第7章52）。

　実務上は，相手方が手紙を受け取っていることの証明に困難が起こることを避けるため，普通郵便でなく，配達証明つきの内容証明扱いの郵便を用いることが多い。催告があったときに，6か月間は，時効の完成が猶予される（150条1項）。完成が猶予されている間に訴えを提起するならば，前述(1)の展開になる。訴えを提起するところまでせず，催告によって時効の完成が猶予されている間に再度の催告をしても，当初の6か月の完成猶予の期間が伸びることはない（同条2項）。

(4)　協議の合意による完成猶予

　また，XがYに対し「話し合いませんか」と呼びかけることは，断固として支払え，と求めているものではないから，催告ではない。また，それに対しYが，すぐにでもお支払いします，と答えるならば承認になるが，そのようにYが答えるとは限らない。むしろ，Yが「ええ，話し合いましょう」と応じ，この協議開始を書面または電磁的記録で合意すると，一定の期間の間に限り完成猶予が認められる。一定の期間とは，つぎのようになる。

　すなわち，まず，協議をする期間の定めがない場合においては，1年間の完成猶予が認められる（151条1項1号）。ただし，その間に一方の当事者が書面または電磁的記録で協議続行の拒絶を通知した場合は，その通知の翌日に起算される6か月の経過のほうが早ければ，その時に時効が完成する（同項3号）。協議をする1年以上の期間の定めがある場合も，協議をする期間の定めがない場合と異ならない。

　これに対し，協議をする1年未満の期間の定めがある場合においては，途上で協議続行を書面により拒絶する意思表示がない限り，合意で定められた期間の完成猶予が認められる（同項2号）。

　合意に基づき協議が始まった当事者らにおいては，もっと長く時間を割いて協議をしたいと希望するに至ることもある。その際は，再度の協議の合意をすればよい。ただし，それにより時効完成の猶予が際限なく伸びるということは，

法律関係の安定を害する。そこで，協議の合意により時効の完成が猶予されている間にされた再度の同項の合意は，時効の完成が猶予されなかったとすれば時効が完成すべき時から通じて5年を超えない限度において，完成猶予の効力を有する（同条2項）。

　これに対し，協議の合意により時効の完成が猶予されている間にされる催告は，債権者の一方的な意思の通知であり，それに完成猶予の効力を認めることは，協議をする合意の趣旨にそぐわない。この催告は，完成猶予の効力を有しない（同条3項後段）。

(5)　承認による更新

　請求や差押えがいずれも権利者の側の行為であるのに対し，承認は，時効中断により不利益を被るはずの義務者の側からする行為である。たとえば，債務者が債権者に対し弁済の猶予を懇請することは，ふつう，その前提として債務の存在を認める意味を含むから，承認に当たる。承認があると，時効が更新され，新しい時効期間の計算が始まる（152条1項）。

　承認は，時効によって生ずる可能性がある権利変動の当事者がする。債権の消滅時効において，その当事者とは，債務者またはその代理人である。その債務の保証人や物上保証人が主たる債務ないし被担保債権の存在を認めることを告げたとしても承認とはならず，それらの者らが後日に消滅時効を主張することも，直ちに信義に反するとすることはできない（物上保証人について，最判昭和62年9月3日判時1316号91頁）。保証人の「債務を認める」という陳述が保証債務の承認となることは考えられるが，それが主たる債務の承認となるものではない。また，きわめて特殊な事例であるが，相続により主たる債務者と保証人が同一人となる場合において，債務を弁済する旨の意向表明が主たる債務の承認となることはありうるが，これは，観念の通知としてされる承認の解釈問題としてそのようになるということであると考えられる（最判平成25年9月13日民集67巻6号1356頁）。

　承認は，「相手方の権利について」，つまり債務者が仮にその債務に係る債権を有していたとして，その債権の「処分」について「行為能力の制限を受けていないこと」を要しない（152条2項）。承認は，あるがままに権利の存在を認めるにとどまり，新しく権利変動を生じさせる処分とは異なるからである。た

だし，問題となる権利について，処分でなく管理をすることについて行為能力の制限がないことは，承認の要件として必要である。たとえば，日常生活に関する行為を除き管理行為をすることができない成年被後見人は，およそ承認をすることができない（承認をしたときに成年後見人が取り消すことができるという法律関係になるものではない）。もっとも，承認は13条1項の列挙されるものに当たらず，処分でなく管理の権能までは認められる被保佐人は，有効に承認をすることができる。被補助人も，異ならない。

　また，「処分につき……権限があることを要しない」とされる（152条2項）から，家庭裁判所が許可をする場合を除き処分の権能はないものの管理の一般的な権能を有する不在者財産管理人（☞第2章15）は，不在者の債務を承認することができる（28条・103条参照）。

◆時効完成後の債務承認

　当事者が時効利益を放棄することは，時効期間が経過した後であれば，可能である（146条の反対解釈）。では，債務者が時効期間の経過後に債務の存在を認識している旨を表明することは，時効利益の放棄に当たるか。債務者が債権の一部を任意で弁済したり，弁済の猶予を申し入れたりするような場合が問題となる。

　まず，時効利益の放棄は，一個の意思表示であるから，それが有効にされるためには，当事者の真意に基づき，完成した時効を援用せず，むしろ放棄する旨の意思表示でなければならない。したがって，債務者が時効完成を知ったうえでした債務の承認は，時効利益の放棄と解することができる余地が大きい。

　これに対し，時効完成を知らないでした債務の承認を時効利益の放棄として扱うことはできない。この場合の法律関係の考え方は，つぎの三つが考えられる。

　①　時効利益を放棄する意思表示がないからには，債務者は時効を援用することができるとすることも考えられる。①に対しては，いったん債務の存在を認めた債務者が態度を翻して弁済を拒絶することが妥当であるか，とい

う疑問がある。

②　債務者は，債務の承認をしたことにより時効援用権を喪失し，この喪失があった時から新しい時効が進行を始めるとする法的構成も考えられる。

③　時効援用権は失わないものの，信義に照らし（1条2項参照）これを行使することができないとする考え方もありうることであろう。この考え方のもとでは，債務承認の時から新しい時効が進行を始めることの説明が難しい。

──判例は，①を採用しないことははっきりしており（最大判昭和41年4月20日民集20巻4号702頁），しかも，債務承認後に新しい時効が進行を始めることを認める（最判昭和45月5月21日民集24巻5号393頁）から，おそらく②に立つものと思われる。そして，この②も，それにより時効援用権を喪失する根拠は，やはり本質的には信義則（1条2項）に求められるものと考えられる。

(6)　天災事変による完成猶予

天災など避けることができない事変が起き，訴えの提起や強制執行の申立てをすることができなくなった場合は，その障害がなくなった時から3か月間，時効の完成が猶予される（161条）。

(7)　そのほかの時効障害の事由

以上に概観したもののほか，時効障害は，147条から161条までにおいて定められている。147条1項4号の「破産手続参加」には破産の申立てを含み，それが取り下げられた場合においても，取下げから6か月が経過するまでの時効の完成猶予が認められる（現行の規律となる前の判例に最判昭和45年9月10日民集24巻10号1389頁がある）。160条の相続財産に関する完成猶予は，改正される前の724条後段の20年の期間制限が当時の判例上時効期間であると考えられていなかったため，現実には適用でなく類推適用がされたことがある（最判平成21年4月28日民集63巻4号853頁）けれども，同様の局面において，今後は本来の適用の問題となる。

◆**時効障害の相対効**

　時効障害は，その各「事由が生じた当事者及びその承継人の間においての
み」効果が生ずる（153 条）。すなわち，当事者間で生じた時効障害の効果を
主張することができるのが，当事者とその承継人のあいだに限られる，と解
される（人的範囲限定説。森田・前掲論文(2) 54 巻 7 号〔2002 年〕10-11 頁注 66
参照）。A の所有する土地を占有してきた B が C のために地上権を設定して
直接占有を移転した場合において，A が B に対し所有権の確認を請求した
ことにより生ずる B のための所有権の取得時効に係る時効障害は，A・B ま
たは A・B の承継人に対して効力を有する。C は，B の承継人であり，時効
障害がない前提でする計算で時効が完成しているとしても，A からの引渡
請求に対し，B が所有権を時効取得したことを援用して A の請求を斥ける
ことはできない。また，A の債権者は，A の承継人に準じて扱われるべき
であり，その土地への強制執行に対し，C が時効を理由にこれを阻むことは
できない。これらの帰結は相当であり，この解釈が同条の文理にも適する
（私法判例リマークス 12 号〔1996 年〕13 頁で提示していた見解を改める）。

　同条については，時効障害の当事者となった者の間の法律関係（B のため
の所有権の取得時効）についてのみ生ずる（しかし，そのようにして生じた時
効障害は，第三者に対しても，これを主張ができる）という解釈もある（物的
範囲限定説，松久・前掲『時効制度の構造と解釈』244 頁以下参照）。A の債権
者を承継人に準じて考えることをしなければ，上記の帰結は，この解釈によ
り確保される（松久・前掲書 261-62 頁・264-65 頁）。

111　時効制度の存在理由

　限りなく時間を遡って権利義務の存否を確かめなければならないことの困難
を避け，また，そのことがもたらす不適正な事態を除くために，時効という制
度が設けられる。このねらいを達するため，法律が定める時間が経過する場合
には，現実に存在する事態を前提として権利保障を行なうものとする制度が，

時効である。時効期間が経過すれば，債務が弁済されていないとしても，弁済されないでよいという帰結を確保するため，時効の制度により債務は，消滅したものとして構成される。また，ある物について長期間にわたり自主占有をする者は，その者が所有権を取得したものとして扱われる。

　制限なく過去の法律関係を探求することを許すときには，当事者の要請に即して，裁判所がこの探求を行なう負荷を引き受けなければならない。しかも，その際には，その当事者のほうが有利な証拠を有しているのに対し，これを争う側は時間の経過に伴う証拠の散逸などにより対等なコミュニケーションを遂行することができない事態も想像され，その状態で法律関係を見定めることは，公平でない。債権が成立した事実を主張することが容易である者が債務の履行を請求してきた場合において，債務者が弁済をしていたと主張するとき，その立証のため呼び出される証人が，時間の経過により曖昧になった記憶に基づき証言したりするところを慎重に証拠評価しなければならない，という負荷を裁判所が負うことになる。さらには，その証人が死亡していて，債務者が弁済の証明をすることができないということも，起こりうる。

　このことを別な観点から眺めるならば，当事者間において存否に争いのない事実があるときには，たとえ古い事実であっても，それに即して裁判をすることは，妨げられない。信義に照らし時効援用権を喪失したものと評価される場合があることが認められること（最大判昭和41年4月20日前掲，前述97(4)）は，この観点から理解される。時効期間の経過後に債務者が債務を弁済する意向を表明する場合においては，時間の経過にもかかわらず，その時点で債務が存在することについて当事者の実質的認識が一致していたものであり，この場合には，この認識を前提として裁判をすればよい。

　また，時効は，古い時期にされた取引の法的効果が否定される事態を避ける，という役割をも果たす。物を占有する者が占有開始時にその物を取得したものと信じたことについて過失がなかったことが証明される場合には短い時効期間（162条2項・163条の10年）の経過により物の取得が認められ，このことにより取引の安定的な保護が図られる。

◆歴史と裁判

　歌人の石川啄木は，たびたび国語学者の金田一京助から借金をし，その多くを返していないという。この出来事の文学的な意義は，いくらでも論じられてよい。しかし，だから現代の裁判所が，石川に末裔がいたとして，この返済を金田一の承継人に対してせよ，と命ずる，ということにはならないのではないか。貸すのでなく贈るような感覚でされた側面もある貸金の意義は，いずれにせよ歴史的な評価の対象であるにとどまる。この物語は，すでにアーカイブの世界に託された。

　時効は，歴史と裁判の役割分担をはっきりさせる制度である。この制度が設けられる趣旨としては，ふつう，つぎの 3 点が挙げられる。

　①　永続した事実状態を尊重して，その事実状態を前提に成立している社会的関係の安定を図る。
　②　永続した事実状態は，真実の権利関係に合致する可能性が高いから，これを尊重することにより，真実の権利関係を証明する困難から当事者を救う。
　③　権利を行使したり保全したりすることに熱心でない者（"権利の上に眠る者"）は，法的保護に価しない。

　①は，違法と知りつつ真実の権利関係を無視し続ける者（真実の所有者がいることを知りつつ占有を続ける者など）を保護する結果をもすすんで承認するかのようにみられかねない。③は，権利が本質上当然には権利者に行使を義務づけるとみることが難しいにもかかわらず，権利を行使しないでいるにすぎない者が非難を受けなければならない理由の説明が要請される。
　②は，「法定証拠という思想」（幾代 484 頁）とよばれている考え方である。取得時効を例に取ると，真実に所有権を有している者がいるとしても，そのことの証明はつねに容易であるとは限らない。たとえば，物を買った事実を証明することができるとしても，売主が有効に前主から所有権を取得してい

たことを，さらに証明しなければならない。前々主，そのまた前々主についても同じである。また，そもそも買った事実それ自体が，長い年月を経ているときは，しばしば証明が難しい。そして，いずれにしても，所有権の証明が失敗に帰すれば，現在の占有者は，無権利者として扱われざるをえない。

消滅時効が問題となる場合においても，債務者は，真実は債権者に弁済をしていたにもかかわらず，弁済ののち長期間が経過したため，弁済を証する書面（486条参照）を紛失しているなどしていて，弁済の事実を証明することができないかもしれない。

②は，これらの場面に立たされる占有者や債務者の立証上の困難を救済するためにこそ，時効制度は存在すると考える。もっとも，これを法定証拠という概念で捉えることは，誤解をはらんでもいる。Aから買って所有権を取得した事実を主張するBが，買ったことを裏づける証拠として時間の経過ということを提出するものではなく，「取得時効という，売買とは別の……証拠方法」（金山直樹『時効における理論と解釈』〔2009年〕272頁）を提出するものであり，売買の立証に失敗する際に「一般の証拠によれば裁判上他人の物と認定されざるをえない物の所有権を占有者が時効により取得したという構成」（草野元己『取得時効の研究』〔1996年〕46頁）により保護に恵まれる。

また，この例でBが占有開始時に善意無過失であれば時効期間が10年になること（162条2項）は，取引の安全にも資すると説明されることがあるが，たとえば即時取得（192条）が取引の安全を図る制度であるということと必ずしも説明の射程が一致しない。即時取得は，真実はAが所有者でないにもかかわらず，善意無過失でBが占有を取得することによりBの所有権取得が認められるものであるが，あくまでも有効な「取引行為」の存在を前提とする。

これに対し取得時効は，取引行為の存在そのものを証明することができず，また，取引行為に無効原因があるとされる場面でも，有効な取引行為の成立を正当に信じたBを保護するという，より広い役割を担う。

課題の考察

　甲土地を所有する A が，甲土地を占有する B に対し所有権に基づき甲土地の明渡しを請求する訴えを提起するならば，これにより B の甲土地についての所有権の取得時効について完成猶予が生ずる（147 条 1 項 1 号）。この訴えの訴訟物は，所有権に基づく返還請求権としての土地明渡請求権であり，所有権を根拠とするものであるから，その時効取得に関する時効障害が生ずると考えられる。A の請求を認容する判決が確定するならば，時効の更新が起こり，判決確定時から 20 年の時効が進行を始める（同条 2 項・162 条 1 項）。請求を棄却する判決が確定する場合は，判決確定から 6 か月のあいだ，時効の完成が猶予される。その間に A が再び訴えを提起する場合において，前訴の弁論終結後に生じた事情を根拠として主張を展開するならば（民事執行法 35 条 2 項参照），後訴において A が勝訴するということがありえないものではない。また，A が判決を待たないで訴えを取り下げた場合は，取下げの時から 6 か月のあいだ，時効の完成が猶予される（147 条 1 項 1 号・1 項柱書の括弧書）。

　X が Y に対し有する債権の消滅時効の完成を阻むため，X が Y に対し履行を請求する訴えを提起する場合の展開も基本は異ならない。なお，X の請求を認容する判決が確定することにより時効の更新が生ずる場合の新しい時効期間は，10 年となる（169 条 1 項）。

民法 条文索引

事 項 索 引

さ 行

判 例 索 引

著者紹介

山野目 章夫（やまのめ あきお）
早稲田大学大学院法務研究科教授
1958年に福島市で生まれる。1981年に東北大学法学部を卒業し，
同学部助手を経て，1988年に亜細亜大学法学部専任講師，1993年
に中央大学法学部助教授，2000年に早稲田大学法学部教授。2004
年4月より現職。
　主著に『物権法』（第5版，日本評論社，2012年），『不動産登記
重要先例集』（編，有斐閣，2013年），『不動産登記法概論』（有斐
閣，2013年），『新しい債権法を読みとく』（商事法務，2017年），
『不動産登記法』（第2版，商事法務，2020年），『民法概論4 債権
各論』（有斐閣，2020年），『民法 総則・物権』（第8版，有斐閣，
2022年），『土地法制の改革』（有斐閣，2022年），『不動産登記法入
門』（第3版，日経文庫，2022年）。

民法概論1　民法総則〔第2版〕

2017年12月10日　初　版第1刷発行
2022年 3 月30日　第2版第1刷発行
2024年 2 月10日　第2版第2刷発行

著　者　　山野目章夫
発行者　　江草貞治
発行所　　株式会社　有斐閣
　　　　　郵便番号 101-0051
　　　　　東京都千代田区神田神保町 2-17
　　　　　http://www.yuhikaku.co.jp/

印刷・株式会社精興社／製本・牧製本印刷株式会社
© 2022, 山野目章夫. Printed in Japan
落丁・乱丁本はお取替えいたします。
★定価はカバーに表示してあります。

ISBN 978-4-641-13892-6